"互联网+"
生鲜农产品供应链
运营管理案例

但　斌　江小玲◎著

科学出版社

北京

内 容 简 介

本书通过剖析"互联网+"环境下生鲜农产品供应链运营管理的典型案例,提出了提升生鲜农产品市场现代化水平与强化供应链管理效能的运营模式及其关键技术,主要包括盒马鲜生的仓店合一、百果园的全渠道转型、本来生活的"互联网+"营销管理、域农网的产销对接、彩食鲜的一站式食材定制等代表性模式,支持生鲜供应链实现全产业链发展的蒲江模式,以及社区生鲜电商运营模式的团长管理策略与三级仓配体系等内容。

本书内容丰富深入,结构合理,聚焦企业发展实践,归纳凝练了"互联网+"生鲜农产品供应链运营管理的多种典型模式,对从事生鲜农产品供应链研究与实践的企业领导、管理人员、技术人员、研究人员以及高等院校的教师和学生都有重要的参考价值。

图书在版编目(CIP)数据

"互联网+"生鲜农产品供应链运营管理案例 / 但斌,江小玲著. —北京:科学出版社,2024.8

ISBN 978-7-03-077604-4

Ⅰ. ①互… Ⅱ. ①但… ②江… Ⅲ. ①互联网络-关系-农产品-供应链管理-案例-中国 Ⅳ. ①F724.72-39

中国国家版本馆 CIP 数据核字(2024)第 016626 号

责任编辑:陈会迎 / 责任校对:姜丽策
责任印制:张 伟 / 封面设计:有道设计

斜 学 出 版 社 出版
北京东黄城根北街 16 号
邮政编码:100717
http://www.sciencep.com

北京厚诚则铭印刷科技有限公司印刷
科学出版社发行 各地新华书店经销

*

2024 年 8 月第 一 版 开本:720 × 1000 1/16
2024 年 8 月第一次印刷 印张:11 1/4
字数:236 000
定价:142.00 元
(如有印装质量问题,我社负责调换)

前　言

新型农业现代化背景下的农业产出需要实现从"强调数量、解决温饱"向"强调安全、满足品位"的转型。然而，传统的生鲜农产品流通方式不再能与之匹配，很多弊端反映出深层次的原因，如信息不对称导致生鲜农产品流通不透明、传统供应链运营无法实现生鲜农产品顺畅流通和优化配置、物流设施不完善导致生鲜农产品不能保质保量地流通至终端。传统的生鲜农产品流通方式和运营管理存在的这些弊端与问题已经逐渐成为实现农业现代化的障碍因素，目前关于生鲜农产品流通方式和运营管理理论与方法的研究还比较缺乏，还不能为生鲜农产品供应链的实际运营提供系统的参考和借鉴。

2015 年中央"一号文件"和政府工作报告分别提出创新农产品流通方式①、制定"互联网＋"行动计划②。2019 年中央"一号文件"提出，深入推进"互联网＋农业"③，2020 年政府工作报告指出，全面推进"互联网＋"、健全农产品流通体系④，2022 年和 2023 年中央"一号文件"连续提出实施"互联网＋"农产品出村进城工程⑤⑥。党和国家持续高度关注生鲜农产品流通问题，强调建设新型、高效的生鲜农产品供应链运营管理模式。生鲜农产品作为存在高易腐易损性特点和高时效要求的一类农业食品，具有高频消费特性与需求刚性，因此，生鲜农产品的供应链运营管理相对于其他类型的农产品要求更高且更加困难，也更为重要和关键。得益于"互联网＋"行动计划的提出及不断深化推进，建设先进的现代化生鲜农产品市场和运营管理模式有了更加清晰的方向。

在此现实背景下，本书立足"互联网＋"，瞄准我国生鲜农产品供应链运营发展中的现实问题，对互联网环境下生鲜农产品供应链运营与创新发展实践进行研

---

① 中共中央国务院关于加大改革创新力度加快农业现代化建设的若干意见. https://www.gov.cn/zhengce/2015-02/01/content_2813034.htm[2015-02-01].

② 政府工作报告（全文）. https://www.gov.cn/guowuyuan/2015-03/16/content_2835101.htm[2015-03-16].

③ 中共中央　国务院关于坚持农业农村优先发展做好"三农"工作的若干意见. http://politics.people.com.cn/n1/2019/0219/c1001-30806166.html[2019-02-19].

④ 政府工作报告——2020 年 5 月 22 日在第十三届全国人民代表大会第三次会议上. https://www.gov.cn/gongbao/content/2020/content_5517495.htm[2020-05-29].

⑤ 中共中央　国务院关于做好 2022 年全面推进乡村振兴重点工作的意见. http://www.moa.gov.cn/ztzl/jj2022zyyhwj/zxgz_29027/202202/t20220222_6389271.htm[2022-02-22].

⑥ 中共中央　国务院关于做好 2023 年全面推进乡村振兴重点工作的意见. http://www.rss.moa.gov.cn/zcjd/202302/t20230214_6420548.htm[2023-02-14].

究。通过剖析互联网环境下生鲜农产品供应链运营管理的典型案例与关键实践，本书提出"互联网+"生鲜农产品供应链运营管理的研究主题，主张为实现优质高效的生鲜农产品供应链运营管理提供理论与方法指导。全书共分为11章，主要内容如下。

第1章介绍以消费者为中心的京东生鲜运营管理。"互联网+"环境下，随着消费者权利的增强，生鲜供应链企业逐渐认识到消费者的重要性，主动掌握消费趋势进行合理调整与变革，为此多选择以消费者为中心开展运营管理活动，灵活应对市场变化。该章以京东生鲜为对象，剖析其消费者运营与管理的过程实践，提出以消费者为中心的生鲜供应链运营管理模式，并对该模式的关键组成进行深入研究，以期为行业企业实现消费者满意度提升与扩大市场规模提供有益指导。

第2章介绍盒马鲜生的仓店合一供应链运营模式。在"互联网+"行动计划的指导下，不少生鲜供应链企业选择以先进的信息技术为支撑，推动零售与配送等关键供应链环节的基本操作流程进行创新升级，开展线上线下深度融合并连接现代物流的运营管理，塑造新的服务业态与生态系统。该章以盒马鲜生为对象，分析其"互联网+超市+餐饮+前置仓"的跨界组合创新实践及管理过程，提出仓店合一的生鲜供应链运营管理模式，并对该模式的主要实施策略进行深入研究，以期为生鲜行业企业开展仓店合一的供应链运营管理提供参考和借鉴。

第3章介绍我厨基于增值性服务的生鲜供应链运营管理。在"互联网+"环境下，营销渠道的多元化使消费者分布在不同的渠道内，加上生鲜农产品同质化严重，生鲜电商若只扮演产品流通中间商，将难以实现自己的发展。为此，不少生鲜电商主张提供多种增值性服务，推动生鲜农产品差异化，以同时满足消费者的产品与服务需求。该章以我厨为对象，分析其挖掘消费者的增值性服务需求与推动产品服务融合的实践，提出基于增值性服务的生鲜农产品供应链运营管理模式，并对该模式的营销管理策略、产品服务融合策略及冷链管理策略进行深入研究。

第4章介绍百果园的全渠道供应链运营模式。随着"互联网+"的深入推进，生鲜电商渠道迅速发展，消费者的需求和购买习惯随之发生改变，冲击着生鲜实体店的经营运作模式，推动生鲜实体零售店逐渐从单一门店模式发展为全渠道经营模式，实现面向消费者的价值创造。本章以百果园为对象，分析其全渠道布局及上游供应链与冷链物流体系的相关管理实践，提出生鲜实体店的全渠道供应链运营模式，以期为生鲜行业企业基于原有线下渠道快速高效地建立全渠道运营模式、参与竞争并提升核心竞争力提供有价值的指导建议。

第5章介绍橙心优选的社区生鲜电商运营模式。随着在线社区社群的不断发展，社区生鲜电商兴起，其优势开始凸显。社区生鲜电商依托真实社区消费场景，通常采用线上下单次日送达和消费者门店自提的服务模式，融合线上线下渠道，以集中化订单、区域化配送的方式，逐步建立起社区供应体系，提升履约效率并降低配送成本。该章以橙心优选为对象，分析其社区生鲜电商运营模式，并进一步对该模式的团长管理、市场培育与三级仓配等关键组成进行深入研究。

第 6 章介绍本来生活的"互联网 +"营销管理。随着 B2C（business to customer，企业对顾客电子商务）业务市场的逐步稳定及消费市场的逐步成熟，为寻求进一步发展机会，升级消费者的产品与服务体验，不少生鲜电商正在摸索建立强大的产品发掘能力、品牌打造能力和消费者运营能力，获取新的市场并满足消费者需求。该章以本来生活为对象，剖析其消费者管理及品牌与供应链管理实践，提出生鲜电商的"互联网 +"营销管理模式，并进一步对如何打造并运营生鲜农产品品牌进行深入研究，以期为生鲜电商的高效发展及生鲜农产品品牌的持续塑造提供可行思路与方案。

第 7 章介绍每日优鲜准入式会员营销管理。在更加便利高效的生鲜农产品与服务需求的驱动下，不少生鲜供应链企业开始锐意创新自己的经营运作模式，其中不乏优质生鲜电商在销售端通过大数据与互联网技术分析消费者历史数据，采取不断紧跟市场发展及消费者需求变化进而调整发展方向的策略实践。该章以每日优鲜为例，分析其会员营销管理过程及相关供应链运营实践，提出生鲜电商的准入式会员营销管理模式，并对支撑该模式的产品与渠道及物流管理策略进行深入研究。

第 8 章介绍域农网的"互联网 +"产销对接机制。在推进"互联网 + 农业"的政策浪潮下，中华全国供销总社积极响应国家号召，对农产品商业模式和消费方式进行变革，加快发展电子商务网络，注重以现代信息技术为手段，践行服务"三农"的宗旨。该章以域农网为对象，探究其利用"互联网 +"工具促进农民专业合作社和消费者直接对接的运营过程，提出了预售与现售相结合的"互联网 +"产销对接机制，对产销对接机制下的生产端和消费端的联结过程进行剖析，以期为最大限度地减少中间环节并深化和推进生鲜供应链产销对接提供运营指导。

第 9 章介绍"互联网 +"生鲜供应链运营的蒲江模式。生鲜的"鲜"不仅需要在"最后一公里"跟时间赛跑，更需要从生产种植到销售配送各个环节的品质把控，同时，互联网环境下，生鲜电商的飞速发展牵动着生鲜产业的升级进程。该章以四川省蒲江县生鲜供应链为对象，对蒲江模式的发展状况、关键组成及运营策略展开深刻分析，提出以品牌化建设为轴心的现代化农业经营方式，并对该经营方式的发展战略和详细策略进行深入探究，以期为生鲜供应链全产业链发展提供有价值的启示。

第 10 章介绍彩食鲜的一站式食材供应链运营管理。生鲜农产品不仅是个人和家庭消费者的日常生活必需品，还是单位食堂与餐饮机构的食材及加工企业的原料，因此，对生鲜农产品的 B 端市场进行精准定位与布局，提供相关产品与服务，有利于生鲜零售企业实现差异化竞争。该章以永辉彩食鲜为对象，剖析其为客户企业提供食材一站式定制化服务的相关运营管理实践，提出一站式食材供应链运营管理模式，并对该模式的关键组成要素进行深入研究，以期为生鲜零售企业发展 B 端市场、拓展相关业务以塑造差异化竞争优势提供有益指导。

第 11 章介绍佳沃的"三全"生鲜供应链运营模式。面对消费水平提升与消费内容升级，不少生鲜供应链企业尝试选择引入互联网思维，对传统经营模式进行数字化改造，建立标准化生产、全程冷链物流及全渠道融合营销的生鲜农产品一体化运营管理体系，从而持续高效满足消费者需求。该章以佳沃为对象，分析其以品质为先的生鲜供应链运营管理实践，提出"三全"生鲜供应链运营模式，并对该模式的主要经营策略进行深入研究，以期为生鲜行业企业提升产品及服务质量、实现全产业链运营与可持续发展提供参考和借鉴。

通过对互联网环境下的典型生鲜农产品供应链运营管理的案例进行分析与研究，可以得出"互联网 +"环境下生鲜农产品供应链运营管理的可行路径、有效机制与高效模式及内在的微观运作机理，进一步丰富与充实生鲜农产品供应链运营管理与过程优化研究。同时，本书的研究结论能够为互联网环境下生鲜电商突破发展困局、生鲜农产品供应链参与主体发展、多种渠道关系优化、上下游尤其是农消顺畅对接及供应链生态系统的良好运转提供新的分析视角和有益指导，能够为新经济环境下我国生鲜农产品供应链建设、运营与发展提供新思路、新方法和决策参考。

本书第 1 章由但斌、吴胜男、江小玲撰写，第 2 章由但斌、江小玲撰写，第 3 章由张旭梅、梁晓云撰写，第 4 章由张旭梅、吴雨禾撰写，第 5 章由但斌、陈昆撰写，第 6 章由张旭梅、李家俊撰写，第 7 章由张旭梅、吴雨禾撰写，第 8 章由但斌、吴胜男撰写，第 9 章由但斌、马崧萱撰写，第 10 章由但斌、钟琴撰写，第 11 章由但斌、许露丹撰写。全书由但斌、江小玲统稿。

本书的有关研究工作得到国家社会科学基金重大项目（15ZDB169）的资助；本书的出版得到科学出版社的大力支持和重庆大学经济与工商管理学院的资助，在此表示衷心感谢。

此外，本书在写作过程中参考了大量文献，已尽可能地列在书后的参考文献中，但其中仍难免有遗漏，特别是一些资料经过反复引用已难以查实原始出处，这里特向被漏列文献的作者表示歉意，并向所有的作者表示诚挚的谢意。

由于时间仓促及作者水平有限，本书疏漏之处在所难免，敬望读者批评指正。

作　者

2024 年 5 月

目　　录

第1章　以消费者为中心的京东生鲜运营管理

在"互联网+"环境下，随着消费者权利意识的增强，生鲜供应链企业不仅深刻认识到消费者的重要性，还努力转变过去强调合作伙伴的运营战略，尽可能地接近终端消费者，实现以消费者为中心的管理转型。实践证明，生鲜供应链企业以消费者为中心展开运营管理活动，不仅能实现消费者满意度的提升，还可以促进供应链能力的提升。京东生鲜作为国内兴起且发展良好的生鲜电商，在以消费者为中心的生鲜供应链运营管理上积累了丰富的实践经验。因此，本章将以京东生鲜为例，对其以消费者为中心的运营管理实践及相关过程展开分析，明晰该类型生鲜供应链运营管理的关键要件与重要组成，为行业企业实现以消费者为中心的生鲜供应链运营管理提供参考借鉴。

1.1　案　例　介　绍

1.1.1　发展历程

京东生鲜依托京东商城的背景与资源，在生鲜农产品零售行业一路发展壮大，成为生鲜电商巨头，经历了萌芽期、发展期、快速扩张期及新零售期四个时期。

1. 萌芽期（2012 年以前）

2012 年以前，京东生鲜业务尚未发展，处于萌芽期。生鲜农产品领域存在其行业特殊性，导致生鲜电商门槛高、不易管理，京东商城作为国内大型电子商务平台之一，在萌芽期依靠自身的物流体系、服务质量、品牌影响力等为京东生鲜奠定基础。首先，重资产模式下的京东建立了完善的自营物流体系，给生鲜农产品的冷链运输配送带来了重要保障，成为京东生鲜的绝对优势。其次，京东拥有优质服务，拥有完整的客服体系和售后功能，并为消费者提供了 211 限时达、次日达等配送方式，多方面满足客户需求。最后，京东商城自成立以来，树立了优良口碑，在消费者心目中具有较高的品牌影响力，在此基础上，消费者也会更加认可京东的生鲜产品。

2. 发展期（2012～2015 年）

2012 年起，京东生鲜业务逐渐发展起来，最初往往通过商户入驻的方式销售生鲜农产品。2013 年 9 月，京东生鲜开始发展自营业务。自此，京东生鲜形成了"商户入驻 + 自营业务"的生鲜农产品销售模式。此后，京东生鲜不断拓宽生鲜农产品品类，阳澄湖大闸蟹、澳大利亚 a2 鲜牛奶等陆续上线。此外，京东生鲜不断加大资金投入力度，于 2015 年 1 月成立生鲜冷链项目组，冷链业务进入国内 35 个城市。此时，由于在冷链物流的经验不足，京东生鲜选择与冷链物流服务商郑明物流合作，实现生鲜农产品的冷链配送。

3. 快速扩张期（2016～2017 年）

京东生鲜事业部于 2016 年正式成立。随即投入 100 亿元构建冷链物流服务网络。同年 8 月，京东发布了大闸蟹的物流解决方案。2017 年 1 月的年货节中，京东的生鲜农产品销量增加了 4 倍，预示着京东生鲜的良好发展势头。

随着京东生鲜的发展壮大，京东领会了生鲜销售的精髓，认识到京东生鲜消费者的核心需求是对安全高质产品的需求，于是京东不断向上游延伸，实现原产地直采，并获得原产地的官方认证，保障生鲜农产品来源。在此基础上，京东的冷链系统不断加速升级，缩短产品从产地到消费者手中的流通时间，减少产品损耗，保证了产品的新鲜度与口感。

4. 新零售期（2018 年至今）

京东生鲜于 2018 年 1 月正式开设第一家生鲜农产品实体零售店 7FRESH，建立线上线下互动融合的新零售模式，致力于为消费者提供良好的生鲜农产品全渠道购物服务。7FRESH 设置了果蔬、海鲜、酒水及餐饮等大品类区域，门店面积超过 4000 平方米。在 7FRESH 门店内，75%的商品是生鲜农产品。同时，京东生鲜上线 7FRESH 的应用程序（application，APP），推进线上销售。消费者可以在线下单，再由 7FRESH 门店完成快速配送。2018 年 9 月，京东生鲜事业部总裁王笑松宣布，全国门店未来会不断扩张，预计将超过 1000 家。

1.1.2　合作伙伴

1. 与原产地合作保障产品供应

京东生鲜经过不断发展，逐步增强了自营生鲜农产品的能力，坚持直接从原产地采购。京东生鲜的这种原产地直采模式并非是把原产地作为单纯的供应商，而是与原产地建立合作伙伴关系。在与原产地合作过程中，京东生鲜注重对原产地的赋能，推出"京东生鲜赋能计划"，从渠道、资金、营销、物流多方面支持原产地与入驻商户。同时，京东生鲜通过品牌扶持措施推进原产地品牌建设，向原产地开放资源，推广优质生鲜农产品品牌，同时建设京东自有品牌京觅。其具体举措包括拓展生鲜农产品新品类并激励商家加入，以及通过"以老带新"模式促进品牌建设的经验交流分享。

为了拓宽生鲜农产品品类，充分满足消费者的多元化需求，京东生鲜积极寻找国外生产源头进行合作，包括与美国、加拿大、日本、智利等国家的供应商合作，从产地直接采购生鲜产品，让消费者享受到海外的高质量生鲜农产品。为了进一步加深合作，京东生鲜在国外建立京东生鲜农场并授予官方标牌。从种养殖、收获，到通过分拣包装、物流配送到消费者手中，京东生鲜农场内的产品在各个环节中均受到京东生鲜的高度管控，严格执行京东生鲜的标准化流程，致力于打造一个全产业链管控下的海外原产地农场品牌。

2022 年底，京东生鲜与 20 个国家的大使馆达成合作协议，并获得了各国政府、使馆、原产地品牌供应商等多方支持与认可，在全球范围内为消费者搜寻高品质生鲜农产品原产地，以满足消费者的高层次需求。

2. 与第三方物流合作提高配送速度

2016 年 4 月 15 日，京东入股众包物流巨头达达，成为达达的最大股东。京东到家与达达形成协同与互补的合作关系，共享品牌资源与供应链资源，获得了"1＋1＞2"的合作效果，致力于为消费者创造更加优质便利的生活。

达达于 2014 年创立，正值外卖大战，商家和消费者对同城快速配送业务具有迫切需求，跑腿行业应运而生，闪送、达达、UU 跑腿等跑腿平台涌入市场。这些跑腿平台均实行轻资产的物流众包模式，即不建立自有的专业配送团队，而是鼓励全民加入，在降低运营风险的同时实现社会资源的合理配置，发扬共享经济理念。在一众跑腿平台中，达达凭借高行业标准和优质的服务，从激烈的竞争中脱颖而出，成为跑腿行业的巨头，2018 年底，服务范围覆盖全国 400 多个城市，拥有 5000 多万名用户，日均配送达到千万单，其服务聚焦同城"最后三公里"的配送问题，实现了 1 小时送达、15 分钟上门取件的服务。达达优质的配送及服务水平得到京东的认可，且两者在服务消费者的理念上高度一致，具有共同的目标，因此，京东和达达形成合作关系，强强联合，实现业务互补，共同提高配送效率。京东到家与达达合并后，通过与大型商超、便利店等多种零售业态进行合作，打造超市生鲜 O2O（online to offline，线上线下商务）平台，为消费者提供方便快捷、低成本的消费体验与物流服务。

除了与达达进行合作，京东进一步向外整合物流资源，在 2017 年 7 月与日本的大型物流企业雅玛多（Yamato）签订协议建立正式合作关系。

雅玛多是日本知名的物流公司，创立于 1919 年，凭借专业细致的快速物流配送服务享誉亚洲。2010 年，雅玛多开始在中国开展多项物流业务，尤其是雅玛多具有先进的冷链物流设施，其冷藏保鲜服务在国内处于领先地位。因此，京东在与雅玛多合作后，得到了雅玛多共享的冷链物流技术及相关服务的支持，推动京东冷链物流建设标准与实践有效对接国际需求，为京东在国外的物流配送服务打开市场。同时，由于京东在国内具备完善的物流基础设施，雅玛多也依靠京东物流实现高效率国内全域运输。双方的合作实现物流资源共享，为对方解决了跨境物流问题，合作研发智慧物流技术，推动全球物流行业的繁荣发展。

3. 与媒体合作建造流量入口

京东生鲜与多种类型的媒体进行合作，致力于打造多个流量入口。生鲜品类具有小批量、高频次的销售特点，在客户较少的情况下，生鲜农产品销售收入无法支撑生鲜的仓储、运输等物流成本，吸引足够多的客户才能够化零为整，从而分摊交易成本，实现生鲜企业盈利。在互联网时代下，"流量"成为衡量商业价值的关键指标，许多企业甚至通过补贴等方式来吸引流量，京东也积极与媒体资源进行合作吸引客流量。为了实现互联网用户的全覆盖，京东积极与新闻媒体、直播平台、浏览器、搜索引擎、输入法、社交网络等各领域媒体展开合作，腾讯、新浪、搜狗、百度等企业均与京东形成战略合作伙伴关系。例如，搜狗浏览器普及率较高，当互联网用户打开搜狗浏览器时，京东的网站链接将会默认显示在浏览器主页，京东有促销活动时还会通过强调显示的方式引起用户关注。通过与此类主流媒体合作，京东生鲜为消费者提供了多种进入通道，并不定期向网络用户推送广告信息，实现用户全渠道触达，增加京东生鲜的网络流量，并通过媒体营销内容将流量转化为购买力。

从多个流量入口吸引到足够消费者之后，京东生鲜可凭借高品质的生鲜农产品锁定消费者，形成消费者黏性，这也可带动其他品类商品的销售。

1.2　京东生鲜的消费者吸引策略

1.2.1　无界营销

随着大数据时代的来临，以及消费需求的个性化发展趋势，京东通过对经济背景与行业状况的深刻思考，在 2017 年首次提出无界营销概念。京东在 2018 年年初举办无界营销的主题峰会，再次强调以消费者为中心的无界营销理念，打破消费者、营销内容、营销场景之间的壁垒，实现营销价值链大融合，在数据、资源、内容、技术等方面互相联通。

1. 营销特征

在无界营销方式下，电子商务的经营呈现出开放式特征，各个营销要素之间的边界越来越模糊，主要表现在以下三个方面。

第一，品牌与品牌之间的边界逐渐模糊，跨界合作成效十分显著，为实现消费者的全渠道触达，联合营销成为必然趋势。例如，2016 年 6 月初，京东生鲜与斗鱼直播平台合作开展主题为"618 免费吃龙虾"的直播活动，许多知名主播参与进来，提高了京东的生鲜农产品销量，活动期间大龙虾的销售量约上升了 5 倍。

第二，内容与场景之间的边界消失，而营销场景对内容产生了较大的影响。以往营销过程往往是从产品出发，而无界营销则是从消费者出发，通过对消费者需求的挖掘，量身打造不同场景下各类消费者的营销内容，从而实现精准营销。

第三，品牌与消费者之间的边界消失，以往品牌信息往往是通过各类中介媒体发布，继而传递给消费者，中间存在时效性问题和传播扭曲问题。无界营销给品牌宣传带来了机遇，借助京东生鲜平台，生鲜农产品品牌商与消费者之间可以实现直接对话，缩短交易周期。

2. 成功实践

2018 年 2 月 2 日，京东生鲜对无界营销进行了一次成功实践，举办了以"上京东生鲜把年味吃回来"为主题的年货节。在营销渠道上，京东生鲜通过多种媒体对此次活动进行宣传，线下主要是在家庭社区、便利店等消费者聚集的地方进行营销，融合消费者的生活场景，利用情感共鸣带动产品交易；线上则是通过微信、微博等社交媒体制造话题，向消费者传递京东生鲜的营销主题。线上线下联动营销，刺激销售转化。

在营销主体上，京东生鲜邀请了恒都牛肉、海洋世家、湾仔码头、三全、鲜元素、獐子岛等全球重要客户（key account，KA）品牌商户共同参与京东生鲜年货节，还联合策划了洋货土货 PK、百年老字号轻松购、让爱鲜回家等特色分会场，构造不同的消费场景吸引具有不同需求的消费者。

京东正式提出无界营销的同时确立了无界零售战略，不仅推出了线上线下融合的新零售模式——7FRESH 生鲜超市，还建立了京东生鲜联盟体系，联盟体系成员包括永辉超市、山姆大叔、天天果园、腾讯等企业，多方合作实现价值共创。

1.2.2　完善的仓储设施

从 2016 年京东生鲜事业部成立以来，京东生鲜一直在加大投入，建立完善的生鲜仓储设施。2017 年底，京东生鲜已在全国范围内建立 13 个生鲜冷库，包括协同仓库和自营仓库，实现了–30℃到30℃的全温层覆盖，以适应不同产品的温度要求，仓库总面积约 15 万平方米，具体位置分布如表 1.1 所示。

表 1.1　京东生鲜冷库分布情况

所属京东分公司	所属城市
华东区	上海、杭州、南京
华中区	武汉、郑州
华南区	广州、深圳
华北区	北京、天津
西北区	西安、咸阳
华西区	成都
东北区	沈阳

协同仓是京东生鲜针对生鲜农产品特征推出的新型仓储模式。以往的仓配模式都是在消费者聚集的一线城市（如上海、北京、广州等）建立大仓，先将产品运输到大仓内，再根据消费者订单进行分配后发往各地区。尽管这种模式成本较低，但较长的运输时间不利于产品保鲜，且仓库周转时间长、补货慢，生鲜产品常常处于缺货状态。为了让消费者更便捷地获得新鲜产品，京东生鲜在生鲜原产地或供应商的冷藏库附近建立协同仓，还建立了针对跨境生鲜农产品的跨境生鲜协同仓，做好产品预冷、包装等流程。协同仓与供应商共享库存数据，每天两批次发货，降低仓储运营成本并缩短周转周期，48 小时内送达消费者手中，真正做到产地直发，从而提升消费者体验。

在末端网点，京东生鲜对 5000 多个配送站进行了改造，为站点人员配备冷藏箱和冰袋，使原来的站点符合生鲜存储和配送要求，保证生鲜农产品全程不脱冷。

为了吸引具有更高时效要求的消费者，京东生鲜还设立了前置仓，主要位于办公楼或社区等消费者集中区域，辐射范围约 3 公里，每个前置仓的最小存货单位（stock keeping unit，SKU）约为 300～600 个。在实践中，京东生鲜也会与大型商超或社区零售店直接合作，将其门店作为前置仓，京东建立的 7FRESH 生鲜超市就是前置仓与零售店的结合。通过前置仓模式，京东生鲜可以根据消费者订单就近配送，实现 1 小时送达，满足消费者的即时性需求。

1.2.3　极速冷链物流配送

依托京东完善的物流体系及雅玛多等合作伙伴的冷链资源，京东生鲜产品的配送时效与服务质量一直在不断提升。京东生鲜加大对冷链配送基础设施的投入，致力于通过高效物流服务将生鲜农产品以最好的品质呈现给消费者。2018 年底，京东生鲜自营配送范围已经覆盖将近 300 多个城市，其中，200 多个城市已实现当日达和次日达，在生鲜电商中处于领先地位。

在配送温控方面，为避免生鲜农产品在运输途中的变质损耗，京东生鲜保证配送途中全程冷链，具备深冷、冷藏、冷冻、控温、常温五种温度条件，并对产品实行 24 小时温度监测。生鲜产品的包装一般使用可回收的保温箱，由塑料和隔热箔制作，保温箱四周可放置冰板，在部分情形下也会选择泡沫箱加干冰等方式。

在配送人员方面，截止到 2022 年底，京东物流共拥有 29 万多名配送人员，其中担任生鲜配送工作的有 3 万多人，能够满足生鲜配送的人力需求。

在配送时效方面，京东生鲜推出 211 限时达、京准达、夜间配、1 小时达等服务。211 限时达是指在上午 11:00 前的订单当日即可送达，23:00 前的订单次日15:00 前送达。京准达允许消费者自己确定具体的收货时间，可预约时间为 9:00到 19:00，每 2 小时一个波次，部分城市可实现 1 小时波次的预约服务。夜间配是针对上班族推出的服务，夜间进行配送，部分重点区域的消费者 14:00 前下单，可在当天 18:00~20:00 或 20:00~22:00 收到产品，方便上班族下班后收到生鲜食材。1 小时达是京东到家与达达合作推出的服务，利用前置仓快速满足消费者即时需求，前置仓 3 公里范围内的订单 1 小时内即可送货上门。

1.2.4　区块链技术支持商品溯源

京东生鲜在保障食品安全方面精益求精，主要从生鲜农产品溯源出发。2016 年，京东生鲜开始应用区块链技术来展开商品溯源工作。

以往，信息不对称导致消费者对生鲜农产品产地、质量等方面的信息知之甚少，食品安全事件频发，区块链技术具有去中心化、防篡改、加密、分布式存储等特征，有利于信息的真实高效传递，对生鲜农产品溯源项目具有重大意义。为保证产品来源，京东生鲜组建了安全食品区块链溯源联盟，与科尔沁、大成等大型企业形成合作伙伴关系，共同开发溯源技术。

随着对区块链溯源技术的应用愈加成熟，除自营的生鲜农产品外，京东生鲜也为入驻的生鲜商户提供了区块链溯源功能，如此一来，京东生鲜几乎实现了全平台产品可追溯，为其他生鲜电商树立了标杆。通过区块链技术，消费者可以在生鲜产品的信息详情页面中实时监测产品的生长状态及后续的包装运输流程，同时也能够通过扫描二维码来获取产品从产地到餐桌的整个生产及流通过程。

2018年3月，京东生鲜已实现与财神岛、沙坨子岛等第三方生鲜商户共享产品溯源技术，此模式能够使消费者充分了解产品来源，让生鲜产品的投机者无处遁形，同时也促使真正的生态有机产品为人所知。

1.3　京东生鲜的消费者服务策略

1.3.1　零售模式选择

作为一个多样化的市场，生鲜电商在实践中主要存在两种经营模式，即做自营产品的垂直型生鲜自营模式及允许商户入驻销售产品的生鲜平台模式，两种模式在经营中都存在其优势和劣势。京东已经具备完善的物流体系，在进入生鲜领域时打破了自营与第三方的模式界限，允许两种模式并存，协调好两者比例。针对不同的生鲜农产品，消费者可以选择不同的经营模式。

1. 生鲜自营模式

在生鲜自营模式下，京东对生鲜农产品的品质具有较大把控度，但需要较大的投入来建立基础设施，发展较慢。尽管京东早已成为国内电商行业龙头，拥有完善的基础设施与物流体系，但在生鲜品类的自营上仍面临一定挑战，因此，京东生鲜不断加大投入建设冷链物流设施，并向原产地延伸，实现对生产农产品的全产业链的把控。在生鲜自营模式下，京东生鲜真正做到以消费者为中心，最大限度地保障生鲜产品的安全与品质，在消费者心中树立了良好的生鲜品牌形象。在占据生鲜电商的巨大市场份额后，京东利用生鲜消费者的黏性带动其他品类商品的销售，从而在电商企业中立于不败之地。

2. 生鲜平台模式

平台型生鲜电商属于轻资产模式，扩张较快，但对生鲜农产品的把控性不足。由于生鲜农产品具有地域限制，许多产品不适合长距离运输，因此只能进行区域性销售，如无锡阳山镇的水蜜桃全国闻名，但水蜜桃的产品特性导致其只能在华东区域销售。这类产品不适合长距离运输，自营销售这类产品的难度非常大，京东生鲜往往需要借助第三方商户的力量，因此，生鲜平台模式在京东生鲜看来也十分重要，两者缺一不可。

为了增强对第三方商户的把控力，京东生鲜要求入驻商户具有一定的基础资质和品牌资质，要求商户具有符合规定的营业执照及商标注册或授权书等证明材料，另外，入驻商户也要提供相应的产品检疫证明，并进行现场检查，保障食品安全。在商户选择上，京东生鲜尽量避免大量同质产品在平台上进行价格战，倾向于选择最有实力的一家商户，这样其在京东生鲜平台上可以获得更好的发展。

1.3.2　产品安全检测

为了让消费者获得安全放心的生鲜农产品，京东生鲜在产品安全方面进行了严格检测，在北京、广州、上海等一线城市建立了生鲜农产品快速测验实验室，实验室内配备了各类专业检测仪器，如食品安全综合检测仪、农药残留检测仪等，还具备各种快速检测试纸，能够检测孔雀石绿、抗生素、重金属等各种不利于食品安全的添加物。通过京东生鲜的全面检测，京东生鲜为所销售的生鲜农产品建立了第一道屏障，此后还会将其送至第三方进行检验。

2018 年，京东生鲜推出"神农·SPES"生鲜农产品品控系统，在京东生鲜农产品质量检验方面起到了重要作用。快速检测实验室的检测过程将实现数据化和透明化，确保检测数据的准确性，使之能够让消费者信服。检测的详细步骤和数据都将在线上发布，消费者可在商品详情页中查看。

为提高检测效率与效果，"神农·SPES"生鲜农产品品控系统向上下游延伸，同时联通了生鲜农产品供应商预约系统及消费者评价系统。与供应商预约系统联通后，京东生鲜检测部门将在第一时间对供应商的商品进行抽检，并实时发布检测结果，以便相关部门作出处理。与消费者评价系统联通后，系统可在最短时间内识别消费者的负面评价，根据此类反馈及时发现并拦截不良产品，避免给消费者带来不良体验。

1.3.3　生鲜电商标准化

与服装、家电等成熟产业相比，生鲜农产品质量参差不齐，是典型的"非标品"。为了让消费者放心地购买产品，京东生鲜在生鲜电商标准化上作出了不少努力，制定了一系列生鲜全产业链标准，包括品质标准化、包装标准化、价格体系标准化等方面。

1. 品质标准化

在品质标准化方面，京东生鲜注重源头品控。诸多自然因素如土壤、光照与温度影响生鲜农产品生长，即使种植在同一地区，收获的产品往往在口感、大小、甜度等方面也都各不相同，难以保证所有的生鲜农产品品质达到消费者期望。京东生鲜与原产地合作，为生产者提供技术支持，并对产品生长过程采取了科学化、标准化的管理与监控，从源头保证生鲜产品品质的稳定性，省去了消费者线下消费的挑拣过程。

2. 包装标准化

在包装标准化方面，京东生鲜对产品包装进行了细致、统一的设计。生鲜消费者善于通过肉眼观察来分辨该产品的质量与口感，因此，生鲜农产品内包装通常采用透明包装，目的是能够让消费者直观地看到产品的外形及新鲜程度，同时也会在外包装上注明产品品牌与产地信息。此外，京东生鲜产品包装设计也尽量做到方便、美观，满足消费者的携带、送礼等需求。

生鲜农产品的包装不仅要考量展示效果、对消费者的方便程度等因素，还要注重运输过程中对生鲜农产品的保鲜作用。京东生鲜与Driscoll's（怡颗莓，美国的新鲜浆果品牌）等企业合作制定符合生鲜产品运输标准的包装方式。比如，京东生鲜对传统的蓝莓包装进行了改造，在蓝莓包装盒盖上增加了通气的小孔，保证冷气流通，同时在盒内增加了卡扣，避免蓝莓被挤压和碰撞，从而减少产品损耗。

3. 价格体系标准化

在价格体系标准化方面，京东生鲜通过对产品从源头到消费者的整个流通环节进行把控，稳定产品成本，制定出一套不同产品品质下的价格体系标准，避免生鲜平台的价格竞争。

通过对生鲜电商经营的标准化改造与严格执行，京东生鲜做到让消费者有"标准"可依，避免了消费者网上购买生鲜农产品的潜在纠纷。

1.3.4 产销协同仓物流布局

京东生鲜参考京东物流的冷链标准，在生鲜农产品原产地或销售地设置临时性品类仓库，以便于进行物流协同。这类仓库作为京东生鲜的生鲜协同仓，为上游生产者与自己进行快速衔接沟通而服务。根据供应链上下游需求差异，京东生鲜把这类仓库分为产地协同仓与销地协同仓。

设立京东生鲜的产地协同仓，使京东生鲜能够通过缩短供应链环节，缩短流通时间。具体而言，一是可将供应商仓储能力与自己的仓储能力进行合并，共同建仓;二是将自己的仓库建到供应商的库房内,将生鲜供应商纳入京东生鲜的整个分拣配送体系并参与运作。消费者下单后,京东生鲜直接从产地将生鲜产品配送给消费者。

设立京东生鲜的销地协同仓,使京东生鲜能够通过有效缩短配送距离,提升订单配送时效。具体而言,首先,京东生鲜利用互联网技术,构建大数据平台,精准预测生鲜产品需求;其次,综合考虑地区分布、消费时间和消费特征及可利用的物流仓储资源,将产品运送至销售地的自建生鲜仓库,或者暂存到合作伙伴的温控仓库;最后,消费者下单后,京东生鲜直接从距离消费者近的生鲜仓库发货,进行冷链配送。

图 1.1 为京东生鲜的产销协同仓物流模式简图。设立京东生鲜的产地协同仓与京东生鲜的销地协同仓,因为这类仓库的调配能力灵活且有弹性,由协同仓协助进行订单发货,对塑造京东生鲜服务优势有不可忽视的作用。得益于协同仓物流模式,京东生鲜与协同仓合作伙伴不仅可以有效减少生鲜产品的流通损耗,还有助于降低双方的产品库存,加速产品流通,减少资金占用,促进轻资产运营优势的形成。

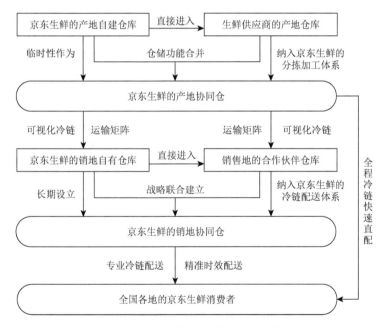

图 1.1 京东生鲜的产销协同仓物流模式

为布局产销协同仓,京东生鲜一方面深入产品源头,自建优质原产地协同仓,如建立阳澄湖大闸蟹产地协同仓、烟台樱桃产地协同仓等;另一方面整合销地多品类协同仓，如京东生鲜与味库海鲜的进口海鲜销地协同仓、京东生鲜与东昇集团的蔬菜销地协同仓等。

1. 自建优质原产地协同仓

为加强产后的生鲜农产品损耗控制和有效缩短供应链，京东生鲜选择在生鲜农产品原产地周边区域建立临时性的多功能仓库，这样有助于京东生鲜加强产品品控和减少中间商。该模式的典型代表有河鲜大闸蟹产地协同仓、水果樱桃产地协同仓等。截止到 2019 年 5 月，京东生鲜已成功运营了阳澄湖大闸蟹产地协同仓、烟台樱桃产地协同仓及其他生鲜农产品产地协同仓。接下来将以大闸蟹产地协同仓为例，分析自建优质原产地协同仓模式。

（1）推进大闸蟹产地协同仓的全新升级。首先，京东生鲜整合大闸蟹产地的仓储资源，在养殖区域建立临时性的大闸蟹仓库；其次，鼓励养殖户和养殖企业将捕捞上来的大闸蟹直接送往自己的仓库进行收储；最后，从产地仓库为全国的大闸蟹消费者发货。

为提升大闸蟹产地协同仓的协作效率，京东生鲜对该品类产地协同仓进行了全面升级。一是扩大大闸蟹产地协同仓的库容面积，升级后的大闸蟹产地协同仓面积较以往大出近 1 倍。二是优化大闸蟹产地协同仓内的分区设置，保证入库区、加工区、抽检区及冷链中转区等关键分区的布局合理，整体运转高效。同时，京东生鲜在有效分区内设立专用空调，保证相应分区内的温度合适且恒定。除此之外，京东生鲜进一步设立了生鲜快速检测实验室。依托这类实验室，京东生鲜能够快速对大闸蟹的多项安全指标进行测度，如氯霉素、孔雀石绿和重金属铬等指标。在有效抽检后再进行发货能够保障进入正式流通环节的大闸蟹的质量安全可靠。得益于协同仓的全新升级，大闸蟹的检疫、分级、拣选、包装与存储等产品处理工作可以在大闸蟹产地协同仓内同步进行、同步完成。因此，京东生鲜产地协同仓的物流运作效率得到了有效提升。

（2）大闸蟹产地协同仓的优势与作用。京东生鲜采取"产地直采 + 产地协同仓"模式，不仅提升了大闸蟹的配送时效，还确保了大闸蟹的原产地身份，具有较高的防伪辨识度。类似的协同仓优势与作用也开始显现，如大闸蟹供应主体的成本节约和价值增加。大闸蟹养殖户与养殖企业按消费者的订单需求，把捕捞包装好的成品蟹送到协同仓即可，其他有关事宜，如大闸蟹清洗、检疫、分选、加工等，均由京东生鲜独立负责完成。因此，节约了他们的产品加工运作成本。另外，与养殖户和养殖企业自己在线上开店相比，采用京东生鲜产地协同仓模式不仅省去线上的运营成本，还可以有效节约产品的宣传推广成本。特别是有过线上开店经历的养殖户和养殖企业，更可以切身感知到京东生鲜协同仓模式带来的利益。

　　（3）大闸蟹产销协同的运作情况。为将当季大闸蟹快速配送给全国各地的消费者，京东生鲜结合历年的需求数据与消费反馈数据，分析历年的河鲜消费趋势，预测当年的大闸蟹需求及区域分布，进一步组织大闸蟹货源并运送到全国各地的自建仓库或合作伙伴仓库进行暂存。消费者下单后，京东生鲜根据订单需求，从销地协同仓直接向消费者发货。因此，部分地区的消费者 4 小时内即可收到京东生鲜直配的大闸蟹。另外，为确保大闸蟹从产地、销地到消费者的全程冷链，京东生鲜在大闸蟹的终端配送中，增加了专业的冷链三轮车、冷链保温箱等温控保鲜设施设备。通过大闸蟹的产销协同仓模式，京东生鲜可以销售 50% 左右的当季阳澄湖大闸蟹，因此多次被新闻媒体、当地养殖户及养殖企业称为阳澄湖大闸蟹"第一捞"。2018 年，京东生鲜在北京、上海、广州三地均设立了大闸蟹的销地协同仓，以全面满足消费者对大闸蟹及其配送时效的需求。京东生鲜通过产销协同运作，减少了大闸蟹流通环节，缩短了大闸蟹配送距离，实现了对大闸蟹供应链的优化。

2. 整合销地多品类协同仓

　　京东生鲜在布局产销协同仓的过程中，除了深入国内生鲜产品源头、自建产地协同仓外，还积极整合外部多品类的生鲜仓储资源，建立了京东生鲜的销地协同仓。其中，典型的是京东生鲜的进口海鲜销地协同仓和蔬菜销地协同仓。

　　（1）"海外直采 + 销地协同仓"模式的运作过程。京东生鲜海外直采的进口生鲜由国内航空公司或国际航空公司从原产国承运。在完成全部的清关检疫要求后，京东生鲜才会将进口生鲜放进销地协同仓内。在收到消费者订单后，京东生鲜直接从销地协同仓发货，将进口生鲜经由"冷藏车 + 配送车 + 保温箱"的全程冷链，快速配送给消费者。至此，京东生鲜完成了进口生鲜"海外直采 + 销地协同仓"模式的运作过程。

　　（2）"海外直采 + 销地协同仓"运作模式的典型代表。与味库海鲜之间的协同合作，可以称作京东生鲜"海外直采 + 销地协同仓"运作模式的典型代表。从海外直采、订单承接、仓库接货、订单处理到打包发货，味库海鲜协同并配合京东生鲜完成了进口海鲜的整个流通过程。由于直采的进口海鲜通常在凌晨落地配送到味库海鲜的海水仓，为了保证配送时效，进口海鲜需要快速经过过磅称重、挑选、活力检测、打包和发货等多个环节，因此，京东生鲜要求味库海鲜及其北京、上海、广州等地的海鲜海水仓对落地的进口海鲜进行快速拣选与包装。不仅如此，京东生鲜还要求味库海鲜具备应对突发情况的能力。例如，面对天气等不可抗力因素导致的进口海鲜的国际航班抵达不准时的问题，味库海鲜可以在不影响京东生鲜进口海鲜配送时效的情况下，迅速激活前期储备的应急资源与能力，按时、按质地完成进口海鲜的快速拣选与包装。简言之，协同仓合作伙伴具备丰富的生鲜供应链处理能力，才能配合京东生鲜实现"海外直采 + 销地协同仓"模式，实现 48 小时内将进口生鲜从原产国配送给国内消费者。

除了基于海外直采整合国内高质量的海鲜销地协同仓资源外，京东生鲜还有计划地整合了国内其他的生鲜品类销地协同仓资源。其中，典型的是京东生鲜蔬菜销地协同仓的建立。京东生鲜在 2016 年底与东昇集团建立合作关系，共同建立"绿鲜知"蔬菜品牌，联合建立蔬菜销地协同仓。京东生鲜妥善整合京东的大数据和东昇集团的销售数据，预测不同城市及区域市场的蔬菜销量，从而更加精准地使用蔬菜销地协同仓的仓储和运输配送能力。另外，京东生鲜联合东昇集团推动蔬菜仓储和配送硬件设备的标准化，提升协同仓的蔬菜装卸搬运效率。在蔬菜损耗控制上，京东生鲜与东昇集团均要求：一是来自种植基地的蔬菜质量与品质必须达到相应的标准；二是各类蔬菜经过专业的预冷处理后，才能进入京东生鲜的蔬菜销地协同仓。通过优化蔬菜销地协同仓的管理与运作，京东生鲜与东昇集团有效控制了蔬菜的实体损耗，可把蔬菜损耗率降低到接近零，同时也保证了蔬菜的新鲜快速送达，提升了消费者的购买体验。

3. 形成产销协同配送网络

（1）基于产品产业联盟建立配送网络。为建立产销协同配送网络，京东生鲜除了完成产销协同仓布局外，还需要建立起生鲜产品产业联盟。京东生鲜计划建立的产销协同配送网络，不仅是生鲜产品的销售平台，还是与各方合作伙伴特别是生鲜供应商的联盟平台。为形成平台规模效应，建立产销协同配送网络，京东生鲜正在着力发展与扩大原产地生鲜的产品产业联盟。其中，典型的是京东生鲜发展的大闸蟹产业组织联盟。2017 年 9 月，京东生鲜联合全国大闸蟹主要产区的养殖组织，建立联盟关系，其中包括阳澄湖、鄱阳湖、太湖等 11 个大闸蟹产区的养殖户和养殖企业。因此，改变了以前大闸蟹各湖区供应商间相互对立与竞争的局面。2018 年 9 月，京东生鲜邀请长荡湖与高邮湖大闸蟹产区的养殖户和养殖企业加入京东生鲜的大闸蟹产业联盟。至此，已与京东生鲜建立产业联盟的大闸蟹产区达到了 13 个。基于产品产业联盟，京东生鲜既可以对生鲜产品进行集中采购、分散供应，也可以分散采购、集中供应。因此，有助于京东生鲜建立更为完善和通达的产销协同配送网络。

（2）产销协同的产品与服务资源整合。为建立完善的产销协同配送网络，京东生鲜除了布局产销地协同仓和建立产品产业联盟外，还需要不断整合其他的生鲜产品与服务资源，夯实产销协同配送网络的产品与服务基础。一方面，京东生鲜通过提供以产品运营和营销为核心的服务，吸引生鲜供应商的加入，进一步整合生鲜产品资源。例如，京东生鲜联合其线下体验店 7FRESH，发起成立全球水果品牌战略联盟。多家全球知名水果品牌商作为海外直采联盟的首批成员，还入驻了京东生鲜的线上平台和线下体验店。因此，不仅丰富了京东生鲜产销协同配送网络中进口水果的品类，还有效提升了京东生鲜产销协同配送网络中进口水果的品质。另一方面，京东生鲜结合国内的消费特点，进一步整合外部生鲜物流服务资源，夯实产销协同配送网络的服务基础。例如，京东生鲜与京深海鲜达成战略合作，共同为消费者提供以时效配送为核心的生鲜产销协同物流服务方案。因此，京东生鲜实现了北京、天津等一线城市与地区的 211 限时达（当天 11:00 前下单，当天送达生鲜产品；当天 23:00 前下单，第二天 15:00 前送达生鲜产品），其他城市则最慢次日达。

（3）全方位的运输配送服务。为解决产销协同仓模式中的生鲜产品干线运输问题，京东生鲜优化冷链车运输路线，增加高铁运输，增设航空线路，开设机场快速通道，启用机坪恒温车及采用头等舱冷链运输，建立了公路、铁路、航空多元化的运输能力组合及冷链解决方案，形成了全方位的生鲜协同仓物流运输矩阵。为优化协同仓生鲜产品的终端配送，京东生鲜升级运输配送设备，配置专业的多温层冷链运输车、冷链三轮车和专业冷媒（干冰、冰板、冰包和冰袋），研发性能更强的冷链保温箱。同时，京东生鲜升级运输配送服务，一是推出夜间配服务。一线城市消费者在当天 14:00 前下单可选择在当天 18:00～20:00 或 20:00～22:00 时间段配送。二是升级精准达服务，提升配送时效。京东生鲜将精准达预约送达时间从 2 小时缩短至半小时。数据统计显示，截止到 2019 年初，超过 200 个城市的消费者能享受到京东生鲜的精准达服务，其中，超过 30 个城市的消费者能享受到 1 小时精准达服务，超过 5 个城市的消费者能够享受到半小时精准达服务。

1.3.5　快速响应售后问题

生鲜产品的配送和售后服务是生鲜电商直接与消费者接触的界面，优质的产品配送与售后服务可直接提升消费者体验。针对产销协同仓物流运营模式的配送与售后环节，京东生鲜实施了全方位的运输配送服务，提出了"即刻赔"、"优鲜赔"及专项与专属理赔客服等售后服务方式，以期提升消费者感知价值，实现消费者持续留存与高频率复购。

1. "即刻赔"与"优鲜赔"

由于生鲜产品具有易破损和易腐坏的特点，其售后服务将对改善消费体验、实现消费者留存产生决定性影响。换句话说，生鲜产品售后服务是获取和维护消费者忠诚度的关键。因此，京东生鲜以消费者为中心提出了"即刻赔"服务。具体就是，京东生鲜支持订单交付即现场开箱验货，如果出现生鲜产品化冻、腐烂、漏液和包装损坏，配送员有权与消费者进行现场协商，对消费者进行相应的赔付，快速解决消费售后问题。同样，京东生鲜还提出了"优鲜赔"服务。具体就是，消费者签收后，如果发现有损坏的生鲜产品，两天之内可在平台上进行反馈，提交售后处理申请。京东生鲜承诺接收到消费者反馈与售后申请后，会快速作出响应。另外，就大闸蟹售后问题，京东生鲜给出了死蟹包赔与闪电退款的具体售后解决方案，如果订单签收后发现死蟹，消费者可在 6 小时内向平台反馈并提交"优鲜赔"申请，京东生鲜便会快速完成退款入账。

2. 专项与专属理赔客服

为解决京东生鲜与供应商及产销协同仓合作伙伴间出现的产品损坏原因归属问题，京东生鲜根据生鲜产品品类，推出了生鲜专项与专属理赔客服服务。京东生鲜选择由产品专业性程度高的客服人员负责处理某一原产地生鲜产品的消费者售后理赔问题、产品货损原因归属问题及确定赔付资金的支付方等。该服务建立了快捷咨询、极速理赔和应急处理等专项应对方案。同时，该服务向生鲜供应商及协同仓合作伙伴承诺，如经确认是京东生鲜的物流配送导致生鲜产品出现了腐烂和损坏，京东生鲜最快将在 3 个工作日内完成对消费者的专属沟通与理赔。这样，一来解决了生鲜供应商及协同仓合作伙伴最关注的产品售后问题，节约了他们的售后服务成本，减轻了他们的经营压力；二来便于京东生鲜及时关注消费者的售后服务满意度，针对性地实施消费者维持与留存策略。因此，2017 年 4 月到 2019 年初，京东生鲜不断增加对生鲜专项与专属理赔客服的投入，投入增幅达到了 30%。

1.4　京东生鲜的消费者管理策略

1.4.1　瞄准优质用户

经济飞速发展带来消费意识转变，生鲜农产品消费者越来越重视健康问题，开始追求安全、高质量的生鲜农产品。然而，国内生鲜农产品中高端市场表现乏力，现有的生鲜农产品品质普遍较低，高端生鲜农产品数量稀少导致其价格高昂，令不少消费者望而却步。这种需求与供给不匹配的形势表明生鲜农产品的中高端市场潜力巨大。此外，京东生鲜之类的生鲜电商与传统线下渠道相比，存在高成本的"最后一公里"配送环节，在普通生鲜农产品销售价格上不一定具有优势，但京东生鲜在整条产业链上对产品具有较高的品控能力，同时完善的自有物流体系具有高协调性，提高了流通效率，保证产品快速运达，因此适宜经营高质量生鲜农产品。考虑到以上两个原因，京东生鲜锁定中高端市场，瞄准优质客户，建立专业买手团队，全球产地直采，为消费者寻找优质货源，并利用自营物流快速配送，让目标消费者能够以相对较低的价格购买标准化优质生鲜农产品。

1.4.2　大数据分析消费者特质

在京东的以消费者为中心的营销理念下,生鲜电商不仅需要对营销手段进行创新,更需要掌握目标消费者的数据信息。

京东生鲜对不同地区的消费者偏好进行了分析。京东生鲜 2017 年的用户数据及生鲜网购消费者地域分布的报告显示,生鲜网购消费者主要分布在全国的一线、二线城市,占比超过 80%,其他城市的生鲜网购消费者占比不超过 20%。这表明生鲜电商的主要市场仍在一线、二线城市,需要在这些城市建立完善的生鲜农产品配套设施,其他城市也仍有市场潜力,可进行局部扩张。此外,京东大数据显示,上海人偏好香蕉、枣子等糖分较高的水果;北京人倾向于鸡肉等低脂类生鲜产品。此外,26~35 岁用户在生鲜消费者中占比最高,女性则是购买生鲜农产品的消费主力,其中已婚女性居多。

京东生鲜的大数据技术不仅能识别消费者群体特征,还能具体分析消费者个人的行为特征。京东对生鲜农产品全产业链拥有把控权,因此,京东生鲜利用大数据技术能够获得最全面、完整的消费者数据,从消费者浏览网站开始,到选择产品、下单、页面停留时间等一切操作过程都被记录下来。记录大量数据之后,京东又对数据进行了精确分析,勾勒消费者画像,包括年龄、地区、家庭结构、兴趣爱好、价格敏感程度等多方面的消费者特质。根据这些信息,京东生鲜对不同消费者采用不同的营销手段和营销内容,实现精准营销。

目前,京东生鲜已实现"千人千店",即根据消费者特质设计了多种产品推荐、促销活动,不同消费者在移动端登录京东生鲜都将看到不同的页面。通过对消费者行为的分析,京东生鲜还能总结消费者的消费趋势,从而在生鲜农产品供应品类、数量上也有数据可依,避免生产浪费。

1.5　案例启示

1.5.1　全方位整合资源,建立核心优势

自国内首批生鲜电商出现以来,行业进入快速发展期,然而生鲜农产品业务的高经营难度使不少企业退出市场,如"青年菜君""美味七七"等接连倒闭,剩余企业纷纷在困境中不断调整变革才得以存活。京东生鲜能在众多生鲜电商中成为龙头标杆,其核心优势是通过多方资源整合实现对生鲜农产品全产业链的把控,做到让消费者放心。外界资源是企业发展的压力,亦是动力,经营过程中要不断识别与整合资源,化压力为动力,形成吸引消费者的核心优势,才能促进企业更

好地发展。从原产地、物流运输到媒体营销整个流程，京东生鲜无不注重与外界的合作，进行资源互补，不仅在成本上有所缩减，还能最大程度地提升自身实力，建立一条完整的价值链。

1.5.2　抓住用户痛点，打造极致用户体验

京东生鲜摒弃了传统生鲜农产品销售行业以产品为中心的营销理念，在经营中始终坚持以消费者为中心。由于生鲜农产品与国民日常生活密切相关，快速识别和满足消费者需求才是正确经营之道。在市场选择上，京东生鲜通过对生鲜电商市场潜力的调研分析，锁定目标消费者，并通过大数据技术获取消费者偏好与行为特征，在了解消费者需求的基础上实现精准营销；在产品及服务上，京东生鲜尽力为消费者寻找全球优质生鲜农产品，不断提高自身物流配送能力，以期给消费者带来极致消费体验，培养消费者黏性。

同时，随着经济和社会环境的变化，消费者需求也不会一成不变，生鲜企业也需不断跟进，掌握消费者的消费趋势，及时进行调整和变革，灵活应对市场变化。

1.5.3　打造品牌，提升营销效果

为解决我国生鲜农产品市场同质化严重的问题，京东生鲜在推进国内生鲜品牌的建设方面作出了不少努力。首先是助力国内知名生鲜品牌商的发展，为品牌商提供更加便利的宣传平台和交易平台；其次是利用自身资源扶持生鲜原产地建立品牌，还自创了生鲜品牌"京觅"，促进生鲜农产品的品牌化发展；最后是坚持生鲜农产品的标准化，严格管理产品品质、包装等方面，树立生鲜农产品的品牌形象，增强消费者的品牌信任。基于品牌进行营销，通过特定场景赋予品牌情感价值，在消费者心中形成清晰的品牌定位，利用这种情感维系与品牌定位吸引和维系消费者，提升生鲜农产品的营销效果。

1.5.4　加强物流资源识别，提升服务合作与创新水平

通过上述案例可分析得出，京东生鲜与优质生鲜产品和服务供应商建立了产销协同合作关系，共同为消费者提供高品质的生鲜产品与服务。由此可知，生鲜电商在与其他生鲜供应链主体开展协同合作前，需要加强对生鲜产品与物流服务资源的识别和筛选。生鲜电商需要开展协同合作，表明自身资源与能力存在局限，在一定程度上难以匹配生鲜产品与物流服务发展的需要。只有协同合作，才能缓

解当前的矛盾。但这并不是要求生鲜电商必须快速作出合作决策，而是需要生鲜电商认真辨别外部资源的优劣，从多个维度挑选合作伙伴。在建立正式协同合作关系前，花费一定的时间与成本了解合作伙伴，有助于降低生鲜电商合作失败的风险。协同合作关系一旦建立，短时间内将难以改变且影响持久。好的合作伙伴会从组织内外部推动和支持生鲜电商的创新性服务活动。选择合适且高质量的物流服务合作伙伴是提升生鲜电商物流服务合作与创新水平的前提条件。

1.5.5　推动物流资源互补，降低服务发展与创新风险

京东生鲜在运营产销协同仓物流模式的过程中，面向消费者与合作伙伴制定了多种运作标准。例如，生鲜供应商引入标准、生鲜产品入库验收标准、生鲜产品存储的温湿度标准及生鲜产品保质期标准等。在运作标准执行过程中，除了考虑自身资源能力限制外，还因为推广生鲜产品与服务相关的各类运作标准，需要合作伙伴的紧密支持与配合，因此，京东生鲜基于对物流资源的有效识别，加强与产销协同仓合作伙伴的物流资源互补，形成多元化的协同互补优势。生鲜电商通过物流资源互补，建立深度的合作伙伴关系，一是有利于快速获得内外部的服务发展支持，二是有助于减小服务发展行动的内外部阻力，从而降低生鲜电商物流服务发展与创新的风险。

1.5.6　促进合作参与方多赢，提升服务协同创新能力

京东生鲜与协同仓合作伙伴间的物流资源互补，除了可降低自身服务发展与创新的风险外，还促进了协同仓合作伙伴的成长进步，弥补了协同仓合作伙伴发展的短板，增强了协同仓合作伙伴的服务能力，实现了协同仓合作伙伴的价值增加。协同合作带来的价值增加，促进了多方合作伙伴主动与京东生鲜开展深度且长期的协同工作。尤其是在提升生鲜协同仓物流的智能化、可视化和互动水平等方面，共同进行了持续性努力和创新性发展。由此可以看出，生鲜电商与合作伙伴间的合作多赢有利于提升生鲜电商的服务协同创新能力。基于合作多赢，生鲜电商除了可以深化与已有合作伙伴的合作外，还可以进一步积极引进和吸引不同类型的合作伙伴，丰富合作方式与合作内容，从而优化生鲜电商的服务合作能力，支撑生鲜电商进一步开展服务合作创新。

第 2 章 盒马鲜生的仓店合一供应链运营模式

随着"新零售"核心概念的提出与深化，越来越多的生鲜供应链企业尝试以互联网为依托，选择性采纳物联网、大数据与人工智能等先进的信息技术手段，推动生鲜农产品生产、供应、销售与配送等关键供应链环节的基本操作流程实现创新升级，以期能构建线上线下深度融合并妥善连接现代物流的新零售运营模式，塑造新型的产品与服务业态支持结构及生态系统。在此背景下，盒马鲜生提出的"超市＋餐饮＋前置仓＋互联网"的跨界组合创新一度成为新零售运营模式的典型落地实践，而由盒马鲜生建立的仓店合一运营模式则作为其跨界组合创新的核心表现而存在。鉴于此，本章将着重对盒马鲜生的仓店合一供应链运营模式展开分析，以期能获得对该类型创新运营模式的深刻见解。

2.1 盒马鲜生概况

作为阿里巴巴集团进行新零售布局的关键实践，盒马鲜生在 2015 年就开始了小规模的门店试运营活动。2016 年 1 月，上海金桥国际商业广场盒马鲜生会员店开业运营，这标志着盒马鲜生正式面向消费大众提供生鲜线上线下一体化服务。经过几年拓店计划，盒马鲜生已经在全国主要城市开设了零售门店，零售门店数量超过 200 家。

大多数盒马鲜生线上线下一体化零售门店的店铺面积在 6000～10 000 平方米。零售门店的功能区域主要分为商品展示销售区、生鲜加工与烹饪区、堂食就餐区及后场仓储合流区（图 2.1）。其商品展示销售区的商品 SKU 超过 6000 个，蔬菜、水果、肉类、海鲜等生鲜品类占比超过 50%，其中，进口海鲜一度成为盒马鲜生零售门店的招牌。盒马鲜生一方面基于零售门店提供多种服务体验，包括现场加工、本店试吃与堂食等线下消费服务；另一方面开发配套的 APP，提供线上生鲜订单配送服务，支持消费者线上下单、线下配送。

不同于传统的生鲜实体店和纯线上生鲜电商，盒马鲜生发挥"传统商超＋产品配送＋盒马鲜生 APP"的有效组合优势，建立起了仓店合一的物流服务运营模式。依托仓店合一模式，盒马鲜生进一步提出了半小时送达的即时配送服务，限定并承诺在门店周边 3～5 公里范围内的消费者可以享受到这项服务。这类运营模式不仅提升了盒马鲜生单店的服务坪效和售卖效率，还可为消费者提供便捷即时、高品质和场景化的泛生鲜消费解决方案。

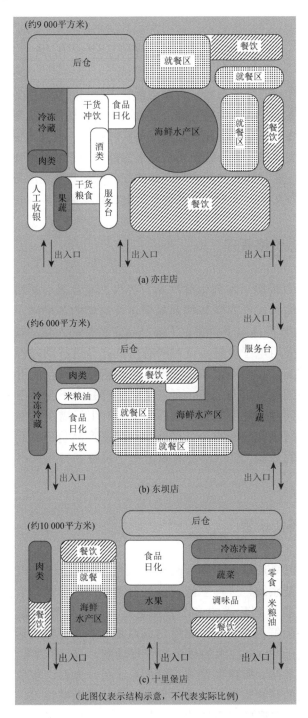

图 2.1　部分盒马鲜生零售门店的功能区结构图

2.2　盒马鲜生的仓店合一布局

为实现仓店合一的合理布局，有效运营仓店合一的物流服务模式，盒马鲜生不仅依托电子价签进行动态价格管理，设置高效的可视化拣货装置，依托信息服务技术实现线上线下库存同步和全品类产品实时补货，而且为保障线上订单快速拣货与配送的可实现性，盒马鲜生还实施了生鲜产品包装标准化。同时，为丰富与提升消费体验，盒马鲜生推动生鲜产品的生熟联动与堂食服务一体化，并以实体零售服务环境为支撑，快速响应消费者的信息获取需求。

2.2.1　实时动态价格管理

电子价签可高效展示陈列生鲜产品，提供产品品名、价格、单位、规格、等级、产地等传统纸质价签包含的商品信息及对应的条形码。另外，消费者可通过盒马鲜生 APP 扫描电子价签，了解产品信息并加入移动端购物车。更重要的是，盒马鲜生采用电子价签，可对所有生鲜产品进行动态价格管理。由于主营多品类生鲜产品，需要不定期进行产品价格折扣活动，使用纸质价签将增加盒马鲜生的价格调整难度与速度，而采用电子价签将不会存在价格调整难和价格调整速度慢的问题。使用电子价签后，盒马鲜生只需在数据后台中输入需要调整的价格或者写出相应的指令，便能快速更新产品价格。此外，使用电子价签还可以提升购物体验，包括消费者查看电子价签获得相关产品信息辅助购买决策。

2.2.2　可视化拣货设置

盒马鲜生同时采用掌上电脑（personal digital assistant，PDA）和门店天花板上的悬挂输送链系统，进行生鲜订单的自动化快速分拣与合流。一方面，为实现对从存货、拣货到配送的多个方面进行可视化管理，盒马鲜生需要依托PDA 技术，支持生鲜商品打包、移库与盘点复核等功能顺利运转。在接收到消费者订单后，基于 PDA 技术的显示与管理功能，盒马鲜生能迅速获悉订单中相应商品的所在货架、库存数量等关键信息。另一方面，盒马鲜生引进并改进工业制造业领域的悬挂输送链系统。为实现悬挂输送链技术，盒马鲜生在门店建立之前，对门店布局做了系统性设计与考量，如在零售门店内多处设置传送带，保证这些传送带及悬挂的商品会经由零售门店的天花板，顺利进入后场仓储合流区。基于电子价签技术、PDA 技术与自动化分拣合流技术的妥善有效利用，盒马鲜生成功建立起以可视化订单拣货设置为核心的仓店合一布局。因此，不仅可以加速订单产品传递，还可以有效利用零售门店的有限空间。

2.2.3　线上线下库存同步

在进行零售门店概念化设计之初，盒马鲜生将产品仓储与库存功能赋予实体零售店，并为此建立了仓储式货架。得益于信息技术的支持作用，盒马鲜生的商品货位与库存信息可以实时进行回传，并进行合理调度。由于借助电子价签实现了生鲜产品的全数字化运营，因此盒马鲜生可依托电子价签和产品库存管理系统，实时查询生鲜商品的数量和这些商品在门店货架、后场及外品库中的空间分布情况。除了打包员工作的后场仓储合流区，盒马鲜生并没有在零售门店设置额外的仓库，整个门店的产品运作与流转均采用电子价签和自己设计的产品库存管理系统来实现。其中，就消费者在移动应用终端上下的订单来说，盒马鲜生的工作人员可直接从门店货架上提取商品，完成相应订单的配货与拣货。除此之外，盒马鲜生会根据自己的历史数据和阿里巴巴的大数据，联合天猫超市生鲜，进行智能库存调度。通过预测区域内的盒马鲜生会员消费者的需求，推算出该区域的最大可能需求，做好相应零售门店的库存分配及大致安排。盒马鲜生通过库存实时同步和库存分配优化，实现了动态化的生鲜产品库存管理，有效控制生鲜产品库存，防止库存不足和过多库存导致的成本上升。

2.2.4　全品类产品实时补货

盒马鲜生通过线上线下库存同步设计，可以将外品库内的生鲜商品进行及时出售，使其不会因为多次订货和维持安全库存而被浪费或直接损腐掉。目前，盒马鲜生可以在不干预线上线下销售的同时，实现有序的产品补货。一般来说，盒马鲜生零售门店的货架商品即为当前库存，当系统观测到货架商品少于一定数量时，会自动通知当地的产品中心仓或联系相应供应商进行补货。为实现生鲜供应商的全品类实时补货，盒马鲜生与生鲜供应商进行全品类产品库存信息的实时共享。当每种生鲜产品库存低于安全库存时，盒马鲜生的产品库存管理系统会自动通知相应的生鲜供应商，应该补多少货到各个零售门店，实现全品类产品的自动化补货。随后，盒马鲜生补货员将根据 PDA 缺货或库存不足的提示，到后场仓储合流区，提取相应的生鲜产品，再到销售前场进行逐个补货，同时清点与纠正货架上的真实商品数。每补完一种产品后，类似地再次取货补货。如果在周末的消费高峰时间段内，盒马鲜生的补货员就需要连续进行多次全品类产品的动态循环补货。盒马鲜生的补货员根据 PDA 提示到后场逐个取货、前场补货，实现了零售门店内的实时补货，从而维持合理的零售门店产品库存。

2.2.5　标准化产品包装

盒马鲜生根据消费大数据分析结果，识别消费者对产品的偏好程度，动态调整自身的商品结构，精选产品，实现产品结构优化。同时，通过加强生鲜品控团队建设及通过设置产品二维码进行生产运输信息追溯，来共同为生鲜产品质量背书。在盒马鲜生零售门店的货架上和后场仓库中，水果、蔬菜、肉类等生鲜产品经过初级加工处理，都已经预先包装好，包装袋上印着当天日期，按份售卖，其中每份蔬菜的重量都控制在 300～500 克。同时，盒马鲜生对加工的生鲜产品采用贴体包装技术，以加强生鲜产品的保鲜效果。除此之外，盒马鲜生根据消费者的选品购买惯性，从星期一到星期日设置了 7 种不同颜色的牛奶包装，以方便消费者直接根据产品包装颜色来判定产品生产时间，满足消费者追求极致新鲜的需求。盒马鲜生在保障产品质量的基础上，通过产品初加工、产品标准化、商品包装创新等措施，实现了生鲜产品的增值化和精细化，尤其是盒马鲜生日日鲜蔬菜品牌的建立和发展。

2.2.6　生熟联动堂食一体化

对于到盒马鲜生零售门店购买生鲜的消费者而言，以前他们对生鲜物流运作过程，如生鲜产品库存、加工与包装等的感知相对较少，很难体会到自动化的仓储、信息化的流程管理。即使有，也非亲眼所见和非亲身参与体验。为此，盒马鲜生将前置仓模式与零售门店有效结合，实现生鲜产品的生熟联动与堂食体验一体化，可以有效满足消费者对生鲜物流"体验前的殷切期待、体验中的美妙享受和体验后的难以忘怀"的全部需求。一是通过仓店的合理布置，展示可视化、可触摸的标准化产品与产品溯源科技及自动化分拣系统，满足了他们对生鲜物流"体验前的殷切期待"。二是通过仓店的产品加工与烹饪中心，消费者亲眼见到生鲜产品的宰杀、清洗等一系列加工处理过程，消费者切身体会到了生鲜物流的加工处理过程，增进了消费者对加工产品的安全信任，满足了消费者对"体验中的美妙享受"的有效需求。三是针对将选购食材交由盒马鲜生加工烹饪的消费者，盒马鲜生设置了生鲜食品的餐饮堂食区域，消费者可在盒马鲜生的餐饮堂食区域体验等待取餐、即买即食与即烹即食的乐趣，从而加速消费者效用最大化的实现，使他们"体验后难以忘怀"。盒马鲜生的生熟联动与堂食体验一体化，可以有效加速生鲜产品的转化过程，减轻生鲜产品的配送服务压力。

2.2.7　快速响应信息获取需求

盒马鲜生依托实体零售服务环境，快速响应消费者获取盒马鲜生产品与服务信息的需求。一是通过零售门店的悬挂输送链系统等可视化拣货设置，消费者直接体验盒马鲜生的物流运作过程，方便感知盒马鲜生的整体物流服务能力，同时向消费者植入"盒马鲜生能够即买即配"的能力定位。二是盒马鲜生通过拣货技术支持，减轻店内拣货员的拣货压力，增加店内拣货员的顾客服务时间，以便在拣货过程中，遇到店内消费者有产品陈列摆放地点问题或对盒马鲜生服务感到好奇时，拣货员能够积极响应消费者的信息咨询需求。三是通过给实体货架上的生鲜产品配备电子价签，展示产品源头详情和实现价格动态调整，方便消费者进行实物和数据展示信息的对比，支持消费者作出购买决策，同时可以增强消费者对盒马鲜生产品供应能力的感知。四是通过零售门店的生鲜客服中心迅速响应消费者，方便消费者进行全面的信息咨询，帮助消费者有效获取各类信息。消费者亲身参与服务沟通过程，有助于增进对盒马鲜生快速响应能力的感知。通过满足消费者的信息获取需求，有助于提升消费者对盒马鲜生的信息服务体验。

2.3　盒马鲜生的采购与运输管理

为了进一步释放消费者对高价值生鲜产品的需求，也为进一步培养消费者对盒马鲜生全品类生鲜产品的消费黏性，盒马鲜生需要提高生鲜产品的性价比。对于盒马鲜生而言，需要进行生鲜产品采购与运输物流等环节的管理，控制生鲜产品的采购与运输成本，才能实现这两个目标。因此，盒马鲜生通过买手责任制、多种源头直采和规模化运输等，实现生鲜产品的采购与运输管理。

2.3.1　买手责任制

盒马鲜生自 2015 年创立以来，就建立了生鲜买手责任制，目前已经建立起全球化的生鲜买手团队。在传统的生鲜产品采购过程中，生鲜供应商的利益导向往往导致一整套灰色制度，从而造成生鲜零售行业长期存在议价流程不清、买手与供应商合谋提价等问题，影响生鲜零售行业良性发展。盒马鲜生认为生鲜买手责任制能够较好地解决上述灰色利益链问题。只有让生鲜买手承担起与产品销量相关的责任问题，让产地开发的采购数据与选择的产品经得起消费者和市场需求的检验，才能真正有助于盒马鲜生控制生鲜采购成本、实现高产品性价比及买手制的价值。为此，盒马鲜生通过生鲜买手责任制，规范采购流程标准，落实采购责任到相应买手，实现采购过程数据化与透明化，有效控制采购交易成本，从而使供应商愿意与盒马鲜生开展长期的共同协作、信息互通。例如，盒马鲜生通过生鲜产品销量及消费者对生鲜产品的评价，来定期考核盒马鲜生买手的选品能力，对优秀买手进行奖励与晋升，从而维护买手责任制的长期运行，建立稳固长久的买手团队关系。同时，盒马鲜生会根据买手自身的选品特长，个性化制订专项选品方案，为消费者提供具有专属性的高品质生鲜产品，一方面进一步落实生鲜产品采购责任，另一方面避免出现与消费需求不匹配的滞销产品。

2.3.2 多种源头直采

为降低采购成本，提升采购效率、产品性价比与产品保质保鲜时效，盒马鲜生遵循基于商品价值差异化的多种直采模式并用的采购理念，对不同价值的生鲜产品采用不同的直采模式。例如，对高价值海鲜产品与进口水果进行全球化联合直采，对蔬菜、肉蛋等常规生鲜进行本土化基地直采，等等。

1. 全球化联合直采

盒马鲜生通过自有生鲜供应链重构，将整个进口生鲜供应链缩短，不依赖于进口生鲜产品经销商，直接深入全球生鲜产品源头采购，减少中间商加价，有效提升生鲜产品性价比。由于盒马鲜生部分进口海鲜、进口水果的产地源头和天猫超市的生鲜进口来源相同，且天猫超市希望寻找合作伙伴，通过加大联合采购量来提升生鲜产品毛利率和产品冷链利用率，因此，盒马鲜生与天猫超市选择进行数据联动，共同实施生鲜海外联合采购，即盒马鲜生的部分进口生鲜产品采购由天猫超市生鲜海外采购团队来完成。从一定程度上来说，盒马鲜生的进口生鲜产品与天猫超市的进口生鲜产品的差异，只在于产品最终交付方式的不同，一类是从盒马鲜生零售门店送出，一类是由天猫超市配送。盒马鲜生通过联合采购，发挥了产品采购优势互补的效应，弥补了自身在全球化生鲜产品采购上的经验不足，降低了进口生鲜的采购风险与采购成本。

2. 本土化基地直采

盒马鲜生通过大数据，依托"基地直采＋用户画像"的模式进行采购。例如，针对盒马鲜生 APP"好吃点"频道的国内特色生鲜产品需求，进行精准化与个性化的基地直采。又如，对低价值生鲜品类蔬菜，根据对区域范围内用户画像的整体分析，进行批量的本地化基地直采，从源头和时间上保证生鲜产品的新鲜度。

在具体的采购频率上，由于采购信息化和低库存设置，当库存少于一定比例时，库存管理系统自动通知盒马鲜生采购，实施准时制的本土化基地直采。目前，盒马鲜生已经建立起上下游供应链的数据管理系统，可以和供应商进行信息与数据的互通共享，保证上下游信息传达的畅通无阻与无偏差。为保障本土化基地直采，盒马鲜生一方面要求本地供应商按照盒马鲜生产品标准，对生鲜产品进行预冷和检疫处理，完成产品择拣等初加工处理，实现产品在仓店前的初级标准化；另一方面将流通环节向上游迁移，主动在生鲜种养殖区域建立专门的生产包装车间，力图在生产地就做好生鲜产品的加工与运输保鲜工作，这样有利于把整个流通时间缩短至合理范围，减少中间环节，保障生鲜产品品质。

3. 生鲜供应资源整合

为进一步发挥基地直采优势，盒马鲜生有效地整合了生产农户和生产合作社资源。以前，由于产品需求有限，本地供应商没有动力整合自身及周围的产品资源，而现在，盒马鲜生的大宗采购需求驱动本地供应商主动整合周围资源，为盒马鲜生供应产品。同时，盒马鲜生成立专门的供应链资源开发团队，做好本土化基地直采流程的优化设计。计划在某个城市布局零售门店时，盒马鲜生会事先了解当地的知名生鲜供应商，向其表达自己的合作意愿，如能否建立供销联盟，如果大型供应商资源不足，盒马鲜生还会下沉到生产源头，探寻相关农户并努力与优质生产农户建立合作关系。通过主动整合门店所在城市的生鲜货源组织，产生供应链效益与资源改善，有助于进一步提高盒马鲜生的生鲜产品性价比。在与当地的生产农户和生产合作社开展合作的过程中，盒马鲜生还进一步推广冷链物流保鲜技术，协同合作伙伴做好产品的产地预冷、检疫等前期处理工作，共同努力降低产品损耗。为进一步提升上游供应链的整合效益，盒马鲜生需要突破既有供销模式，借助市场影响力重构上游供应链，如协同上游生产组织共同开发、建设与运营生鲜产品基地。此外，就上游合作伙伴筛选问题，盒马鲜生还发布了自己的选择标准。一方面，合作伙伴需要具备相应的生产能力，能够保证供应的生鲜产品保质保量，达到盒马鲜生提出的要求与标准；另一方面，能够尊重或遵循盒马鲜生"鲜美生活"的价值理念，除了保证生鲜产品的质量安全外，也要做到新鲜可口高品质的要求。

2.3.3　规模化运输

为有效地降低运输搬卸成本和维护产品的保质保鲜时效，盒马鲜生在产品采购及供应链合作过程中，对接供应商的物流操作工具的标准数据，统一各生鲜物流环节中的工具规格，实现物流操作工具标准化，促进产地仓和仓店间的物流运输顺利衔接。在零售门店前，生鲜产品采用整个托盘的集约式包装，随后直接运输到零售门店的后场仓储合流区。因此，盒马鲜生可以做到一个托盘（或者是整箱、整板）一次性操作数十件生鲜产品包裹。这类运输简化操作能够有效减少由操作不当导致的产品损耗。盒马鲜生逐渐形成了以仓对仓的集中 B2B（business to business，企业对企业电子商务）模式运输，通过运输规模经济带来了物流成本的有效降低，也实现了产品搬卸的集约化，节约了搬卸时间和成本。

2.4　盒马鲜生的订单拣货管理

得益于互联网技术的支持，在接收到生鲜订单后，盒马鲜生对生鲜订单的传递和处理变成了实时瞬间性动作，能迅速响应消费者的个性化订单需求，随即进入订单备货与拣货环节。为提升订单拣货时效，盒马鲜生需要对订单拣货流程进行有效梳理，通过技术支撑与优化设备配套，实现实时订单拣货。

2.4.1　订单拣货流程梳理

盒马鲜生在配置店内分拣的硬件设施时，也配置了多名员工负责订单拣货，一部分人在商品销售展示区，另一部分人在后场仓储合流区。盒马鲜生具体的订单拣货流程可梳理为系统在接收到订单后，快速将订单发送至对应拣货员的 PDA 上；拣货员根据订单信息提取拣货袋，再根据 PDA 显示的订单拣货路径，前往商品销售展示区拣货；拣货员在货架上取出商品并用 PDA 扫描商品条形码，放入拣货袋，完成单个商品的拣货。拣货员依次重复同样的动作，直至完成订单上所有商品的拣货。接下来，拣货员将货袋内的商品进行分类并打包好，再将打包好的订单商品放到附近区域的悬挂输送链传送带上，由悬挂输送链系统将订单商品传送到后场的仓储与配送准备区。至此，盒马鲜生才算完成了一笔订单拣货。实体调研发现，为了保证半小时送达的时效性服务承诺，盒马鲜生需要严格管控订单拣货时间，必须将其控制在 10 分钟左右。这样对拣货员的速度要求就更高了，如拣货员必须对商品位置十分熟悉，避免无效拣货行为。从实体店考察看，盒马鲜生的拣货员多为 20～30 岁的年轻人，体力好、反应灵活且能迅速掌握 PDA 的用法。进一步分析还发现，在订单拣货流程中，如果能够较好地将人与机器进行结合，则可以有效提升盒马鲜生的线上线下协同运转效率。

2.4.2　实时订单拣货优化

在盒马鲜生零售门店按照生鲜品类划分的几个区域中，都有随身携带盒马鲜生拣货袋的工作人员，他们手持 PDA 负责一个区域的订单产品拣货。消费者在盒马鲜生 APP 上下的生鲜订单，会按照生鲜品类拆分成几个拣货单，推送到不同拣货员的 PDA 上。为了进一步优化实时订单拣货流程，在具体拣货与组合上，盒马鲜生一方面借助 PDA 的大数据分析技术，分析拣货员的移动时间和移动路径，从而优化拣货员的订单拣货路径；另一方面利用人体工学知识，优化货架上的产品存放位置设计，以此减少拣货员移动时间，从而实现精准拣货和快速拣货。除此之外，盒马鲜生配备有专用的保温保湿拣货袋，在拣货与配送过程中可以维持并保障生鲜产品的新鲜度。盒马鲜生通过拣货袋温控性能差异化设置，解决了拣货过程中的产品温控问题，有效保持产品状态，控制了拣货环节的产品损耗。综上，盒马鲜生从不同角度实现了对实时订单拣货流程的优化。

2.5　盒马鲜生的即时配送管理

盒马鲜生从与消费者信息互动、配送服务时长、配送服务场景及配送产品种类等角度来管理即时配送服务，一方面为实现配送服务的时效性承诺，提升消费者的服务体验；另一方面为推动盒马鲜生形成自己独特的时效性物流服务区域。

2.5.1　全方位配送信息互动

为实现生鲜产品的快速准确交付，盒马鲜生需要与消费者进行即时配送信息的共享和互动。因此，移动商务渠道，尤其是盒马鲜生 APP，成为向消费者传递即时配送信息、提升买卖双方信息对称性、实现生鲜产品即时配送的关键。为此，盒马鲜生设计并不断优化 APP，实现基于用户参与的生鲜订单状态信息共享。在具体措施上，一是迅速响应消费者订单需求，主动与消费者进行订单物流沟通、共享备货与配送信息；二是鼓励消费者提供详细的订单交付地址及地址的显著特征，并通过互联网技术定位消费者的所在地，以方便配送员寻找配送地点，及时更新订单物流状态;三是通过盒马鲜生 APP 向消费者展示可视化的订单配送路径，消费者可根据实时的物流状态进行追踪，了解何时准备收货，提前做好安排。通过产品配送信息与消费者位置信息的互动，能够有效避免消费者收不到货的问题，减少盒马鲜生二次或多次配送成本。

2.5.2　全天候即时配送

盒马鲜生通过学习银行业 24 小时自动取款机服务，提出了 24 小时即时配送的服务理念，实现了 24 小时配送的商业业态。24 小时配送意味着盒马鲜生必须处理补货车的最优递送时间、何时补货、何时完成订单拣货等问题。为实现生鲜全天候即时配送服务，在跨界学习的基础上，盒马鲜生有效增加夜间配送服务资源，把配送服务时长从营业时间时长转变为整星期的物理时长。同时，盒马鲜生推行 24 小时工作时间的三班倒制。一方面，在门店闭店（每日 22:00～次日 7:00）时间内，消费者如果存在购买需求，可以使用盒马鲜生 APP 下单订购，盒马鲜生会根据 APP 中的订单信息，保证服务范围内的半小时送达，从而满足消费者全年无休下单购物的需求。另一方面，盒马鲜生鼓励消费者当日下单，由消费者选择次日某些时间段进行订单配送。因此，盒马鲜生可在晚间打烊后进行订单备货、拣货，次日由配送员进行订单配送。除此之外，盒马鲜生还得益于与供应商进销存系统的互联互通，当门店库存不足时，系统会自动通知供应商最好选择在夜间补货到零售门店。盒马鲜生在运行生鲜全天候即时配送服务的过程中产生了生鲜物流服务的正向溢出效应，一是使投入的租金、设备等资源得到充分利用，有效降低时效性物流服务的成本；二是可以有效缓解盒马鲜生白天订单配送的压力。

2.5.3　全场景即时配送

得益于 24 小时配送服务，盒马鲜生可将即时配送服务延伸到公寓家庭、办公室会议及休闲聚会等各种社区社群场景，满足消费者全场景的生鲜即时配送需求。生鲜全场景即时配送服务的高便利性体验使盒马鲜生线上会员持续增加。同时，值得注意的是，盒马鲜生全场景物流配送覆盖范围内的住宅区域或办公区域，都被消费者称为"盒区房"。因此，更有利于盒马鲜生强化服务优势。在服务溢出效应的强势聚合下，时效性物流服务从空间维度进行延伸和渗透，加速了盒马鲜生独有物流服务区域的形成，同样也表明盒马鲜生时效性物流服务的影响力得到了有效提升和消费者的肯定。

2.5.4　全品类即时配送

因为限制有效配送服务范围可能会导致目标市场的消费者体量不足，所以盒马鲜生在优化仓店合一模式的基础上，推动生鲜即时配送物流服务进行适应性发展，满足目标市场内消费者多样化的即时配送服务需求，从而增加服务消费总量。在生鲜 24 小时即时配送服务运行过程中，盒马鲜生允许全品类商品搭载即时配送服务的便车，借助生鲜配送服务能力完成快速到家，使全品类商品实现即时配送。因此，会员消费者自动引出了盒马鲜生的早间市场和夜间市场。为此，盒马鲜生将门店闭店时间从 21:00 推迟到 22:00，以延长夜间市场的服务时间。得益于服务时间延长，消费者对夜宵、成人用品、药品等商品的应急、便利性需求得到有效满足，这类商品的价值同时得以增加，从而促进盒马鲜生实现生鲜物流配送服务的横向延伸与渗透。生鲜配送服务经过适应性发展后，服务溢出效应从服务时间、服务空间及服务类型等维度强势聚合，形成了盒马鲜生具有竞争力的服务壁垒，加速盒马鲜生成为社区生活服务中心，同时也避免了盒马鲜生陷入"消费者数量少—规模不经济—配送成本高—配送时效差"的恶性循环。

2.6　盒马鲜生的快速供需匹配管理

盒马鲜生仓店合一模式可以同时满足消费者对生鲜产品的配送时效和实际拣选体验的需求。盒马鲜生作为生鲜电商，它的发展目标是吸引消费者到线上购买，提升线上消费总量。盒马鲜生需要基于仓店合一模式，实现与消费者的快速供需匹配，促进线上消费。因此，盒马鲜生提出了仓店合一模式下的快速供需匹配管理。

2.6.1　服务定位更新

盒马鲜生以满足消费者配送时效和体验需求为核心，依托仓店合一模式，建立了双渠道顾客服务过程，一是线上消费者的物流服务过程，二是到店消费者的产品服务与体验一体化。随着接受服务频率的增加和双渠道顾客服务过程的逐渐稳定，消费者对盒马鲜生的认知定位逐渐从生鲜零售电商转变为社区生活服务中心，实现了盒马鲜生的服务定位更新。消费者对盒马鲜生的认知定位与盒马鲜生的服务定位相契合，这将有利于盒马鲜生满足消费者的各种需求并进一步识别与挖掘潜在的消费者需求，维护并深化与各类消费者的服务供求关系。

2.6.2　深度挖掘消费需求

经过双渠道顾客服务过程，盒马鲜生能够收集到不同生鲜产品的需求和服务体验数据。盒马鲜生把有关产品销售和消费体验的数据进行汇集处理，同时，通过支撑性的信息服务技术带来在全网大数据方面的积累，可以深度挖掘消费者的产品需求和物流服务需求。因此，一方面，盒马鲜生将各类有效数据进行不断的清洗与沉淀，随后将其反向导入盒马鲜生的上下游供应链服务系统，进而分析数据与数据之间的交叉网点，从而深刻理解消费者对生鲜产品与服务体验的具体诉求；另一方面，盒马鲜生利用前端的产品销售数据和消费体验数据，去影响后端的供应链生鲜产品生产和运输物流服务。通过更新迭代各类消费数据信息，进一步促进盒马鲜生优化双渠道顾客服务过程，实现对消费者需求的深度挖掘，并针对性地满足消费者需求。

2.6.3　快速匹配供需

对于盒马鲜生而言，任何满足生产或消费利益诉求的供应链环节，包括生鲜产品供应、采购、生产、零售体验、订单交易、售后服务的供应链全过程，都可以融入盒马鲜生的信息服务数据库。同时，盒马鲜生鼓励消费者主动参与盒马鲜生产品与服务的供应过程。因此，生鲜消费市场的产品信息、各类消费需求和消费信息在盒马鲜生的经济时空内集聚。即便是消费者小众化（通过"好吃点"频道的上线来聚集）、个性化、碎片化（通过"日常急需"频道来聚集）的需求，盒马鲜生也能一目了然，且只需付出碎片化的时间，就可获得与消费者诉求相关的多种类信息。因此，不仅消费者与盒马鲜生实现利益诉求相通，上游生鲜供应商与盒马鲜生之间、消费者与生鲜供应商之间的利益诉求也实现了相通。盒马鲜生基于仓店合一模式，形成了一个供应链实时协同的时空，一旦连接到盒马鲜生，所有消费者瞬间就可以连通到无限延展的经济时空，服务范围内的消费者间、消费者与盒马鲜生间及盒马鲜生与生鲜供应商间都实现了信息互动，因此，盒马鲜生可以快速完成供需匹配，实现生鲜产品的即时生产加工、即时发货、即时配送，进一步缩短生鲜产品的周转与转化时间。图 2.2 为盒马鲜生的供应链及仓店合一物流运营模式简图。

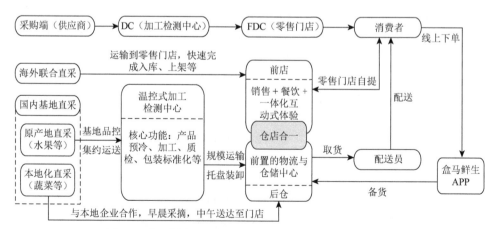

图 2.2　盒马鲜生的供应链及仓店合一物流运营模式简图

DC 表示 distribution center（配送中心）；FDC 表示 front distribution center（前端物流中心）

2.7　盒马鲜生的售后服务管理

由于盒马鲜生主动进行了产品与物流服务的信息对称性建设,在服务范围内,尤其是对渠道获取能力和信息获取能力较强的线上消费者而言,他们在一定程度上已经与盒马鲜生实现了信息对称。为了提升自身的产品与服务吸引力,打动并维持这类消费者,盒马鲜生除了对产品与物流服务进行延伸发展外,还优化了基于产品的售后服务。

2.7.1　生鲜无条件退货

在生鲜售后服务上,盒马鲜生推出了 APP 无条件退货服务和上门取退件服务,提升了生鲜产品退货、换货的便利性。在盒马鲜生 APP 上,消费者可无理由直接申请退款,等待配送员上门取货甚至无须退回商品。为提升生鲜无条件退货与换货服务的便利性,盒马鲜生在产品交付后,一方面主动为消费者提供零售门店的联系电话,保证消费者在遇到有问题产品时能及时退回或更换生鲜产品;另一方面主动与消费者保持良好的联系沟通,便于服务补救、定期售后回访和活动通知,从而有效维持消费者。同时,为了安全保障,控制产品损耗,减少不必要与不合理的生鲜退货损失,盒马鲜生利用互联网技术对消费者退货行为进行大数据分析与定位。一旦发现异常情况,如个别消费者频繁地恶意退单,盒马鲜生先是积极与其进行电话沟通,如果沟通无效,才会选择将其列入恶意退单的消费者黑名单,进行重点观察,还将不定期对其进行专人或团队电话回访,以此实现无条件退货服务的配套化运作。除此之外,为了减少生鲜退货率,盒马鲜生在组织内部提出配送服务考核指标,尤其是有关实际服务质量的考核指标,如每单的完美率,即是否有错单、产品实物与图片是否相符、商品有没有破损等,从服务提供的角度主动控制退货率。

2.7.2　多渠道的消费反馈

通过多种渠道,不仅盒马鲜生可积极向消费者传递信息,消费者也可以向盒马鲜生传递信息。到店消费者在购买产品后,主动与盒马鲜生沟通,是为了实现生鲜产品退换货和服务投诉。线上消费者在收到产品后,主动与盒马鲜生沟通,也是为了进行售后退换货和服务投诉。总体而言,这些消费者主动沟通所产生的双向沟通,是消费者主动权的体现,本质上都是消费者向盒马鲜生主动表达售后服务需求。对于盒马鲜生而言,这些反馈多是负向激励因素,但为了有效改善消费者的生鲜产品与物流体验感，盒马鲜生鼓励消费者参与多渠道的服务反馈，激发并凝练消费者对生鲜产品和物流服务"体验后的难以忘怀"的有效需求，从而促进盒马鲜生快速及时地进行服务改进。盒马鲜生在服务范围内建立多个客户微信群，设置了配送服务的消费者评价专区，鼓励新老消费者在产品交付后进入客户服务微信群，对产品和物流服务作出评价。另外，在盒马鲜生 APP 上，消费者可以对订单产品直接作出评价和提出建议，盒马鲜生不干预消费者评价的产生过程。盒马鲜生还优化零售门店的用户服务中心，鼓励消费者到门店来直接表达自己的意见和建议。

2.7.3　产品服务的合理改进

盒马鲜生通过梳理和分析消费者的各类产品与服务反馈，形成了更加完整的近距离产品和物流配送服务信息库。根据消费者提出的合理意见和建议，盒马鲜生对照自身检查更新，进行对症性改善，提出相应的服务改进措施。一是满足消费者反馈的增值性服务需求。在产品递送后，将会由盒马鲜生配送员现场对相关产品进行介绍与讲解，同时，配送员还会推荐相关烹饪技巧和烹饪教学视频。二是对合理退货的消费者进行定期服务回访，加强对消费者的挽留和对消费不满意度改善效果的监控。三是针对消费者反馈的紧急订单配送需求，盒马鲜生将计划配送服务履约能力和紧急订单配送能力进行整合，形成弹性物流配送服务能力，为消费者提供动态可选的订单交付体验，满足他们对配送服务的弹性需求。除此之外，在内部组织建设上，盒马鲜生基于对员工配送服务指标考核结果的分析，发现配送服务与配送员的不足之处并提出改进建议，优化组织内的员工奖惩管理。通过以上生鲜配送服务的改进型建设，盒马鲜生满足了消费者对生鲜产品及配送服务的多样化需求。针对消费者反馈，虽然所做的产品与服务改进存在成本，但盒马鲜生积极维护与消费者的关系，有助于形成良好的生鲜电商和消费者关系，从而提升消费者的重购率，实现消费者的长期留存。

2.8　案　例　启　示

2.8.1　优化消费体验，创新物流配送服务模式

为提升消费者的生鲜产品与服务体验，盒马鲜生整合内外部资源，从多个方面对生鲜产品及其物流服务进行了改进优化，尤其是对关键物流环节及流程的服务升级与优化，建立了仓店合一的物流服务模式。因此，要想优化消费体验，提升消费满意度，一方面，生鲜电商应该坚持服务主导逻辑，坚持发展创新物流配

送服务模式，使其与自身的资源与能力相适应；另一方面，生鲜电商应该以物流配送服务模式创新为指导，进行外部资源的有效识取与整合，为优化生鲜产品配送服务体验提供基础。

2.8.2　提升物流时效，实现信息技术有效赋能

为提升生鲜产品的物流配送时效，盒马鲜生积极利用电子价签、PDA、悬挂输送链等技术，建立了自动化分拣技术组合，压缩拣货时间，降低拣货出错率。同时，盒马鲜生依托信息服务技术，可与消费者进行全方位信息共享，提供全天候、全场景、全品类的即时配送服务。因此，生鲜电商要想全面维持和提升物流服务时效，需要积极引进或投资开发能满足自身服务发展所需要的信息服务技术，进而基于信息技术赋能增强自身的物流服务能力，尤其是服务时效控制能力。

2.8.3　促进消费溢价，打造全品类生活服务平台

盒马鲜生的消费服务流程优化，如提供全品类商品配送服务、增强物流服务柔性和优化售后服务等，能够有效满足消费者的个性化服务需求，也能在一定程度上促进消费者溢价。这些服务优化措施促进了盒马鲜生成为消费者依赖的社区生活服务中心，并且随着消费者对盒马鲜生服务依赖性的提升，消费者主动提高对盒马鲜生的消费客单价。因此，生鲜电商要想促进消费者溢价，除了深入了解消费者，识别出消费者的真正需求乃至潜在需求外，还需要通过服务流程优化、打造全品类生活服务平台及增强服务依赖性等来实现。

第3章 我厨基于增值性服务的生鲜供应链运营管理

当消费升级遇上产品同质化，提供增值性服务成为生鲜供应链企业满足消费需求并建立差异化优势的一大出发点。我厨应运而生，以销售半成品净菜为核心，解决上班族买菜与做菜难题，一时间成为生鲜行业的服务升级革新典范。我厨通过对生鲜农产品进行加工处理以提供增值性服务，推动产品价值增值，进而形成自己的差异化优势。为此，本章将以我厨为例，解析其基于增值性服务的生鲜供应链运营管理过程，进一步了解并深化该类型生鲜供应链运营管理的主要内涵。

3.1 案 例 介 绍

我厨是一家以半成品净菜为销售中心的全品类生鲜电商，致力于解决消费者没有时间和精力在家烧菜的难题，主张通过加工处理提高生鲜农产品的价值。在消费升级的驱动下，生鲜农产品行业中不乏经营各种高端产品的生鲜电商，具备优质优价的特点，但从本质上来说，这类生鲜电商仍是简单地以中间商的形式获取差价。在我厨看来，消费升级是使消费者能用同样的钱买到更好的产品或在同样的品质下消费者需要支付的价格更低，企业应对消费升级的方式不应是以提升品质的方式提价，如果不能重塑供应链，提高生鲜农产品的价值，生鲜电商的价值难以实现。在这种价值理念下，我厨设立了基于增值性服务提高生鲜农产品价值的经营理念，并于 2014 年 12 月开始上线运营。

自 2014 年上线运营以来，我厨的订单量一路上升，从成立之初的 300 单提升到 2016 年的 12 000 多单，月复购率也从 40%提高至 65%以上，且客单价于 2016 年超过 110 元。我厨经历近几年的运营后，有效用户的累积量已多达 10 万个，其中，已婚家庭消费者占 91%，已育家庭消费者占 63%。由于已婚和已育的家庭都有在家吃饭的刚需，但高压力的工作环境和快节奏的生活，使消费者的可支配时间受到较大程度的挤压，而生鲜农产品的购买和切配都需花费消费者较多的时间，致使消费者在家吃饭的需求无法得到有效满足。为满足目标市场需求，我厨采取供应链自营策略，整合上游供应商、农场，以基地直采和多级采购相结合方式，缩短供应链，消除供应链各环节中的加价空间，并将生鲜农产品与分拣、清洗、切分、搭配等多种增值性服务融合，从而为消费者提供多种半成品净菜选择，使消费者省去繁杂的餐前处理过程，直接进行烹饪。这既提高了消费者价值，也实现了企业价值链的延伸。我厨销售 200 道以上的净菜菜品,主要分为八大类净菜,分别是田园时蔬、无肉不欢、海味水产、餐厅名菜、玲珑小炒、精美凉菜、营养汤羹、宝宝餐。我厨还组建了净菜研发团队,针对不同地域、消费者特点不断研发出新菜品,以此来满足消费者日常生活的多样化需求。

我厨通过研发创新,不断匹配消费者需求,使其在日常销售中形成规模订单,进而驱动企业在采购、加工及运输等环节中实现规模经济。众所周知,生鲜农产品的"最后一公里"由于配送成本高,成为生鲜电商的发展瓶颈。我厨在规模订单的优势下,降低了配送环节的成本,其在订单密集区的配送成本仅为 11 元左右,城市郊区的配送成本较高,因此,我厨的配送成本为 15 元左右。扣除配送成本,在 2016 年的 110 元客单价下,毛利率维持在 20%左右,已实现盈利。反观不少其他生鲜电商,由于运营成本居高不下,破产倒闭时有发生。因此,为指导生鲜电商的实践和发展,以我厨为代表分析生鲜农产品供应链的运营,深究和阐明我厨的营销管理策略、产品服务融合策略及冷链管理策略具有重要现实意义。

3.1.1　我厨发展历程

我厨是原微集团于 2012 年开始酝酿和着手建立的项目,在创业过程中,我厨的发展历程可分为三个阶段,一是创业初期(2012～2014 年),我厨开始上线运营;二是创业发展期(2015～2016 年),为提高供需匹配度,我厨进行了较大的业务调整;三是创业成熟期(2017 年至今),我厨脱离了创始企业,开始独立运作。

1. 创业初期(2012～2014 年)

我厨由国内餐饮连锁集团原微集团创立,历经 3 年多的供应链体系建设,于 2014 年上线运营。通过 3 年的思索与酝酿,我厨创始团队深知品质是生鲜电商开展商业活动的基础,即品质化是消费者的基本需求,满足消费者基本需求是企业应具备的基础能力,而要想在激烈的市场竞争环境中站稳脚跟实现发展,吸引消费者并实现消费者长期留存,企业就必须锐意创新,努力为消费者提供有别于其他竞争者的产品和服务。因此,我厨创始团队结合自身 15 年的生鲜农产品供应链运营经验,于 2012 年开始着手建立我厨项目,并从供应链源头选择优质供应商,希望通过全球采购、源头直采等形式与优质供应商合作,以此获取供应优质产品的能力。在此基础上,我厨通过自建中央厨房,对生鲜农产品进行挑选、清洗、切分、搭配、包装等加工处理,以产品服务融合提高生鲜农产品的价值,并通过自建冷链运输团队,与社区、便利店等展开合作,将仓库前置,形成了以同城冷链运输为主、点对点配送为辅的冷链配送网。

此外，在成立初期，由于企业客户规模有限，我厨难以形成规模订单和规模采购，这无疑将提高我厨的运营成本和生鲜农产品的价格。为此，我厨与原微集团开展联合采购，不仅使自己能以较低的价格完成生鲜农产品的采购，还能避免以"烧钱"的方式对消费者进行补贴，使企业可直接以低于市场价格的定价策略吸引消费者选购，这使我厨在成立之初就拥有其他生鲜电商难以比拟的营销优势。在此基础上，为提高营销的投入产出比，我厨没有采用成本高、效果难以追踪的广告营销，而是通过差异化的产品和服务，提高消费体验，使消费者自发地进行口碑传播，从而达到推广和引流的目的。

2. 创业发展期（2015～2016年）

经过一年的沉淀，我厨的产品结构逐渐完善，开始着力于客户精细化和业务流程的优化，以提高企业运营效率。经过业务调整，我厨的业务活动呈现出以下变化。

（1）客户精细化。我厨成立初期的目标客户是25～85岁的生鲜农产品消费者，其中包括都市白领阶层。然而，我厨通过消费者行为分析发现白领阶层一般没有时间下厨或下厨的频率不高，且白领阶层的消费以水果为主，对于他们而言，下厨做菜是弱需求。如何提高目标客户的购买频率成为我厨生鲜农产品销售中的重要问题。针对这一问题，我厨通过客户精细化，将主要目标市场聚焦于有做菜需求的消费者。例如已婚已育的家庭消费者，消费者组成家庭后，尤其是孕育了孩子后，在家吃温情菜、健康菜的需求不断提升。鉴于此，我厨通过调整产品结构，提高产品与消费者需求的匹配度，使消费者留存率从起初的10%左右提升到22%，日订单量也从300单提高到了3000单；此外，我厨的客单价也提升到了110元，消费者月复购率超过50%。通过客户精细化及产品结构调整，2016年，我厨的高频消费群体中，已婚者占比已高达91%，已育者占比为63%。第六次全国人口普查结果中上海地区的数据显示，0～14岁的常住人口有198万。基于该数据可以推测，在上海地区人口结构相对稳定的情况下，我厨的目标消费者群体规模会超过198万；采用0～14岁的人口数乘以63%、乘以最小家庭人口数3的通用计算方法，还可推算出我厨在上海的客群规模将超过300万。

（2）线下配送模式变革。由于前置仓（线下合作实体店）存在固定成本，且创业初期仓库覆盖区域内的消费者订单存在浮动，我厨面临着固定成本难以回收的问题。面对此问题，我厨取消了前置仓，改用冷链配送车，形成了移动前置仓。在此基础上，我厨通过配送管理系统在当天销售结束后，基于当天的订单配送范围规划配送路径，并生成订单热力图，再由冷链配送车根据路线将生鲜农产品配送至系统指定的地点，之后由配送人员完成"最后一公里"的配送。订单配送范围和系统规划路线的动态性，使我厨形成了移动前置仓+点对点配送的线下配送模式，并在一定程度上降低了我厨的物流配送成本。此外，为及时地满足消费者需求，我厨为消费者提供了"一天三送"的服务，消费者可选择上午配送时段（8:00～11:30）、下午配送时段（15:30～17:30）及晚上配送时段（17:30～20:30），与此同时，消费者还可从 APP 上对配送进行监控和定位，预知配送到达的具体时间点。

3. 创业成熟期（2017 年至今）

历经创业发展期的摸索与发展，我厨的有效用户累积量于 2016 年达到了 10 万人。在这些用户的推动下，我厨形成了规模订单、规模采购、规模加工；加上通过管理信息系统（management information system，MIS）对配送路径进行动态规划，降低了配送成本，使我厨具备了独立运作的条件。在 2016 年 12 月 B 轮融资后，我厨脱离原微集团，并开始对标线下超市和菜市场，希望通过为消费者提供全品类的生鲜农产品消费服务，发展成为生鲜农产品网上超市；同时，主张通过为消费者提供"在同样的价格下质量更高，在同样的质量下价格更便宜"的消费服务，提高消费者价值。为此，我厨基于菜品组件化、组件标准化、成品多样化的净菜加工能力，满足消费者的个性化需求和产品标准化需求，并从全国各地招聘厨师、调味师和包装师，组建了净菜研发团队。2017 年，我厨拥有制作净菜的半成品组件超过 100 个，销售的净菜品类超过 200 个。为加速菜品更新与推出速度，我厨研发团队会对不同生鲜食材选择性地进行排列组合，然后多次快速试制与品鉴，从而保证每两天就研发并推出一个新的菜品。得益于快速进行菜品迭代更新及升级，我厨可根据市场需求的变化，不断更新净菜，从而满足消费者的动态需求。

此外，我厨还创建了线下体验馆，为消费者提供家庭式下厨体验，以引导消费者在家做菜，进而推动生鲜农产品的销售；同时，以亲子、厨神、减肥等不同标签搭建主题社群，为消费者提供在线分享、沟通的渠道，形成了内容—分享—消费—内容的闭环社交电商系统，我厨可基于消费者的分享内容，形成几十万种菜谱。

3.1.2　我厨生鲜农产品供应链的构成要素

1. MIS

图 3.1 为我厨的 MIS 及其业务功能。我厨的 MIS 直连前端销售商城，是一个集订单管理、生产计划管理、仓库管理、运输管理等多功能于一体的管理平台。首先是订单管理子系统（order management system，OMS），我厨基于该系统汇总消费者的订单需求，并根据每种菜品的物料清单计算出每种毛菜需要采购的总量，推动企业批量订单；其次是生产计划管理子系统（advanced planning and scheduling system，APS），该子系统可使我厨根据企业的生产加工能力和消费者的订单量，规划出切实可行的生产计划排程，以保障企业的产品供应能力；再次是仓库管理子系统（warehouse management system，WMS），由于我厨是全品类生鲜电商，而每种生鲜农产品的损耗速度及保鲜环境要求都不一致，仓库管理子系统可使我厨通过信息技术针对每种菜品的保鲜环境进行系统控制，以降低菜品损耗；最后是运输管理子系统（transportation management system，TMS），该子系统可使我厨根据消费者的订单需求，动态规划配送路线，从而降低企业的物流成本。

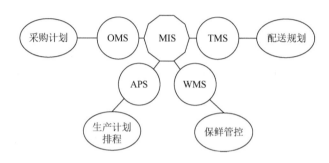

图 3.1　我厨的 MIS 及其业务功能

2. 中央厨房

中央厨房是一个集采购、检测、加工于一体的供应链节点，它通过将生鲜农产品与多种增值性服务融合，提高生鲜农产品的价值，使我厨的加工资源和运输资源得以整合，从而缩短了生鲜农产品在供应链中的滞留时间。首先，中央厨房基于消费者的订单需求，对生鲜农产品进行批量采购，以降低生鲜农产品的采购价格；其次，中央厨房在收到基地运抵的生鲜农产品后，对其进行农药残留检测、物理消毒、风干、包装等十二道工序，以保证生鲜农产品的品质；最后，中央厨房基于消费者的服务需求，批量对生鲜农产品进行如挑选、清洗、切分、搭配等作业，及时完成生鲜农产品的备货与加工，使我厨将品相不佳但无品质问题的生鲜农产品销售出去，降低了生鲜农产品的损耗。

3. 移动冷链配送团队

移动冷链配送团队是我厨自建的物流团队，其移动性来源于消费者订单配送区域的动态性。我厨每天都会根据当天的订单，规划出最优配送路线，使配送路线呈现出动态变化性。在得出配送路线后，通过冷链配送车将生鲜农产品从中央厨房直接运送至系统规划得出的线下交接点，再由末端配送人员完成"最后一公里"的配送，有效地避免了生鲜农产品流通中因中转、分流等作业而反复装卸造成的损耗。正是由于我厨配送路线的动态性，其冷链配送团队呈现出移动性。同时，移动性配送也有助于我厨降低物流成本，使其可根据配送区域的变化，准确、及时地将生鲜农产品配送到消费者手中。

3.1.3　我厨生鲜农产品供应链的运作流程

如图 3.2 所示，我厨生鲜农产品供应链的运作流程以线上平台获取消费者订单为开端，依托 MIS 的技术支持，指导中央厨房根据订单信息及菜品组件需要，着手进行食材备货、清洗与加工择拣；在中央厨房完成订单食材的包装后，将其交给我厨设立的末端配送团队，由专业配送员将订单食材交付到消费者手中。我厨的目标市场为有做菜需求的消费者，因此，我厨设立了线下体验馆，为消费者提供家庭式下厨体验，引导消费者在家做菜，以推动线上的销售。在线上销售中，我厨通过便捷的信息服务使消费者可直接查看与产品相关的信息，如产地、营养价值、烹饪技巧，从而引导消费者下单。在获取订单后，我厨基于 MIS 得出订单的毛菜需求量、生产计划和配送路线，然后由中央厨房进行统一采购和菜品的加工，最后由移动配送团队进行产品交付，同时，通过线上渠道为消费者提供冷链配送定位，使消费者可预判产品送达时间，以及时签收。

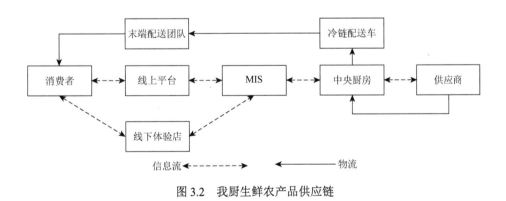

图 3.2　我厨生鲜农产品供应链

3.2　我厨生鲜农产品全渠道营销管理策略

在营销管理上，我厨通过口碑传播，降低企业的营销成本，并达到宣传推广的目的；在吸引和积累了一定基数的客户后，为提高营销活动的精准性，我厨通过消费者数字化，挖掘消费者的潜在需求；同时，通过全渠道布局与整合，进一步提高消费者的购买体验。

3.2.1　口碑传播

我厨曾在广告推广上投入大量的资金，但效果并不明显，经过不断地探寻和摸索，我厨发现，相比传统的广告推广，口碑传播的信息源与信息接收对象拥有更为紧密的社会关系，形成了以社会关系为基础的传播网，营销信息更容易吸引消费者的注意。时下，生鲜农产品的消费过程呈现出社交化的特点，使每一个消费者成为口碑传播的信息源，这为我厨开展口碑传播提供了环境。

1. 产品内容化

设计具有独特性和新颖性的生鲜农产品营销信息是我厨口碑传播的起点。此环节中，我厨为提高生鲜农产品营销信息的独特性，通过把生鲜农产品与产地、历史、名人等维度相关联，将这些维度中的特点融入生鲜农产品的介绍和宣传中，形成产品内容，使消费者觉得我厨提供的产品与其他企业不同，进而推动消费者对我厨的生鲜农产品形成认知差异。在此基础上，为形成新颖的生鲜农产品营销信息，推动消费者口口相传，我厨选择网络用语、节假日等消费者熟悉的内容作为宣传素材，同时配上富有设计灵感和创意的视频、图片与文字，丰富产品宣传内容，增强宣传内容的趣味性，提升营销效果，促进并引发消费者形成情感共鸣。

2. 提高消费体验

良好的消费体验是进一步推动口碑传播形成的重要保障。我厨通过设计具有独特性和新颖性的生鲜农产品营销信息，将产品内容化，促使消费者口口相传，基于中央厨房不断研发出新的菜谱，从而为消费者提供烹饪指导，以提高消费者在使用过程中的价值感知；同时，通过线下体验馆举办烹饪体验活动，与消费者加强互动，以提高生鲜农产品消费过程中的娱乐性。在此基础上，我厨利用中央厨房的品质检测技术，对生鲜农产品进行了详细的检测，确保提供给消费者的生鲜农产品是安全、高品质的。上述严格的产品检测过程，促使消费者对我厨的服务理念和产品形成价值认同，从而推动口碑传播的形成。

3.2.2　消费者数字化

我厨通过良好的消费体验及优质产品形成了良好的口碑，越来越多的消费者前来购买和体验，形成了海量的消费数据。为提高消费者下单的概率，我厨在口碑传播的基础上进一步将消费者数字化，从而有效识别消费者需求并与其保持良好的供需关系。

1. 建立消费者撬动模型

据我厨前首席运营官（chief operating officer，COO）夏荷表示，我厨每天都会产生很多消费数据，通过汇总、分析这些数据，可对市场需求的变化趋势进行预测，而通过将这些数据与消费者个人关联，可准确挖掘个体消费者的潜在需求。为此，我厨基于信息化技术，建立了消费者撬动模型，以分析个体消费者的差异化需求。在此环节中，我厨基于大数据技术连接消费者和产品，通过记录消费者的性别、年龄、地理位置、搜索历史、购买偏好等，分析消费者的数字画像，刻画其渠道偏好、个性化需求及消费结构等，辅助企业对消费者需求进行精准对接。

2. 消费者标签化

我厨在建立消费者撬动模型的基础上，通过对消费者进行标签化，将其划分到亲子、厨神、减肥等不同的主题社群内，以此来聚合具有共同兴趣爱好的消费者，用社群化思维运营客户。由于明确社群成员的兴趣爱好，我厨可通过制定针对性较强的营销活动，提高消费者购买转化率。例如，以亲子为活动主题，举办富有趣味性的线下活动，为社群成员提供亲子烹饪体验，从而增强消费者对企业产品和服务的价值认同感，并起到扩展、维护及加强会员社会关系的作用。生鲜农产品和相关服务的价值得到认同，加上会员的社会关系得到扩展、维系或加强，反过来则会有助于提高社群成员对我厨的情感归属，进而达到提高消费者购买率的目的。

3.2.3　全渠道布局与整合

互联网环境下，营销渠道的多元化，使消费者分布在不同的渠道内。为与各个渠道内的消费者建立连接，我厨通过自建 PC（personal computer，个人）端商城、移动 APP、微信商城、生鲜社群及线下体验馆等布局全渠道，以推动生鲜农产品的销售。

1. 加速全渠道布局

消费者对不同购买渠道存在不同的理解与认识，加上不同消费者的渠道偏好不同，进一步形成了不同的渠道感知价值，产生了不同的渠道需求。为满足消费者的渠道需求，我厨为消费者提供了多种消费渠道，包括线下体验馆、PC 端、移动 APP、微信商城及生鲜社群。其中，线下体验馆主要用于活动推广，吸引消费者体验家庭式下厨的乐趣，从而为其他渠道引流；PC 端为我厨的辅助型营销渠道，其定位是为消费者提供渠道选择便利，如在上班的时候，可通过 PC 端便捷地完成选购；移动 APP 是我厨主营的营销渠道，原因在于移动互联网的发展，使移动渠道成为线上购买的主要通道，且移动购物正呈现出稳定上升的趋势；微信商城是我厨的增量型渠道，原因在于微信拥有大量的用户基数，且属于社交工具，消费者通过口碑传播时，接收者可基于分享链接实现一键购买，避免须下载 APP 导致消费者由于"麻烦成本"上升而放弃购买；生鲜社群是我厨与消费者的互动渠道，我厨通过社群为消费者提供在线分享、互动、购买等服务，利用社群的互动性激发消费者产生需求，从而提高生鲜农产品的销量。

2. 渠道整合

如前所述，消费者分布在各个渠道内，但消费者与渠道的对应关系包含一对一和一对多的结构，如白领阶层的消费者在上班时间中通过 PC 端进行生鲜农产品购买，下班后则可能通过其他渠道购买。因此，消费者存在转换渠道进行购买的情况，为了给消费者提供良好的消费体验，我厨基于互联网技术连接线下体验馆、PC 端、移动 APP、微信商城及生鲜社群，对接不同渠道内的营销数据，使生鲜农产品消费者在转换渠道购买时，能得到渠道无缝连接的购买体验。例如，当消费者从 PC 端转到生鲜社群内购买时，消费者在 PC 端的积分、卡券等也能在生鲜社群上使用。即通过渠道业务整合，打通不同渠道内的营销数据，推动企业实现全渠道一体化营销，从而为生鲜农产品消费者提供无缝转换的全渠道购买体验。

3.3　我厨生鲜农产品供应链的产品服务融合策略

在产品管理上，我厨主张基于多种增值性服务推动生鲜农产品差异化，以同时满足消费者的产品需求和服务需求。在此环节中，我厨首先是通过制定产品标准化的基准，以保证消费者每次买到的生鲜农产品都具备品质、重量等维度上的一致性；其次是在标准化基准的基础上，批量进行生鲜农产品的加工处理，以产品服务融合推动产品差异化；最后是基于菜品研发，不断开发出新的菜品，以满足消费者的多样性需求。

3.3.1　生鲜农产品标准化

生鲜农产品是一种标准化程度较低的产品。消费者每次收到的产品都存在差异是生鲜农产品相关企业遇到的发展瓶颈之一。为突破生鲜农产品的标准化问题，我厨制定了生鲜农产品标准化的基准，通过标准化的加工流程，批量对生鲜农产品进行加工，缩小同类产品的差异化。

1. 推出产品加工的标准化基准

生鲜农产品需求具有高频刚性，消费者希望购买的生鲜农产品在品质上具有一致性与稳定性，进一步形成了消费者对标准化生鲜农产品的需求。实际上，由于生鲜农产品多为户外种养殖，受自然因素如产地、气候、水文等影响较大，长成品在外观、重量、口感等维度上存在差异性，若采摘后直接配送给消费者，会导致消费者体验下降。因此，我厨基于市场需求制定了产品标准化基准，以推动产品的标准化。在此环节中，我厨首先是以市场需求为导向，制定符合消费者预期的标准化基准，如从生鲜农产品的口感上确定一个市场可接受的基准；在此基础上，通过少量的市场投放，查看标准化基准的市场反应，即基于消费者满意度衡量产品标准化基准的可行性，辅助企业确定产品标准化基准。

2. 加工过程标准化

加工过程标准化是我厨进行生鲜农产品标准化的重要环节。在此环节中，我厨以标准化基准为基础，明确生鲜农产品的挑选标准、产品包装标准、产品重量标准及品质标准。其中，挑选标准以生鲜农产品的成熟度、大小等来量化；产品包装标准以生鲜农产品的保鲜需求为基础，针对不同的生鲜农产品进行差异化的包装设计；产品重量标准主要是针对净菜设计的，我厨将其细化到了净菜中每种菜品、配料的重量大小；品质标准则是针对所有产品，我厨会在生鲜农产品送达时和开始加工制作前对农药残留、重金属含量及酸甜度品质等进行检测。通过一系列安全与品质检测确保生鲜农产品质量上乘和安全。在此基础上，我厨制定了相应的操作流程指导书，从而对生鲜农产品的挑选、称重、包装、质检等过程进行规范化管理，推动加工过程实现标准化。

3.3.2　产品服务融合

我厨前首席运营官夏荷认为，生鲜农产品同质化严重，生鲜电商若只扮演生鲜农产品流通中的中间商角色，难以推动企业的发展。因此，我厨通过挖掘消费者的增值性服务需求，将多种增值性服务与生鲜农产品融合，以扩展企业的业务范围和价值链。

1. 挖掘增值性服务需求

对市场进行深度分析后，我厨发现两类主要的可开展增值性服务的痛点，一是在家庭烹饪过程中，生鲜农产品的购买到餐前处理等过程都需要花费较多的时间与精力；二是上班族与新生代家庭的年轻人要么不愿意花费时间做饭，要么不会做饭。这些消费痛点还随着工作生活节奏的加快愈加明显。当 80 后、90 后消费群体组建家庭孕育后代后，他们不仅有了在家做饭、吃饭的稳定需求，还有了吃得健康与温情的品质需求，但是他们还必须面对更加快速的生活节奏与更加严格的工作要求的现实。因此，这些新生代家庭的消费者越来越倾向于选择购买半成品净菜或购买经过简单烹饪处理的生鲜农产品，节约他们在挑选食材买菜与择菜上投入的时间成本，增加他们陪伴家人或从事其他事项的时间。

2. 净菜加工与研发

为满足消费者的增值性服务需求，我厨基于中央厨房进行生鲜农产品的清洗、切分、搭配等一系列标准化工序，并提供烹饪所需的配料，使消费者在获取产品后可直接进行烹饪。在此基础上，为构建半成品净菜的产品优势，我厨通过从各地招聘大厨、调味师、包装师等组建净菜研发团队，使其完善标准作业程序（standard operating procedure，SOP）和净菜研发过程，2016 年，我厨的净菜研发团队通过组合不同的菜品组件，每两天就能研发出一个新的净菜，在一定程度上保证了企业的菜品更新率；同时，净菜研发团队还将用户生成内容（user generated content，UGC）作为菜品研发的参考，使净菜研发团队可基于 2000 个左右的 UGC 研发出几十万种菜谱。

3.4　我厨生鲜农产品供应链的冷链管理策略

我厨的生鲜农产品供应链冷链管理策略主要包括两个方面。一是冷链物流管理策略，它是我厨整个冷链体系的管理框架；二是冷链配送管理策略，它是我厨具体配送环节的管理框架。

3.4.1　我厨生鲜农产品供应链的冷链物流管理策略

冷链是生鲜电商保障生鲜农产品品质的关键。我厨自成立以来一直很重视发展自身的冷链运输能力，其冷链物流管理可从三个方面来展开：一是自建冷链物流体系，它是保障生鲜电商冷链服务质量的基础；二是同城冷链＋移动交接点，它是我厨经历不断摸索而创建的干线运输模式；三是末端配送，它是我厨对接干线运输和完成交付的环节。

1. 自建冷链物流体系

由于生鲜农产品易腐易损且不耐高温，对冷链要求很高。我国冷链物流长期处在冷链运输能力不足与冷链水平跟不上的状态，而这又进一步制约着我国生鲜电商的发展，有数据显示，2015 年，我国生鲜电商的数量虽高达 3000 家，但仅有 1%的企业能取得盈利。因此，财力不足导致我国大多数生鲜电商采用与第三方冷链企业合作来布局生鲜农产品冷链物流。然而，生鲜电商采用第三方冷链物流存在不少问题：一是难以有效监管第三方冷链企业的配送过程，产品损耗率较高；二是在末端配送环节，第三方冷链运输的服务质量常常被消费者投诉，影响消费者对生鲜电商的整体评价。我厨与大多数生鲜电商不同，在成立之初就深知冷链对生鲜电商的重要性，因此，采用自建冷链物流体系的方式来确保品质的可控性及配送的及时性。以我厨的冷链配送车和仓库为例，在冷链配送车内，我厨配置了 100 多个长度为 1 米左右的保温箱，并根据消费者的订单信息，将产品放到相应的保温箱。同时，保温箱还分为三个区域——冷冻区、冷藏区、常温区，以保证不同菜品的保鲜环境需求。在仓库内，存储区域主要分为 0℃以下的冷冻仓库、0~4℃的冷藏仓库、5~10℃的常温仓库等，并基于 MIS 对仓库内的保鲜环境进行监控，实时调整仓库内的温度。此外，针对末端配送环节，我厨对配送人员进行定期集中培训，规范操作，保证商品及时送达，使其配送服务达到高标准水平。

2. 同城冷链+移动交接点

在生鲜农产品干线运输中，生鲜电商不仅要考虑生鲜农产品的保鲜问题，还要考虑冷链运输的成本问题。经过不断摸索与试错，我厨的运输模式由同城冷链+定点运输发展为同城冷链+移动交接点。定点是指线下合作实体店，由于创业前期消费者订单存在浮动，难以回收实体店的固定成本，我厨以每日的消费者订单为基础，通过 MIS 生成订单热力图，以此来确定冷链运输车每天需配送到线下的交接点。由于配送区域随着消费者订单的浮动而变动，因此我厨的线下交接点具备移动性的特点。移动交接点实际履行的是线下合作实体店交接功能，但交接点可基于消费者的订单位置不断变动，提高我厨配送环节中线下交接点地理位置的优势，进一步前置了"最后一公里"的起点，有助于降低我厨的物流成本。

3. 末端配送

交接点的移动性使我厨的末端配送也呈现出移动性的特点。我厨在得出移动交接点后，结合消费者订单的交付点，基于 MIS 规划"最后一公里"的配送路线，进而通过配送员 APP 下达配送路线，并实时获取配送员的位置信息。在此环节中，我厨首先是基于配送路线为每个配送人员分配订单，将每个配送人员的订单配送完成时间控制在一个半小时左右，然后将移动交接点和订单下发至配送人员手中；配送人员收到派单任务后，预先到达移动交接点等待冷链车到达，待冷链运输车送达后，扫码领取订单产品所在的保温箱，并按我厨规划的配送路线进行上门服务。在配送过程中，我厨要求配送员确保配送员 APP 处于开启状态，以实时监控配送员的运动路线,进而通过线上渠道为消费者提供实时的物流信息服务,使消费者准确预知产品送达时间。在产品交付时,我厨要求配送人员首先为消费者提供开箱验收服务,使消费者先确认产品品质,再进行签收,以避免消费者签收后才发现生鲜农产品与自己的预期存在出入而增加消费者的"麻烦成本"。

3.4.2 我厨生鲜农产品供应链的冷链配送管理策略

在具体的配送过程中,我厨采用了干线运输＋末端配送的两段式配送模式。同时,为方便消费者根据自己的时间选择配送时间,我厨为消费者提供一日三送的配送服务。

1. 两段式配送

如图 3.3 所示,从整个配送环节上看,我厨的冷链配送由干线运输和末端配送构成,运输途中的各个节点为中央厨房—移动交接点—消费者,表现出两段式的配送结构。中央厨房—移动交接点这一干线运输环节由冷链配送车完成,移动交接点—消费者这一分流配送环节由线下配送员完成。其中,干线运输环节,我厨结合消费者订单的交付地点,基于 MIS 对每辆冷链运输车所运送的订单进行组合、优化,使每辆冷链运输车所运的订单产品都集中于某一区域内,即对订单配送进行一次优化。在此基础上,我厨进一步对每辆冷链运输车内的订单产品交付地点进行组合、优化,规划出分流配送环节的最优配送路线及最优配送员数量,使每位配送员所配送的订单集中到一个更小的区域内,即对订单配送

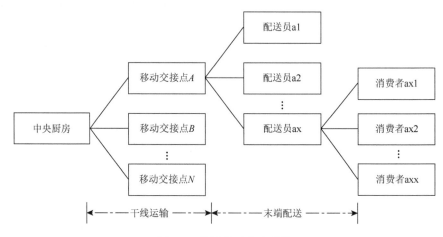

图 3.3　我厨的两段式配送

进行二次优化。以上措施使我厨可在更快、更及时地完成生鲜农产品交付的同时，降低物流成本，使我厨每单商品的毛利得以覆盖每单商品的履约成本，即每单都能盈利。

2. 一日三送

如图 3.4 所示，从配送日期上看，我厨为消费者提供当日达（部分地区）及未来三天内的产品配送服务；而从具体的配送时段上看，我厨每天的配送分为三段，分别为上午时段、下午时段及晚上时段（即一日三送），分别对应中餐时间、晚餐时间和次日的早餐时间。分时段进行配送，一方面有助于我厨满足消费者对交付时间的多样化要求；另一方面使我厨可通过分批配送，降低物流配送团队在某一时段内需配送的订单量，使配送量与企业配送能力达到平衡，从而保障冷链配送的服务质量。此外，通过分时段配送，也可使我厨基于订单需求的缓急，及时地安排生鲜农产品的备货加工，从而避免由于提前备货而增大仓库的库存量，进而导致库存成本的上升和产生损耗。一日三送，可提高我厨冷链配送的服务质量，并有效保障生鲜农产品的品质。

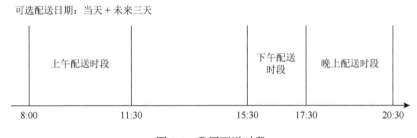

图 3.4　我厨配送时段

3.5　我厨生鲜农产品供应链的经营状况

不可否认，我厨建立在各种资源能力都相对充足的基础之上，但是现在我厨已经停止了发展，没能实现自己布局的蓝图。出现如此局面，需要进行反思总结。首先，我厨选择自建中央厨房与冷链物流。这些都是重资产运营模式，尽管能够较好地把握生鲜农产品质量与安全，向消费者提供更好的物流服务，但这也意味着我厨要承担从上游到下游几乎所有供应链环节的成本压力与风险。其次，我厨选择以净菜接入市场。这类生鲜品类对我厨来说是一个巨大的挑战，因为专营净菜，不仅需要做到全品类保证品类齐全、突出地区特色保证满足区域消费者的特色产品需求，还需要保证菜品更新速度跟上甚至超越消费者需求变化速度。

面对如此多的挑战，我厨其实难以真正克服，只能负重前行。我厨的订单量与业务量开始缩水下降，从一开始的上万单到 2017 年 11 月的几千单，物流成本分摊也从最初的十几元上升到二十几元。市场上陆续出现了我厨微信团购社群无人维护、我厨官网与 APP 暂停服务等新闻消息。经调研与体验证实，我厨现在已经关闭服务，并非是业务调整。我厨曾试图通过内部裁员、寻找新买家及重新上线等操作，吸引和安抚供应商与消费者，减少来自外界的舆论压力。2017 年底，易果生鲜收购我厨。虽然被收购能够暂时获得外部资金支持，但我厨要实现持续发展终究不能只依靠外部输血，需要自我造血。可又因为天生模式过重，在全国范围内搭建中央厨房的计划也一度被搁浅，最终没能走出上海市场。我厨一开始被行业看好，有机会成为独角兽企业，但最终还是面临巨大亏损，破产倒闭了。

3.6　案　例　启　示

自 2014 年上线运营以来，我厨通过不断摸索，发展成为一家全渠道生鲜电商。我厨基于产品服务融合实现了生鲜农产品的差异化、基于冷链管理优化了企业的物流服务，在激烈的竞争环境中实现了一段时间的生存与发展，但是最终还是走向破产倒闭。通过我厨的案例分析，得出以下启示。

3.6.1　面向消费者服务需求，提高生鲜农产品价值

在产品同质化的情况下，企业可以提供增值性服务来满足消费者的差异化需求。增值性服务作为生鲜农产品消费者购买过程中的重要考虑因素，可对消费者的购买决策产生影响。我厨通过将增值性服务与生鲜农产品融合，使企业形成了与其他生鲜电商差异化的产品和服务。

在创立之初，我厨就确定了差异化的市场战略。在大量企业纷纷以"优质高价"应对消费升级的环境下，我厨确立了"优质同价"和"同质低价"的经营理念，认为消费升级是使消费者能用同样的钱买到更好的产品，或在同样的品质下消费者需要付出的价格更低。同时，我厨通过审视整个生鲜电商行业，发现行业中的企业大多仍只作为供需匹配的桥梁。生鲜电商虽有助于缩短供应链的流通环节，但其仍仅以中间商的形式获取利润，企业的价值并未得到提升。我厨历经三年的市场观察，深知生鲜电商同质化竞争是由企业运作模式趋同导致的，而企业运作模式趋同则是由生鲜电商市场定位一致导致的。市场中的生鲜电商大多只看到了消费者的品质化需求，而未对消费者更深层次的需求展开挖掘。我厨通过剖析消费者的主要特征及痛点，发现了不少消费者存在对生鲜农产品进行加工与初级烹饪处理等增值性服务需求。因此，我厨可以通过满足消费者的增值性服务需求，实现提高生鲜消费者价值的主张。在价值主张的推动下，我厨为实现价值创

新，通过自建中央厨房对生鲜农产品供应链进行重构，进而面向消费者服务需求，将多种增值性服务（分拣、清洗、切分、搭配等）与生鲜农产品融合。我厨通过产品服务融合为消费者提供了本帮菜、苏/浙菜、粤菜、川菜、湘菜、宝宝菜、儿童菜等净菜品类，同时为消费者提供烹饪指导，使消费者可方便、简单地做各式美食，实现了生鲜农产品消费者价值的提升。

3.6.2　以社群互动为策略，整合消费者异质性资源

互联网技术的快速发展推动了人们之间交流工具的革新升级，如实时通信设备的出现、多种共享互动社区的建立及在线交流虚拟社群的发展。这些革新升级也进一步为企业与消费者进行实时互动提供了渠道。得益于此，生鲜电商可以建立生鲜社群，与消费者实现互动连接，利用在线平台，及时制作并发布相关主题内容，这类内容可以是文字、主题图片及短视频，进一步吸引消费者关注、讨论和分享。

社群的互动性可加强企业与消费者的连接。为获取社群带来的优势，我厨基于消费者的兴趣爱好创建了多种主题社群，如亲子社群、厨神社群、减肥社群等，与消费者进行互动沟通。我厨还依托生鲜社群，直接与消费者进行互动，获得异质性消费者知识与相关资源。例如，在吸引消费者注意力阶段，通过发布消费者感兴趣的话题和消费信息，吸引消费者将信息转发到朋友圈，整合消费者的人际资源，从而实现消费信息的快速传播；在引导消费者讨论阶段，以产品或服务的改进为主题，吸引消费者反馈产品和服务在使用过程中存在的不足，并询问消费者改进建议，以整合消费者的个体智力和专业能力，从而为企业改进产品和服务提供方向；在消费者分享阶段，通过挖掘消费者分享菜谱中的信息，整合消费者的信息资源，从而提高我厨的菜谱研发能力，使我厨可基于新菜谱，不断缩短半成品净菜的研发周期。我厨通过社群与消费者加强互动，整合了消费者的异质性资源，以价值共创优化企业的运营。

3.6.3　构建供应链运营模式，获取供应链协同优势

全渠道价格最低是我厨的竞争优势之一，其底气来自我厨的综合运营成本和运营效率。我厨前 COO 江山指出，我厨的综合运营成本比其他生鲜电商平均低16%，而运营效率比其他生鲜电商高 10 倍，两者间形成叠加效应，使我厨可以做到全渠道价格最低。

我厨基于中央厨房对品相不佳但无品质问题的生鲜农产品进行加工增值，以降低生鲜农产品的损耗。在运营效率管理上，我厨通过 MIS 对供应链资源进行优

化、组合，以提高资源利用率，在此基础上进行信息共享。为进一步提高运作效率，我厨主张强化生鲜农产品供应链中工作流与信息流的一体化管理，保证上下游业务环节间能够进行有效衔接，促进节点企业与节点企业开展相关的业务协同。我厨基于 MIS，已做到生鲜农产品的全程可追溯，实现了供应链透明化管理，从而使我厨在运营效率上形成一定优势。我厨通过构建供应链运营模式，获得了供应链协同优势，从而推动企业竞争优势的形成。

3.6.4　建立持续盈利能力，实现造血功能再生

　　作为一家生鲜电商，我厨的冷链、仓储、配送等都是自营，成本可想而知，一直处于持续成本投入状态。对于生鲜农产品相关企业而言，由于生鲜农产品的易腐性，品质在供应链中层层递减，且提供增值性服务须建立在满足消费者品质化需求的基础上，仅凭我厨自身的能力难以支撑整个价值创造过程，最终不得不破产倒闭。通过我厨的案例分析可知，为降低运营压力，生鲜电商可从供应链层面入手，通过构建供应链运营模式，获取供应链协同优势，以此来降低运营成本，进一步提高运营效率。但更重要的是，生鲜电商及其供应链要实现真正意义上的长久发展，必须得建立自己的盈利能力，这样才能形成造血功能，而不仅仅只是依靠外部输血来维持自己的经营运作。

第4章 百果园的全渠道供应链运营模式

随着"互联网+"的深入推进,百果园作为国内"水果专营连锁"的先行者,逐渐从单一门店销售模式丰富发展为全渠道供应链运营模式。得益于从传统经营中实现转型升级与发展,百果园才能够持续不断地为广大消费者提供各种优质生鲜农产品及相关服务。因此,对百果园的关键实践进行全面而深刻的分析,凝练共识与认知并加以合理学习运用,将有助于生鲜行业其他企业进行自我验视与优化改进。为此,本章将以百果园的全渠道供应链运营模式为剖析对象,以期能够得到关于生鲜供应链企业实现全渠道转型发展的深刻有益见解。

4.1 百果园的发展历程

深圳百果园实业(集团)股份有限公司(简称百果园)是一家大型的以果品零售为主营业务的连锁企业,成立于2001年,2002年开出第一家店。百果园的经营理念是为更多的人提供好吃不贵的水果,主要侧重于发展水果零售连锁业态与构建水果全产业链。截止到2023年6月,已在全国140多个城市开设了5600多家门店。为保证果品质量及服务水平,百果园在国内外建立了200多个水果基地,设立了20多个高性能仓配中心。得益于对产品与服务的出色管理,百果园能为全国千万家庭提供多种全球果品,并支持水果品牌的构建。如今,百果园已实现线上线下规模化盈利,销售额增长迅速,消费者忠诚度保持高位。百果园企业成长重要时间节点如图4.1所示。

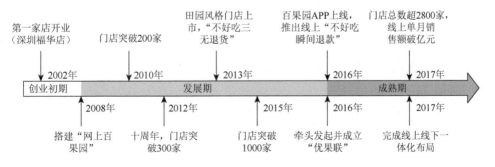

图4.1 百果园企业成长历程

4.1.1　创业初期（2002~2007年）

百果园于2001年通过工商注册，经过前期调研选址等准备工作，次年即2002年，百果园在深圳福华开出首家门店，确立了生鲜实体连锁的经营业态。在两家直营店取得初步成功的基础上，董事长余惠勇开始涉水特许连锁经营模式。特许连锁经营模式起源于美国，采取直营+加盟的方式快速铺开实体店面网络，在很多行业实践中已经取得了成效，如文具连锁店、餐饮连锁店、服装连锁店等，其中最具代表的就是肯德基、麦当劳等快餐式特许连锁经营模式，但是直至2002年，实行水果特许连锁经营模式的企业尚未出现。究其原因，主要还是由水果的产品特殊性决定的。肯德基特许连锁经营模式的成功在于其产品的标准化高，推出一套产品可以快速在不同连锁店中推行，进行精准化的生产工艺管理，形成品牌，但是水果等生鲜农产品具有易腐性、非标准化、非品牌化的特点，管理不当可能出现不同连锁店面同款水果品质参差不齐的状况，使消费者形成不良的品牌印象。于是百果园在推行水果特许连锁经营模式的过程中，重点关注的是加盟方的管理能力和产品服务、人员管理等标准的制定，相继推出了人员管理规定、产品相关规定和考核指标等，形成统一的标准体系。针对水果品质问题，百果园抽出资金来稳定上游，如为了更好地打造果品供应链，在深圳成立王品果业投资管理（深圳）有限公司［现更名为王品果业实业发展（深圳）有限公司］专门负责对接种植基地进行采购，在赣州市安远县鹤子镇成立江西王品农业科技开发有限公司控股果品基地，在江西安远县建立了近2万亩（1亩=666.667平方米）优质脐橙生产基地，直接参与上游产品种植生产。发展至2008年，百果园采用直营店+加盟店的方式将实体店扩张到了100家。然而与发展势头形成鲜明对比的是，百果园在采取水果特许经营模式后连续7年亏损。加盟商盈利，主要原因在于加盟商的加盟费用与百果园的维护费用相比较低，于是百果园开始回购加盟商手中的店面，重新采取连锁直营店的方式进行运营，同时进一步稳定上游果品供应，止住了持续亏损的企业经营状况。

4.1.2　发展期（2008~2015年）

2008年，互联网技术对实体零售业的影响越发明显，在生鲜农产品零售领域，大批生鲜电商成立，对生鲜连锁店、生鲜超市、小型水果店造成冲击，百果园作为老牌水果实体连锁店首当其冲，面临着巨大的压力。在此背景下，百果园不得不寻求改变，以抓住技术变革机遇，为此，百果园选择了主动搭建网络销售平台。2008年，"网上百果园"的上线也标志着百果园完成了自己的专属电商平台搭建工作。从当时的行业状况来看，同业者都在摸索建设发展生鲜电商渠道，百果园能够借鉴的经验几乎没有，更重要的是作为生鲜实体店，百果园与线上生鲜电商在经营思路上存在很大的差异，在短时间内无法实现思路和技术的转变，于是"网上百果园"这个项目就被暂时搁置了。另外，发展期间，百果园抽出了更多的资金投入上游的供应端产品品质建设和下游的消费者体验服务改善中。针对供应端，百果园继续加大对上游的投资，扩大与国内外优质种植基地及供应商的合作规模，逆向输出种植技术、产品标准，为特定的生产基地提供优质化肥，对产地原有优质果品进行品质再提升，对不被看好但潜力巨大的果品进行改造等。针对销售端消费者服务体验，百果园在装修风格上进行改进，推出田园式门店风格，带给消费者休闲舒适的购物体验，成为行业内竞相模仿的标杆型风格。同时在行业内倡导"好吃"标准，在对外宣传广告中极力推广，告诉消费者选购水果的唯一标准就是"好吃"，并在此基础上，行业内率先提出了"不好吃三无退货"的退货策略，具体是指"无须提供小票、无须提供果品、无须退货理由"的退货方式，提供更优质的服务体验。针对物流配送，百果园开始建立自有的配送中心和冷链物流。百果园建立的广州配送中心于 2011 年正式投入使用。得益于此，百果园的物流配送能力得到进一步提高。

4.1.3　成熟期（2016 年至今）

2016 年，随着移动互联网在生鲜农产品零售领域应用范围的扩大，百果园开始计划搭建自有的移动电商平台。在此阶段，生鲜电商发展已经进入成熟期，产生了大批有经验的第三方外卖平台、O2O 生鲜电商。百果园经过前期与第三方外卖平台、O2O 生鲜电商的合作具备了一定的移动电商平台搭建资源，与生鲜电商合作方也建立了较深的联系。在此基础上，2016 年 12 月，百果园宣布以交叉持股的方式，合并 O2O 生鲜电商一米鲜。自此，一米鲜初始创业运作团队加入百果园主导电商业务，随后快速推出了官方 APP、微信小程序、微信群等移动电商平台。就供应链上游建设来说，为实现供应链中多方共赢、提升产业链价值，百果园率先联合多个产业主体、农户、农业服务企业等，共同组建了优质果品产业联合会（简称优果联）。基于优果联组织，多方参与进一步协商制定各项产品与服务操作标准，加速整合上游资源，以实现对产品品牌的塑造。同时，联合广西慧云信息技术有限公司建立广西智果科技有限公司（以下简称智果科技），建立科学的生产模型对上游种植基地进行技术指导，通过大数据预测基地水果产量，提高上游产品品质。2018 年，百果园获得 B 轮 15 亿元人民币的融资，开始大幅扩张线下渠道，自 2008 年以来重新开放特许加盟，分为单店加盟和区域加盟两种方式。截止到 2023 年 6 月，店面已经扩展到了全国 140 多个城市，数量达到 5600 家以上。百果园实现了线上线下一体化布局，打通线上线下数据，且已实现线上规模化盈利，线下布局的超 5600 家门店作为小型"仓库"覆盖周边 3 公里所有消费者，消费者既可以到店选购，也可以在移动电商平台选购，由 3 公里内的实体店实现 59 分钟送货上门，消费者可以在任意渠道完成任意购物操作，真正满足消费者对渠道便捷性的需求，这样既能提升消费者的购物体验价值，也能增加门店销售额和门店坪效。

4.2 百果园的全渠道布局

百果园在销售端的渠道发展策略可分为四个阶段，一是 2002～2007 年，建立实体店，扩张线下渠道。二是 2008～2011 年，自建"网上百果园"，搭建线上渠道。百果园在原有实体门店基础上构建一条独立、并行的线上销售渠道，线上、线下渠道各自独立完成所有的销售功能。三是 2012～2015 年，入驻电商平台，开辟线上新渠道。百果园联合一米鲜、美团及饿了么等 O2O 生鲜电商和第三方外卖平台，将自身线下实体门店渠道和第三方线上平台渠道整合重构成一条渠道，完成所有销售功能，其中，线上或线下渠道只完成销售中的某几个功能。四是 2016 年至今，自建移动电商平台，形成全渠道布局。百果园搭建了官方 APP、微信小程序等移动电商平台，打破线上线下渠道壁垒、产业链上下游企业边界，从满足消费者需求角度构建了全渠道融合零售模式。四个阶段的策略呈现逐级升级的趋势。

4.2.1 建立实体店，扩张线下渠道（2002～2007 年）

创业初期，百果园为线下直营店＋加盟店的经营业态，采取的渠道策略为单渠道零售策略。2002 年，百果园在深圳开设首家直营门店（深圳福华店），又迅速开设了第二家直营门店（红宝店）。两家门店的单日销售额都达到了 19 000 元。继福华店、红宝店直营店的成功之后，百果园开始转变实体店发展思路，尝试采取接入外部加盟店，形成"直营＋加盟"的连锁业态。因此，百果园实现了每 10 天开设一个加盟店的市场扩张目标。得益于这样的开店速度，百果园的连锁经营规模迅速扩大。在 2002 年 9 月，百果园又在消费者聚集度高的区域开设了连锁分店。百果园建立加盟连锁经营的初期重点是对加盟制度的构建。百果园公司及时拟定并下发了产品定价、人员管理的相关规定，以及针对各分店的四项考核指标，并举办百果园果品管理培训班，制定了员工激励、奖励机制等制度。

在扩张期间，百果园采取的是同时建立直营店和加盟店的方式，特别是向加盟百果园连锁店的加盟商进行口碑传播，使更多的加盟商开始关注并加盟百果园连锁店，再加上报纸、电台、电视台等新闻媒体的宣传报道，之后，百果园特许水果连锁店又有翻身路店、四季花城店、蔚蓝海岸店等 38 家分店纷纷开业，截止到 2008 年，百果园实现布局 100 家店的目标。但是随着加盟商越来越多，百果园发现加盟商的维护成本高，但是加盟费用却比较低，导致加盟商盈利、百果园亏本的现象发生，在这一阶段百果园连续亏损了 7 年。此时，百果园开始对自己的企业进行整顿，大面积回购加盟商的店面，从以前发起的直营店＋加盟店的业态模式转变为单纯直营模式，才挽回了持续亏损的经营业态。

4.2.2　自建"网上百果园"，搭建线上渠道（2008～2011 年）

随着互联网技术应用范围的扩大，2008 年，生鲜农产品领域也开始将互联网与生鲜产业相结合，同时，食品安全事件的爆发也使消费者对生鲜农产品提出了新鲜度和安全性的双重要求，企业看到了生鲜这块拥有巨大潜力的市场。于是 2008 年开始，沱沱工社等大批生鲜电商纷纷成立，瞄准市场机会积极发展扩张。在此背景下，一直以实体门店为主营业态的百果园面临着较大的压力，首先是生鲜电商崛起对实体业务的冲击，消费者的消费需求和消费习惯在网上购买生鲜农产品时会发生一定程度的改变，对生鲜农产品提出了品质化、品牌化、多样化的需求，在对果品品质提出更高要求的同时，希望购买水果能更方便、可靠，消费者逐渐发现生鲜电商相比生鲜实体店具备购买时间、空间限制较少的优势，愿意更多尝试生鲜电商购买。另外，自百果园董事长余惠勇建立第一家水果生鲜实体店后，在行业内带动了新风潮，引来跟随者竞争模仿，当开到第四家店时，初步估计与百果园类似的品牌就有 30 多个，同行业者的竞争模仿也使百果园面临着较大的竞争压力，于是百果园便开始考虑借助互联网技术扩大生鲜领域应用范围，拓展现有销售渠道，在实体门店渠道基础上建立独立、并行的线上电商平台渠道，形成多渠道组合零售策略。

在多渠道组合策略执行过程中，百果园面对之前未曾涉足的电商领域，更多的是通过招聘互联网技术人才、组织内部员工学习来实现电商平台的搭建，如为完善电商渠道建设，百果园科技总经理徐永剑高薪聘请互联网技术人才组建内部信息技术支持团队。得益于电商运营团队的建立，百果园初步建立起专属的信息技术支持系统和相关网页与网站的基本要件。电商运营团队不断摸索互联网运营规律并对其进行改进优化，最终在 2008 年 12 月推出了"网上百果园"这一线上销售平台。百果园采取实体店渠道与"网上百果园"并列分离运作的策略。因此，两条独立完整的销售渠道独自完成销售的购买前交流、生鲜农产品展示、说服购买、收付款、包装送货及售后服务等功能。在此过程中，百果园尝试开展多种业务，如代客送货、上线天猫旗舰店与对接企业客户等，以期能摸索出适合"网上百果园"的销售模式。随着虚拟商圈及服务范围的扩大，百果园支持深圳地区的消费者在线下单，可以由"网上百果园"选择第三方物流进行同城配送，也可以打电话到门店订购或者直接到门店购买。得益于设立多种销售渠道，百果园可以用多种方式与消费者进行沟通，方便消费者从多个渠道获取生鲜农产品。

4.2.3　入驻电商平台，开辟线上新渠道（2012～2015 年）

2012 年开始，随着移动互联网技术的发展，各种创新销售模式层出不穷。在此期间，百果园抓住机会构建自己的移动电商平台。但是，企业的特质或者"基因"是存在的，百果园内部孵化的团队所体现的特质与移动电商思维存在较大出入，在这个情况下直接转做线上渠道难度较大。于是，百果园考虑从移动电商领域挑选一家优秀的企业来进行联姻、补足。同时，百果园经过实践发现上一阶段多渠道组合零售策略存在渠道功能重叠造成资源浪费的问题，因为线上线下两条独立渠道虽然还保留着完整的渠道环节，可如果对弱势环节投入过多资源必将造成浪费。另外，渠道间的产品与服务存在差异及差异扩大问题，技术不成熟、线上线下独立运行造成产品和服务都有差异，消费者收到线上下单的产品与实体店里产品进行对比，容易产生心理落差，从而对百果园品牌形成不好印象。另外，随着对生鲜农产品市场的发掘日益深入，京东、小米、阿里巴巴等资本巨头和新竞争者开始陆续进场，百果园面临的市场不确定因素增多。在此背景下，百果园需要执行新的渠道策略，于是便拟定了联合自身实体门店渠道和生鲜移动电商渠道形成整合新渠道的跨渠道整合零售策略，电商渠道和生鲜实体店渠道整合，各渠道分工执行销售的购买前沟通、生鲜农产品展示、说服购买、收付款、包装送货及售后服务等功能，每条渠道只完成其中部分功能。

在跨渠道整合策略执行过程中，为实现资源互补，百果园与多家生鲜电商平台建立了合作关系，如京东到家、一米鲜。百果园有深厚的品牌建设与线下零售经验，生鲜电商平台拥有互联网思维和 O2O 运营经验，如果双方建立合作，将实现强强联合与优势扩大。就产品服务来说，实体店可以为消费者提供全面深刻的体验，电商渠道则可以利用外部物流资源能力为消费者提供订单配送服务，如此形成了"到家"和"到店"两种服务模式。在渠道整合过程中，百果园使用系统工具支撑流程再造，因为在未开发线上渠道之前，生鲜实体店拥有一整套经营运作流程；但一旦接入生鲜电商渠道，就需要实体店作出一定的运作流程改造以辅助生鲜电商渠道的顺利运转。对此，百果园的实体店需要将线上经营运作流程与已经成熟的线下经营运作流程进行融合改造，以保证线上线下能够协同正常运转。此外，生鲜实体店还能从生鲜电商渠道经营运转流程中学习到一定的知识，如生鲜电商在商品包装方面的操作与标准知识。得益于相互学习与配合，一是线上线下实现了在生鲜农产品的品质、促销与售后等方面的一致性和协同性；二是实体店可实现进销存的数字化管理，因此，能够保证线上线下渠道间的产品服务同品同等质量，实现渠道间的产品服务标准化。通过分析发现，单一的生鲜实体店线下渠道会被淘汰，而没有线下实体店支撑的电商渠道也无法长久，实体店想要生存需要往线上延伸，电商要实现价值需要往线下延伸。多渠道整合后，各渠道价值被放大，除了生鲜农产品品质，还包括服务体验升级，让消费者获得更好的购物体验。

4.2.4　自建移动电商平台，形成全渠道布局（2016 年至今）

《2016 中国互联网消费生态大数据报告》显示，有 7 亿人是互联网消费者。互联网发展带来的消费升级将会促使生鲜电商拥有更广阔的发展空间，这也是百果园加速渠道发展的驱动力。生鲜零售行业竞争已经上升到产业间的竞争，这也说明生鲜零售业发展所遇挑战最终来自产业链。百果园经过实践发现，在上一阶段跨渠道整合策略期间，百果园和第三方 O2O 生鲜电商平台间存在一种既合作又竞争的关系，双方需要彼此的资源，但又需要为自身利益考虑，消费者在渠道之间来回横跳转移的行为正在越来越普遍地发生，造成了渠道间的稀释效应。在此背景下，百果园需要制定新的渠道策略，于是便拟定了全渠道融合零售策略。百果园利用自身尽可能多的渠道去销售生鲜农产品及服务，消费者能在任意渠道购买。

在执行全渠道融合策略过程中，百果园发现要实现可持续发展，需要打通产业链上下游，进行全产业链布局。为此，百果园作出了以下改进：第一，与全球230 多个水果生产基地建立合作关系，加强对产业链上游的把控。第二，建立与产业互联相配套的平台设施，包括种植咨询、交易、金融与数据分析等类型平台。其中典型的是优果联交易平台，依托该平台的资源整合与能力配置功能，水果供应商能在该平台上采购、报价、查询质检标准等，平台促使上下游供需对话，从销售端到种植端互联，改变了原有的资源交互方式，由线下少量双向交互变为平台多方互联。第三，推动全产业链标准构建，形成百果园的体系化标准。此外，百果园还加强下游的生鲜电商渠道经营运作团队间的合作与交流。例如，邀请一米鲜的初始创业团队加入百果园，让原一米鲜高层领导焦岳担任电商业务板块的副总经理。这些表明百果园乐于有资源和经验的人加入其运营管理，也表明全渠道融合的经营运转只依靠与第三方平台合作是不行的，百果园需要一支拥有线上渠道运营经验、对市场反应敏感的自有生鲜电商团队。2016 年并购完成后，百果园自有的移动电商平台上线，具体包括官方 APP、微信微店、微信小程序等。另外，2018 年百果园开通了特许加盟，计划通过加盟，在全国新开店 1200 家，开拓 5 个新区域，并向加盟者和其他合作方输出百果园产业链下的各类资源能力，包括产品供应体系、生鲜标准、人才培养与连锁店管理的知识经验等，以辅助上游生产基地的管理与下游销售渠道运营的管理，实现产业链和供应链中各参与主体的价值提升。百果园在打通供应链上游供应商的同时，又在下游销售端增加与消费者的接触点，最终实现全渠道融合零售模式的建立。通过分析发现，一方面，产业链支撑下的全渠道降低了流通中间环节成本，如运输费和损耗费等，为消费者提供更具竞争力的价格。所以，百果园在坚持提供当季水果的同时，销售价格会比市场上同类产品的价格低 5%～10%。另一方面，百果园坚持以合作谋发展，加紧发挥产业链上合作伙伴的优势，形成产业链合作企业与消费者均实现需求满足的良性循环。

4.3　百果园的上游供应链管理

在上游供应链管理方面,百果园的管理策略为货源品控管理和产业合作策略,其中，货源品控管理包括发掘优质果源、指导科学种植和采后质量控制，产业合作策略包括搭建产业平台和供需端同异业合作。

4.3.1　货源品控管理

消费者对生鲜农产品的需求表现出高品质、刚性、地域差别及时间差别，而源头上生鲜农产品供给受限于产品易腐性、地域性和季节性等特征。为实现产品来源稳定、高品质、多样化，百果园采取事前、事中和事后控制方式，具体措施包括发掘优质果源、指导科学种植和采后质量控制。

　1. 发掘优质果源

百果园与供应链中同业、不同业主体合作多来源分散采购多样化产品，供应链逆向整合构建零售企业主导下的纵向产销联盟。其中，国产生鲜以基地直供为主，进口生鲜选择与优秀供应商合作。为此，百果园在国内自建了不少水果基地，还开发了不少代工基地，如安徽地区的翠冠梨基地和云南地区的麒麟瓜基地。这些自建与代工基地总计约有 200 个，因此，百果园可以实现国内水果 80%来自基地直采。除了与优秀海外供应商合作，百果园还直接投资包括缅甸海归芒基地在内的海外生产基地，实现 30%进口水果基地直采。不断地发掘优质果源地、优质供应商，进行优质基地评选。百果园在做好自建基地管理的同时，还注重拉动上游优质果源建设。例如，学习"公司＋农户"模式，积极引导并鼓励农户开展优质水果种植活动，尽力为农户提供多种支持，包括与种植品种选择、苗木管理、水肥技术、采摘管理及产品销售渠道等方面相关的配套设施设备与服务。另外，百果园也投资建立自有的采购公司，如深圳市百果园实业发展有限公司、王品果业投资管理（深圳）有限公司等，发掘国内外水果新品类，加大新品水果的开发和引进，尤其是已在其他国家销售但还未打开中国市场的特色果品。

2. 指导科学种植

科学种植方面，百果园利用信息技术、农业生产技术标准化种植工序指导基地生产，逆向输出百果园生产种植标准，寻求增加对上游基地和供应商掌控力。信息技术方面，深圳百果园与广西慧云信息技术有限公司合作，共同成立智果科技。进一步依托智果科技，考虑气候土壤等多种因素，建立标准化生产与预测模型，精准把控种植果品产量与品质，推动农业生产逐步从以人为中心过渡到以数据为中心。并结合不同时期采集的基地环境数据、生理数据，建立标准化生产农事流程、农资投入模型、标准化作物生长指标模型和病虫害大数据库，实现种植规模化、标准化、智能化，保障每一个果品的品质标准。成立优果联交易平台，以方便供应商查询百果园水果质检标准、递交第三方质检报告等。在农业生产技术方面，百果园建立专业团队，成立了专业的技术专家团队指导种植基地生产。除此之外，百果园还尝试与优质肥料生产加工企业投资、合作，力求为种植基地提供优质肥料。

3. 采后质量控制

在发掘优质果源、指导科学种植后，百果园为进一步确保和检验水果品质，对种植、采摘完成后的产品采取事后质量控制策略，规定达到要求成熟度的水果才可以进行采摘，在采收之后，进行严格的质量控管。通过多台智能设备进行采后水果质量检测，淘汰不合格的水果，再以计算机设备依据水果的种类及大小分类，完成采后质量控制，确保水果品质。

4.3.2　产业合作策略

供应链管理离不开产业各方的合作与共赢，百果园面对上游同业、异业合作方，采取了搭建产业平台、供需端同异业合作的产业合作策略。

1. 搭建产业平台

百果园推动智果科技与优果联交易平台双方对接业务，进行农业服务、金融保险及市场销售等一体化联动发展，以实现高效的全产业链协作。为推动产业链的多方融合进程，百果园进一步计划打造七大平台，即标准化种植平台、金融平台、交易平台、供应链平台、营销服务平台、销售平台和商务智能（business intelligence，BI）数据分析平台。百果园打造以产业互联网为中心的七大平台，目的就是实现产业互联互通和智能协同,从水果的种植开始,到采摘、仓储、物流、终端销售都用信息化的手段联结起来,科技助力果业供需互通,从销售端到种植端整个互联,让供需双方可以在一个平台上进行对话,各环节之间的节点可以有效互联,前后交互,实现信息化基础的协同作业,利用最新的物联网技术推动产业智能化、科技化发展。这些平台以实现产业互联网为核心,能够有助于产业链的优化改进。基于该平台,产业链上的供需方可以进行交流对话、信息互通与环节互联,真正实现信息协同。另外,还便于依托该平台,促进新型互联网技术的应用,实现产业链智能化、数字化发展。基于此,百果园协同产业合作的相关方建立了一个以百果园资源能力为核心的产业互联平台,即优果联。通过该组织,有效打通生产流通环节,进一步深化产业互联网发展进程。因此,从短期看有利于产销对接,从长远看有利于果业全产业链协同并提升相应的效益。

2. 供需端同异业合作

在进行产业合作过程中,百果园注重与同业和不同业的企业、组织加强交流合作。为了加强与上游供应端的联系,除了建立产业链平台加大资源互动外,百果园还会定期组织供应商大会,吸引国内外优质供应商参加,邀请行业内有名的果业大咖分享经验。百果园根据地方特色,联合当地政府、合作社、农户、种植技术单位加强农民生产组织化、技术化程度,并通过投资、合作等方式与产业相关方加强联系,如优质肥料生产厂家、优质水果加工企业等,为农民提供包括品种、苗木、技术、管理、产品销售的产业配套服务。在线下销售渠道方面,百果园除扩大自身实体店规模外,还与七只考拉、好品、领蛙等无人货架服务商合作,联合发起"大百果联盟",开拓无人便利与智能商业业务,在写字楼、商场、社区等场景投放智能零售设备,百果园的消费者可以选择到店、线上下单线下自提、59分钟送货到家的多种模式,让消费者能够更方便快捷地吃到百果园的水果,同时,基于网络门店的库存、供销、鲜度管理,实现一日一配。在线上销售渠道方面,百果园与较多优质平台开展了合作,包括美团、饿了么等,结合第三方的平台流量优势推广百果园产品。

4.4　百果园的冷链物流体系

在冷链物流体系建设方面,百果园采取了升级冷链物流配送技术、建立标准体系、升级末端配送服务的策略。其中,升级冷链物流配送技术包括升级冷链物流配送的功能技术、冷链物流配送网络技术、冷链物流配送信息技术;建立标准体系包括果品标准化、果品分类仓储运输标准化;升级末端配送服务包括升级配送场景和推出"不好吃三无退货"服务。

4.4.1　升级冷链物流配送技术

在消费升级背景下，消费者对生鲜农产品品质提出更高要求，要求一系列保证产品品质的运输技术升级和公开。为满足消费者对运输技术升级和运输能力可感知的需求，百果园就冷链物流配送，从其功能技术、网络技术和信息技术三个方面着手构建完善的服务体系，提供生鲜农产品品质管控保障。

1. 升级冷链物流配送的功能技术

就冷链物流配送的功能技术来说，首先，百果园与水果保鲜技术提供商 AgroFresh（农鲜，一家美国新鲜果蔬采后保鲜技术公司）公司联合建立了水果采后处理研究中心，致力于研究水果采摘后的处理问题以达到降低水果在仓储和冷链物流运输时的损耗的目的，采用 AgroFresh 公司"聪明鲜"质量体系专利保证水果在冷链物流运输和仓储中的品质。其次，百果园对果品进行分级管理以减少运输途中的仓储损耗。为此，百果园按照易腐损程度将水果分为六个等级，根据等级差异采用差异化管理策略，包括不同的货架、冷链、运输与预包装方案和方法，以实现对水果品质的精准管理。百果园进一步梳理了从产地发运到零售门店流通中的十五个关键控制点，其中包括运输方式选择、包装材料、配送路线与方式、产品陈列、消费者营销等，这样便于进行物流运输配送节点的管理。最后，改造运输过程中的硬件设施，包括开发车辆冷控技术、进行车速控制、安装防震系统和定位系统。其他具体还包括配送中心会根据产品分类进行精细化的温度控制、门店进行恒温储藏、对产品进行预包装销售减少损耗、结合百果园产品高周转、大宗商品快进快出等特性开发定制化货架存储等。

2. 冷链物流配送网络技术

在冷链物流配送网络技术上，百果园建立了纵向直销联盟，追求扁平化供应链，采取产地直采直销方式，生鲜农产品从基地直接运输到配送中心，再由配送中心将产品运往覆盖区域内的实体门店。百果园在全国范围内建立了 15 个区域配送中心，覆盖 40 多座城市，其中，较大的配送中心位于广州、上海、南京、武汉、深圳，大型配送中心在满足本地区需求基础上还能满足跨区域调配生鲜农产品的需求。在距离消费者最近的社区，百果园经过十几年的扩张，已经建立了超过 3000 处的水果连锁店，百果园既是在"布店"也是在"布仓"，3000 多家门店类似于小型仓库，覆盖周边 3 公里消费者需求，做到覆盖范围内 59 分钟送货上门，组成百果园的物流配送网络。

3. 冷链物流配送信息技术

在冷链物流配送信息技术上，百果园使用大数据、物联网建立了多个信息系统辅助相关人员管理物流配送环节。首先，百果园建立了商业连锁供应链管理与订货系统。该系统会综合考虑与门店相关的多个因素，如历史消费量、在店库存及节假日天气等会对销量产生较大影响的因素，对单个门店的需求作出预测，形成门店的订货方案，从而辅助相应门店店长进行订货决策。其次，为管控果品质量，百果园建立了专门的果品新鲜度管理系统，对店内水果品种建立售卖期限，期限临近时自动报警保证生鲜产品品质。再次，建立信息系统实施精细化温控管理，对配送中心五个温区的温湿度进行精细化管理，使不同温区变化全程数据可视化、可控化。最后，百果园还建立了店长辅助系统工具，帮助店长进行门店库存管理等。

4.4.2 建立标准体系

非标准化一直是百果园努力解决的行业难题。针对这个问题，百果园从果品标准化和果品分类仓储运输标准化两个方面提出了相关策略。

1. 果品标准化

在果品标准化方面，首先，百果园考虑的是种植标准化。针对这个问题，百果园通过投资、合作等方式在上游布局了 200 多个种植基地，向这些国内外的优质基地逆向输出种植标准、生产技术、信息系统辅助工具等来降低种植者风险，联合广西慧云信息技术有限公司成立智果科技公司实现种植的标准化，建立标准化生产与预测模型进行农事过程数据化管理，最终实现水果产品品质改良和水果的定制化生产。例如，升级一款水果，百果园要求对种植土壤质量、土质 pH（pondus hydrogenii，酸碱值）及果子的光照时间等进行标准化设置，在保持绿色有机的前提下，保持果子含糖量与品相质量等的一致性标准化。其次，鉴于水果质量评价标准不一的问题，百果园考虑建立相对统一的水果评价标准，率先在业界提出了"四度一味一安全"的水果好吃标准。其具体指水果的新鲜度、酸甜度、细嫩度、口感脆度、果香味和安全性。这一标准也帮助同行从业者和消费者进一步明确了如何辨别水果好吃与否。再次，百果园还主动创立了水果等级与分级体系，按照等级标准将果品分为五大级别，具体有珍稀果、招牌级果及 A 级果、B 级果、C级果。值得指出的是，百果园只选择珍稀果、招牌级果和 A 级果在实体和线上商城出售。得益于长期从事果品分级分类运营，百果园积累了不少的果品鉴识知识，能准确辨别什么样的果品达到了什么样的标准。此外，百果园进一步将这些评价知识进行数据指标化，而这些标准化数据指标在其交易平台上都可以查询到。基于一致标准化的果品评价筛选标准，百果园与供应商可以实现快速高效的供销交易，提升了产品的整个流通速度。最后，为加速实现水果的产业互联网进程，百果园需要考虑果品销售单元的标准化问题。百果园在门店零售端进行产品库存量与标准化产品的单元化设计，形成 SKU 与标准化产品单元（standard product unit，SPU）的计量操作。产品单元化设计直接为百果园的线上线下一体化运营管理奠定了基础。

2. 果品分类仓储运输标准化

在果品分类的基础上，百果园对不同等级的水果进行了差异化管理，在采购地、价格、运输、包装、营销上采取不同的策略，针对特定等级制定了特定标准，如标准化预冷处理程序和设置冷链运输标准，再如针对果品自然损耗差异进行温控，在流通过程中进行多温区储运，还可对温度进行动态调整监控。就运输销售过程中的产品预包装问题，百果园也主张管理标准化。以前门店并没有设置统一的包装标准，不会对果品进行统一包装，只要求包装好便于过秤。但是现在，百果园的线下门店在增加线上渠道的前置仓功能角色时，就需要进行相应的管理调整，这时，生鲜农产品的包装还需要满足线上订单的小批量与标准化的要求。百果园对配送中心也进行了标准化管理，包括针对不同特性水果定制不同标准化货架、制定标准化的加工工艺过程等。百果园针对不同果品特性差异建立了专属供应链标准。例如，为了为消费者提供非催熟而是自然熟的榴莲，百果园联合泰国榴莲生产组织为进口到国内的榴莲建立了专属采摘与运输供应链标准，这样可以做到在榴莲九成熟时采摘，然后通过供应运输通道进入百果园的全国门店，此时的榴莲风味最佳，恰好满足消费者对榴莲品质的需求。

4.4.3　升级末端配送服务

集成销售下配送端直接与消费者接触，是满足消费者流通需求、提升产品附加值的关键环节，除了保证生鲜农产品高品质、运输可感知外，还需满足消费者对取货时间自由化、取货地点多场景化和连锁化、退货便捷化的需求。

1. 升级配送场景

在配送方式上，百果园采用了集中运输到供应点，再以供应点为中心，覆盖周边 3～5 公里范围配送或消费者自提的方式。同时，百果园的 APP 定位和会员制微信群自动将消费者按照位置划分为不同客户群，地区网格化有利于定点集中配送。消费者可以选择"到店"和"到家"两种配送场景，到店选购、线上购买到店自提是"到店"场景,线上购买送货上门是"到家"场景,时间上选择59分钟到家和次日达,自由度较大。针对店面多场景体验方面,百果园推出了独立品牌鲜果吧客,紧邻百果园店面,以百果园售卖的水果为载体进行二次加工制作成鲜果餐饮,为消费者提供更为丰富的场景体验。在配送平台上,百果园整合、利用社会平台和物流资源与当地有影响力的企业合作进行配送。百果园与第三方平台合作配送,如美团外卖、饿了么等,并购当地有配送资源的企业强化配送网络,如并购重庆超奇农产品有限公司,推出店面周边59分钟达服务等。在与第三方合作时,百果园还推出了自营的生鲜众包配送APP,结合第三方配送和自建店员配送团队方式配送生鲜农产品。

2. "不好吃三无退货"服务

对于生鲜农产品零售行业的退货问题,百果园率先推出无小票、无实物与无理由的"不好吃三无退货"策略。进一步针对生鲜电商渠道的退货问题,百果园推出"不好吃瞬间退款"策略,线上消费者可以通过操作百果园APP,实现快速退款到账。另外,百果园提供门店换货服务,消费者如果对在线上百果园或实体店购买的生鲜农产品不满意,可以拿到附近的实体门店进行退换货,店员进行估值后按照原价的5%～100%退款,对于店面未覆盖区域的消费者可以直接在线上退款到APP账户,下次可以继续使用该笔退款在APP上消费。

4.5 案 例 启 示

自2002年开出第一家门店起,百果园通过二十多年的不断探索,已发展成为一家布局产业链上下游的全渠道生鲜农产品连锁企业。百果园通过销售端全渠道的建立实现了渠道便利化,通过上游供应链管理从源头上保障了生鲜农产品品质和服务质量,通过冷链物流体系建设提升了物流效率、降低在途损耗,使百果园能够保持企业的核心竞争力参与市场竞争。通过百果园的案例分析,得出以下启示。

4.5.1 紧跟技术升级与消费者需求变化趋势,及时调整战略发展方向

面对多变的技术范式、市场环境和消费者需求,百果园一直致力于求新、求变,及时调整自身企业发展战略方向。2002年,看中特许经营模式的发展前景,百果园开始涉足全球未有先例的水果特许连锁经营业态,通过向其他行业学习模式经验、吸引加盟商、制定标准、培训人员,慢慢建立起一套水果特许经营的体系。但是2008年开始,技术范式改变,互联网发展下生鲜电商开始崛起、消费者

购物需求及习惯改变，除了面对市场上新竞争者的威胁，百果园自身加盟商赚钱、品牌商亏损的现象愈发严重。此时，百果园积极调整战略，暂时搁置了特许经营模式，转为线下直营店模式，并向线上虚拟门店发力，招揽组织技术人才搭建"网上百果园"。但是，百果园的线上渠道搭建也遭受了较大阻力，2008 年，电商市场尚在起步阶段，电商平台发展不完善、市场不成熟，许多生鲜电商都处于亏本状态，百果园转做线上也面临着自身的核心能力刚性问题，作为实体销售商的经营思维与电商平台格格不入，线上销售难以为继。在此背景下，百果园再次调整自身发展战略，搁置了搭建线上销售渠道的计划，转而专心发展自身线下渠道优势，积极扩张门店覆盖范围，耐心等待生鲜电商市场的成熟。直到 2012 年，生鲜电商市场竞争愈演愈烈，消费者也逐渐养成了在线上购买生鲜农产品的购物习惯，市场逐渐成熟，此时移动电商快速发展，涌现出一批第三方移动电商平台，如美团、饿了么等，可以快速实现送货上门。百果园发现这些移动电商平台的经营模式与生鲜农产品特性高度契合，可以满足消费者对生鲜农产品的即时性需求，防止长时间运输导致的产品腐烂、变质等问题。于是百果园转变发展战略，吸取自建"网上百果园"的经验教训，没有一开始就自建移动电商平台，而是和几家具有成功经验的平台进行合作试点，测试可行性方案。经过几年发展，2016 年，百果园再次调整发展战略，开始向全渠道发力，并购了前期合作的 O2O 生鲜电商一米鲜，由原一米鲜管理人才、技术人才指挥搭建自有移动电商平台，于是百果园官方 APP、微信小程序上线，并在 2017 年快速实现线上规模化盈利，至 2023 年，百果园完成了从单一线下渠道向全渠道发展的转型。发展过程中可以发现，百果园积极求新、求变，面临技术升级、市场环境改变、消费者需求改变的境况，及时调整了战略发展方向。

4.5.2　深入上游开展合作，整合配用内外部资源增强核心竞争力

百果园自成立之初就确立了深入上游开展合作、深耕上游供应链的发展战略。生鲜农产品的易腐性、非标准化特性决定了百果园对上游的持续开发具有战略意义，通过逆向输出标准形成生鲜农产品的种植、检测、运输标准体系，最终形成"百果园"品牌，在行业内树立标杆，吸引更多优质的产业相关企业进行合作。自2007 年起，百果园陆续在国内外建立起 200 多个水果种植基地，从源头上制定种植标准，成立技术专家团队利用互联网、大数据等技术指导种植基地科学种植，将土壤、阳光、温度、湿度全部可视化、精准化控制，产出标准化果品，将种植过程由人为经验指导转变为数据科学化控制。对于成熟待采摘的果品，百果园从甜度、质量大小等方面制定了量化标准，只有达标的果品才能出售，深入上游开展合作，从源头上保障了生鲜农产品的品质。在产业链上，百果园与产业相关企

业合作，如肥料生产厂商、加工企业、无人货架企业、第三方外卖平台等，还包括联合果业组织成立优果联、建立产业平台、定期举行供应商交流大会等，百果园在产业链上的一系列工作旨在形成一个统一的产业标准，实现供需联合、孵化优质产品品种、打造生鲜农产品品牌的目标，从产业合作的角度解决生鲜农产品行业存在的非标准化、非品牌化的固有难题，整合外部资源，建立一个以百果园为核心的产业合作平台，加强自身在产业链中的不可替代性，增强企业核心竞争力。

4.5.3　面向消费者创造价值，实现产业链相关者共赢

2016 年，百果园 APP 的上线标志着百果园实现全渠道布局。这也同时表明，百果园的发展阶段从以企业经营为导向的零售阶段转向以消费者体验为导向的新零售阶段，主要行动从对渠道进行简单组合发展为对多个渠道进行整合优化，经营目标从实现利润最大化到传递有效的顾客价值。全渠道零售不仅是一个整合线上线下渠道优势的过程，更是一个满足消费者购物体验需求的过程，从面向合作伙伴创造价值转向面向消费者创造价值。在产业链上，百果园提出了面向合作伙伴输出多种经营管理经验与策略，支持生产建设和销售运营，促进各参与成员与消费者的价值提升，实现果品产业链与供应链的多参与主体共赢。在此背景下，产业链价值与消费者价值形成了良性互动，产业链支撑下的全渠道降低了流通中间环节成本，如运输费和损耗费用等，能为消费者提供更具竞争力的价格，所以，百果园在坚持提供当季水果的同时，同样级别的生鲜农产品价格比市场上其他商家低 5%～10%，优质低价的水果吸引了更多的消费者购买百果园产品，对上游产业链的价值输出进行反哺。

第5章 橙心优选的社区生鲜电商运营模式

在互联网和大数据的驱动下，生鲜电商不断升级更新，社区生鲜电商的区域化、集中化、低成本的优势开始凸显，社区生鲜电商进入了快速发展期。社区生鲜电商以真实社区为消费场景，采用"线上下单—次日送达—门店自提"的服务模式，以集中化订单、区域化配送的方式，重构履约环节，提升履约效率。橙心优选作为新兴的社区生鲜电商，依托自身平台优势，融合线上线下社区消费场景，建立了较为完善的社区供应体系。实践证明，以社区为单位进行区域化配送的社区生鲜电商及团购模式，能够提升效率和降低成本，可作为生鲜电商进行业务拓展的一个重要选择。因此，本章以橙心优选为案例，重点探究其社区生鲜电商运营模式，明晰该模式的发展状况、组成环节、仓配体系及运营管理，以期为未来社区生鲜电商的发展实践提供指导和借鉴。

5.1 案例介绍

社区生鲜团购主要是以社群与团长的社交关系为依托，通过"预售—下单—自提"的方式，实现社区的区域化、集中化、本地化的一种商品流通形式。社区生鲜团购是在生鲜电商的基础上产生的，最早于 2016 年出现在湖南长沙，并在近几年得到快速发展。2020 年新冠疫情的暴发进一步加速了社区生鲜电商的发展，以滴滴为代表的大型互联网企业开始借助平台优势相继布局社区生鲜团购领域，橙心优选社区电商平台由此诞生。

5.1.1 橙心优选的基本概况

橙心优选是 2020 年 6 月 15 日在四川成都正式成立的一个社区电商平台，隶属于滴滴。橙心优选以满足社区居民日常所需为出发点，严格把控产品品质，经营范围覆盖了蔬菜水果、水产海鲜、休闲零食、日用百货等 17 个产品种类，致力于满足不同消费者的差异化需求。橙心优选背靠滴滴，聚焦运用先进的互联网技术，通过建立完善的仓储配送网络，实现产品快速流通和销售。同时，橙心优选与多家优秀企业达成战略合作，共同致力于构建全链条供应体系，推动社区电商模式升级。橙心优选积极投身社会建设，2020 年，联合湖北省妇女联合会为湖北妇女提供超过 15 000 个就业机会，多次开展公益行动，积极践行企业社会责任。

5.1.2　橙心优选的服务模式

橙心优选采用"今日下单—次日送达—门店自提"的服务模式。消费者通过登录橙心优选社区电商的微信小程序或者橙心优选 APP 进入电子商城。根据消费者地理位置和消费偏好，橙心优选为消费者提供了数百种精选优质商品，消费者登录后可根据自身需求自由采购，并依据自己所处位置自由选择最方便的自提门店。消费者可在每日 0:00 到 23:00 内下单，并于次日 16:00 之后在选择的自提点取货。消费者若在购买、提货等过程中遇到问题，可以向团长和平台寻求帮助。例如，若产品存在质量问题，消费者可以通过"橙心无忧"获取售后服务，并享受 48 小时无理由退款权益。

5.1.3　橙心优选的发展历程

橙心优选依托于滴滴的战略支持和品牌优势，仅用一年的时间便在全国范围内不断发展壮大，成为社区电商行业的头部企业。纵观橙心优选的发展史，大约可分为三步。

1. 单点突破，布局川渝

新冠疫情的暴发给社区团购带来了新的发展机遇。面对社区电商的快速发展，滴滴开始逐步涉足社区电商领域。2020 年 5 月，滴滴开始推出橙心优选并以大米、食用油为切入点在成都开始试营业。经过 1 个月的探索，橙心优选于 6 月 15 日在成都开始正式营业，并于同日上线了橙心优选社区电商的微信小程序。为快速攻占成都本地市场，橙心优选招募了近 100 名业务员和超过 2000 名地推对其进行商务拓展及产品推广。在成都的运营期间，橙心优选的成都本地供应链体系初步建立，第一批团长资源由此获得。在进入成都市场后，2020 年 7 月 19 日，橙心优选入驻重庆，并快速在产品品类上增加生鲜品类。橙心优选以生鲜产品为切入点，快速打开了重庆本地市场，获取了大量一手的消费者资源。同年 9 月，橙心优选在川渝两地的日订单数量就突破了 50 万个。橙心优选仅历时 3 个月便完成了在川渝地区的基本布局。

2. 进军全国，拓展业务

橙心优选在川渝地区获得成功后，又迅速把目光转向全国。2020 年 9 月 28 日，橙心优选同时登陆贵州、云南、广西、山东 4 个省区，开始进军全国的第一步。2020 年 10 月，橙心优选在江西省上线，并在上线当日实现了 40 万单的订单销量。2020 年 11 月 11 日，橙心优选推出"双十一"促销活动，并在活动当天实现了 700 万单的销售量，位列社区电商行业第一名。之后，橙心优选又相继入驻湖南、湖北等多个省市，在全国范围内不断拓展业务范围。仅在半年的时间内，橙心优选就将业务拓展到了全国的 20 多个省市，一跃成为社区电商行业的头部企业。

为了进一步实现全方位布局，橙心优选在全国拓展业务时也迅速在线上线下全面布局。2020 年 9 月 25 日，橙心优选正式上线橙心优选 APP，将线上购物渠道由单一端口拓展至两个端口。同时，橙心优选还在滴滴出行 APP 设置入口，进一步拓宽线上渠道。同年 10 月，橙心优选开始线下渠道布局，并开立了第一家橙心小店。同年 12 月，橙心优选推出"橙心小店"计划，并在全国范围内开拓橙心小店业务。

3. 多维合作，升级品牌

在实现了业务的全覆盖之后，橙心优选开始寻求橙心品牌的进一步建设。2020 年 12 月 6 日，橙心优选以冠名商的身份与芒果 TV 展开合作，共同推出了《希望的田野》助农节目，帮助解决农户产品滞销问题，并以此来推广橙心品牌。2021 年 1 月 7 日，橙心优选积极响应国家的乡村振兴号召，发布橙心助农计划，助力农村产业链建设，实现生鲜产品原产地直采。同时，橙心优选还专门在小程序上开设了助农产品的销售通道，帮助全国的 200 多种农产品实现对接销售。2021 年 1 月 15 日，橙心优选与爱奇艺展开业务合作，冠名《2021 爱奇艺为爱尖叫》晚会，打响知名度。此外，早在 2020 年，橙心优选就开始寻求品牌建设，并与多家知名企业如恒安集团、中粮集团等展开战略合作，致力于扩张产品品类，提升产品品质。

橙心优选仅用一年的时间，就将业务范围从成都拓展到全国，成为社区电商行业的领头羊。纵观橙心优选的发展历史，其成功不仅得益于滴滴的背后支持，更得益于其自身独具的战略优势和品牌优势。

5.2　橙心优选的团长管理模式

团长是"门店自提"环节的主要负责人，也是社区团购区别于其他生鲜运营模式的主要特征。在橙心优选这类社区电商企业中，团长一方面需要通过线上渠道与电商平台对接，另一方面又要在线下渠道连接上游供应商和下游消费者，是社区电商中的一个核心环节。

5.2.1　团长的基本职能

2020 年 6 月，橙心优选在成都获取了第一批团长资源。后来，随着橙心优选在全国范围内的不断扩张，越来越多的消费者逐步加入橙心优选，橙心优选的团长队伍逐渐壮大。以成都为例，仅在成都太古里直径 2000 米的范围内，橙心优选的团长覆盖数就达到了 100 多个，并在成都主城区达到了 80%的覆盖率。现阶段，橙心优选团长工作内容比较简单，主要是通过自身的社交关系吸引消费者、负责自提点货物收发、解决售后问题等，具体包括以下几个方面。

1. 建立社群

建立社群是团长在获取团长资质后的首要工作。团长通过社群可以聚集社区内的客户流量，协助社区电商平台获取客户资源；同时，社群还能够以社区为单位集中消费者订单，提高配送效率。在橙心优选旗下，团长负责的每个社群规模约为 120 人。在完成社群建设之后，团长还要负责管理社群的日常活动，以及做好消费者关系维护和后续新消费者的引进工作。

2. 发起团购

团长建立好社群后，就可逐步展开团购工作了。橙心优选社区电商平台的开团时间一般是在 0:00 到 23:00，团长可以根据自己所处社群内消费者的消费特性选择合适的开团商品，并通过团长端小程序在社群内分享商品链接，向群内消费者发起团购。若社群内消费者对团长分享的商品感兴趣，可以通过点击链接，直接进入橙心优选电子商城进行选购下单。

3. 跟踪配送

消费者在规定的开团时间内成功下单后，平台会集中同一个社群内的消费者订单，并进行采购和配送。一般而言，橙心优选订单配送时间为消费者下单后次日的 6:00 至 16:00。团长需要了解订单配送的整个流程和时间安排，确保订单能够准时交付。另外，团长还需要在消费者下单时提醒消费者核对自提点信息，并告知消费者取消订单的截止时间。

4. 对接自提

当订单送达自提点后，团长首先要对送达的货物进行整理和清点，并检查货物是否符合质量要求。完成收货工作后，团长需要及时通知消费者到自提点提货。消费者在接到通知后，可以在次日 16:00 之后到提货点自主收货。目前，橙心优选向消费者提供了出示取货码、团长端确认收货、48 小时自动确认收货等三种收货方式，消费者可以根据自己的习惯自由选择。

5. 处理售后

为保证消费者的合法权益，橙心优选为消费者提供了"48 小时质量无忧"和"极速退款"的售后服务。消费者如果遇到售后问题，可以通过橙心优选社区电商的微信小程序或橙心优选 APP 申请售后服务。团长收到消费者的售后申请后，需要通过团长端进入团长中心，在订单中心找到需要售后的具体订单，完成售后信息的填写，并向平台提交售后申请。

5.2.2　团长的招聘模式

1. 团长加盟

橙心优选的团长加盟模式经历了两个阶段的发展。运营初期，为了快速打开局面，橙心优选主要采用地推、扫街等方式获取团长，每拓展一位团长就可以获得 130 元奖励。现在橙心优选主要采用自主线上申请方式加盟。一是通过"橙心优选团长端"小程序申请加入，二是通过橙心优选官方网站发出加盟申请。以微信为例，用户首先通过微信端小程序搜索"橙心优选团长端"并点击进入，进入后点击"申请成为团长"链接即可进入申请信息填报页面，用户需要如实填写自己的信息。另外，橙心优选的团长分为有门店和无门店两种情况，有门店的团长除了填写申请信息外，还需要上传门店照片和营业执照。用户提交申请信息后，橙心优选会派出专门的工作人员与其进行对接，并对申请人进行资格审查。如果申请人经审查后符合团长申请条件，则申请人即可成为橙心优选的团长。橙心优选还采取团长"人带人"的拉新模式，老团长通过分享链接邀请新团长加盟。在新团长进入平台后，平台会为发起者提供一定的补贴。另外，橙心优选的注册团长在满足一定条件后还可以升级为合伙人。相比于团长而言，合伙人拥有的收入水平更高，责权范围更大。

优质团长是社区电商平台获取社区居民流量的重要来源，橙心优选以地推、拉新奖励等激励手段，不断激励团长加盟，并在短时间内实现了团长数量的裂变式增长。另外，橙心优选通过设置严格的团长加盟条件，不断细化团长的选拔条件，提高了团长的准入门槛，从根源上保障了团长的质量水平。

2. 团长培训

为了帮助团长更好地履行团长职能，提升业务能力，橙心优选还会为新入职的团长提供培训服务，并为之组建专门的培训团队。橙心优选的团长培训类似于辅助课程，其主要以视频、图文等方式展开，培训内容主要围绕社群管理与运营技巧、消费者拉新知识、团长如何带货、售后问题处理等方面展开。与美团优选的强制学习不同，橙心优选为新晋团长提供了更大自主权，团长可以结合自身的需要自主选择学习内容，并通过"橙心优选团上端"微信小程序完成学习。同时，橙心优选还会定期通过微信公众号向团长推送信息服务、公司最新资讯、增收小贴士、团长操作指南等推文，更好地为团长赋能，帮助团长提升管理能力。

除了提供团长培训服务外，橙心优选还为每一个团长配备了一个区域业务员。区域业务员的工作主要有两个方面：一方面，区域业务员每个月定期对团长的服务频率和质量进行考核；另一方面，区域业务员会对团长进行一对一帮扶，协助团长处理遇到的问题。另外，橙心优选还为团长提供营销机器人服务，团长可以通过微信向其寻求帮助。

橙心优选通过团长培训、考核等多种方式，建立起了较为完备的团长管理体系，实现团长规范化管理。橙心优选通过团长培训，一方面，促进了团长专业化和标准化发展，提升了团长的业务能力，有助于团长更好地服务社群与电商平台；另一方面，在整个培训过程中，橙心优选与团长之间的联系不断增强，使团长对平台的依赖程度逐步增加，团长对平台的黏性逐渐升级，促进团长资源内化。

3. 团长收入

橙心优选团长的收入来源主要分为销售佣金、订单奖励和拉新奖励三个方面。其中，销售佣金主要取决于橙心优选平台实现的销售收入和平台提供的佣金率。不同于其他社区电商平台，橙心优选的佣金率具有一定的灵活性，橙心优选平台会根据不同的产品品类灵活制定团长的佣金比例。一般来说，橙心优选团长的佣金率在10%～30%浮动。也就是说，如果一个团每日的销售额能够达到2000元，那么团长的日收益就可以达到200～600元，一个月内团长就可以获得6000～18 000元的佣金收入，这个收入水平还是非常可观的。订单奖励的多少与团长负责提货点的订单数量挂钩。目前，橙心优选的团长的订单奖励比例为1.2%～13.2%，处于行业中等水平。同时，为了充分调动团长的积极性，橙心优选还提出了拉新奖励制度，团长每成功邀请一个消费者，平台会支付5～15元的奖励金，并且在数量上不设上限。

橙心优选团长的收入水平与销售额和订单数量有着密不可分的关系。为保证提升佣金收入，团长要积极维护好平台与消费者之间的关系，增强消费者对平台的黏性，提升消费者的复购率，更好地提高平台销量。此外，团长还要充分利用自己的私域流量，不断发展新客户，增加社群的消费者数量，为消费者提供优质服务，并利用平台的营销活动刺激消费者购物下单。

5.2.3　团长的运作模式

橙心优选的团长目前以社区门店店长和宝妈两种类型为主，依据这两种团长类型可以将团长的运营模式分为以下两种。

1. 店长-社群模式

店长-社群模式是橙心优选现在采用的最主要的运营模式。在这种模式下，团长以自有的社区店为自提点对社区消费者履行团长职责。这种以店长型团长为核心的运营模式有几个明显优势。首先，店长型团长拥有实体社区店资源，因此，他们可以将自有线下的实体店作为自提点，为消费者提供稳定的服务，同时也有利于橙心优选社区电商平台进行持续性的宣传推广活动。其次，橙心优选平台和店长型团长都具备大量的客户资源，双方合作能够相互引流，促进客户资源转化。另外，社区店具有储存货物的先天条件，因此，拥有社区店的团长对增长的业务和订单具备更大的承载能力；同时，社区店在一定程度上能够作为平台的前置仓，有利于节约平台的物流成本。最后，店长型团长作为自身门店的管理者和运营者，具备卓越的推销和宣传能力，能够吸引大量新的消费者和团长；同时，线下门店还可以利用货柜展示橙心优选平台的商品，提供品牌露出，发挥稳定宣传作用。

但是这种模式也存在一定的不足。首先，店长型团长本身就要负责经营和管理店铺，因此，可能无法同时兼顾团长的工作。另外，考虑到社区型团长本身就具备稳定的经济来源，所以其在收益上会有更高的要求，平台需要制定更高额的佣金比例才能调动这类团长的积极性。

2. 宝妈-社群模式

宝妈-社群模式主要是以社区宝妈作为团长对社群进行运作和管理。相比于店长-社群模式而言，宝妈-社群模式在橙心优选中应用的范围相对较小，但其有几个突出的特点。宝妈作为社区居民中的一员，消费者离宝妈的距离更近，对宝妈的黏性和信任度更强，因此，相较于店长型团长，宝妈型团长更能深入洞悉消费者的需求，并以较低的成本获取社区消费者流量。其次宝妈-社群模式更加轻便，不需要线下实体店资源做支撑，运营成本比较低，能够快速实现规模化扩张。此外，宝妈拥有赚取佣金和实现自我价值的意愿，并拥有大量可自由支配的时间，所以宝妈能够在社群工作中投入充分的时间和精力。但是，社区宝妈仍是以家庭为主，极易受到家庭成员的影响，因此，宝妈的工作时间存在不稳定性。虽然每个社区的宝妈数量都很庞大，但是布局比较分散，商务拓展难度较大。

橙心优选以上两种团长运营模式，其本质都是以优质团长为核心，拉动消费者流量,建立产品流通渠道。在社区电商行业中,团长是连接电商平台、供货商和消费者三方的重要桥梁,因此,橙心优选要充分利用好自有的团长资源,最大程度地发挥团长核心优势,促进销量的稳定增长,实现平台稳步发展。

5.3　橙心优选的市场培育模式

橙心优选在 2020 年 6 月 15 日落户成都后,便迅速向全国市场展开攻势。同年 11 月,橙心优选在"双十一"活动中实现了全国 700 万单的日订单量,成为社区电商行业的领跑者。截止到 2020 年末,橙心优选已经将业务拓展到了全国 20 个省市。仅半年时间,橙心优选就实现了短跑道起飞,一跃成为行业的佼佼者。橙心优选市场扩张速度如此之快,主要离不开其背后的宣传和推广。

5.3.1　依托价格补贴对接线上消费者

1. 橙心优选微信小程序开局

2020 年 6 月,橙心优选微信端——橙心优选社区电商小程序上线,正式开始进军社区电商行业。为了迅速打开消费市场,橙心优选在上线初期,主要以时令水果、新鲜蔬菜、粮油副食、日用品等贴近人们生活所需的产品为主打产品。另外,为了吸引更多消费者参与到橙心优选的电商平台上来,橙心优选还推出了一系列价格补贴活动。例如,橙心优选在橙心优选社区电商的微信小程序首页推出了新人专享礼包,新消费者登录商城就可以获得 22 元的新人优惠券和商品 9 折福利。另外,橙心优选还会在每天早上 9 点推出限时秒杀活动,秒杀产品的价格仅为市场价格的 50%~70%,消费者通过团长分享的链接或者微信搜索就可以触达活动现场。2020 年 7 月 30 日,橙心优选小程序仅上线 45 天,订单量就突破每日 10 万单。

为进一步促进流量的快速转化,除价格补贴外,橙心优选还针对新消费者提出了拉新奖励,以实现线上的快速引流。老消费者通过分享链接邀请新消费者使用橙心优选社区电商平台,当邀请的新消费者完成第一笔订单时,发起者就会获得平台 3 元的现金奖励;当新消费者完成第二笔订单后,发起者就可以获得 4 元现金奖励;当新消费者累计完成三笔订单后,发起者最终可获得总计 12 元的现金奖励。

在橙心优选价格补贴和拉新奖励的双重激励下,不少老用户在利益驱动下开始充分发挥自己的社交关系为橙心优选引流,大量的消费者被吸引到橙心优选上来,橙心优选的消费者数量不断增长,川渝市场迅速被打开,橙心优选迎来第一步胜利。

2. 橙心优选 APP 和滴滴出行 APP 推广

在橙心优选微信小程序取得初步成功后，紧接着在 2020 年 9 月 25 日，橙心优选的独立 APP 开始入驻各大应用商店。与橙心优选微信小程序的页面布局基本一致，橙心优选 APP 分为首页、分类、购物车及个人中心四个模块。橙心优选 APP 一经推出，就获得了大规模的下载量。2020 年 9 月 27 日，数据信息显示，橙心优选 APP上线 2 天就在苹果应用商店美食佳饮 APP 榜单里从 200 名之外上升到了 60 名以内。

橙心优选 APP 与橙心优选的微信小程序类似，主要以低价战略获取消费者资源，并推出了新人专享、限时抢购、拉新奖励等系列活动进行引流。但是总体而言，橙心优选 APP 的低价活动范围更广、活动力度更大。例如，橙心优选 APP每天会推出近百种商品，在 0:00、8:00、10:00、12:00、14:00、16:00 等 6 个不同时段进行限时秒杀，以刺激消费者下单。另外，橙心优选 APP 还开展了"橙心万人团"活动，消费者通过参团就能够以超划算的拼团价购买到心仪的产品。橙心优品 APP 还推出了"2 元特卖""周日省心购"等系列低价活动进行线上引流。另外，橙心优选充分利用自身大数据优势，根据地域差异对消费者偏好进行细分。比如，消费者在重庆登录，就会看到火锅底料等商品推荐；如果消费者在西安登录，其首页就会出现凉皮、土豆等商品。

通过前期的 50 亿元价格补贴政策及平台的多种营销活动，橙心优选迅速在全国打开了市场，并在 2020 年 10 月消费者规模突破 4 亿人。为获取更多的客户流量，2020 年 11 月 3 日，滴滴出行董事长程维在滴滴内部会议上提出"滴滴对橙心优选的投入不设上限，全力拿下市场第一名"的发展目标，并开始利用滴滴出行 APP 为橙心优选全方位引流。消费者打开滴滴出行 APP，就可以看见大量与橙心优选相关的广告资讯。在滴滴出行 APP 首页，还为橙心优选专门设置了"新人专属"卡片用来展示各种优惠商品的详细信息。此外，滴滴出行 APP 还在服务入口的集合卡片中设置了橙心优选的入口，消费者通过点击图标就可进入橙心优选的电子商城购物。

在滴滴的加持下，橙心优选在全国范围内快速蔓延，迅速实现了消费者流量转化。在短短半年时间内，橙心优选的社区电商市场占有率不断扩大，并实现了每日 1000 万单的订单量，一跃成为社区电商领域的头部企业。

5.3.2　利用实体店吸引线下消费者

1. 橙心小店试营

在获取了大量线上消费者流量后，橙心优选开始致力于线上线下消费渠道的融合。为便于消费者线下取货，自2020年6月成立以来，橙心优选便在全国范围内建立大量社区自提点，并由此与店长型团长建立起了初步合作。为进一步让社区居民切实体会到橙心优选社区平台的便利与实惠，橙心优选开始与店长型团长展开深度合作，并于2020年10月17日在成都高新区开立首个橙心小店，开始了线上走到线下的第一步。2020年12月11日，橙心优选宣布正式启动橙心小店战略，并提出在之后3年帮扶100万个团长的目标。橙心小店主要是针对店长型团长的合作联盟，因此，加盟条件也更为苛刻。除了满足基本的店长加盟条件外，橙心小店还要求团长自有门店的面积在20平方米以上、周边小区居民数须达到1000户左右。

橙心小店是橙心优选基于社区团购的思路创立的一种新型业务模式。在这种模式下，橙心小店的店长先在橙心优选下单，然后经平台收集订单并根据订单要求将货物配送至小店，店长完成收货后再将货物在店内进行线下销售。橙心小店不只是社区居民自提点，还是一个独立的经营场所，功能得到进一步升级。为了帮助橙心小店引入更多的消费者，橙心优选对橙心小店实行了多维度赋能。橙心优选不仅委派专人对线下门店的货品排列方式、门店布局等进行改造优化，还允许合作小店使用"橙心优选"的品牌进行经营。同时，橙心优选还会帮助店长进行果蔬类产品扩充，优化小店商品结构，指导店长使用智慧管理系统，提升小店运作效率。吸取了线上引流的成功经验，橙心优选对合作的橙心小店同样沿用了价格补贴策略。"0.99元秒杀"的广告在橙心小店内随处可见。同时，橙心优选还会每日选择30种爆款商品放在店内进行线下销售，且对于生鲜品类还提供额外的优惠活动。资料显示，重庆1号店在加盟橙心优选后的首月，销售额就实现了5倍的增长。

橙心优选利用平台优势，通过店面升级、运营赋能、数据驱动等方式促进线下门店全面升级，实现了橙心小店的精细化运营，并为平台吸引了大量消费者资源。同时，橙心优选利用帮扶线下门店的过程，不断深化团长合作，促使团长资源快速内化，提升了平台团长资源的独占性。

2. 仓储量贩店加盟

为深入线下市场，橙心优选又开始探索与实体店的新合作模式。2021年3月20日，橙心优选仓储量贩店1号店在浙江温州市开业，开启了线下渠道的第二次布局。

橙心优选仓储量贩店与橙心小店存在着较大的区别。首先，橙心优选仓储量贩店产品品类更丰富。仓储量贩店内除了供应水果蔬菜、日用百货等普通商品外，还有许多的高端产品和进口产品。其次，橙心优选仓储量贩店功能更加全面。橙心优选仓储量贩店将门店和仓储功能有效地结合在了一起，该店除了购物、提货功能外，还具备支持线上订单的仓储、分拣、配送功能，相当于一个小型前置仓。此外，相比于橙心小店，橙心优选仓储量贩店的店内面积更大，具有更为充足的储物空间。橙心优选仓储量贩店可以说是橙心小店的一个升级，橙心优选通过将两者结合，使橙心优选的线下市场布局形成一个良好的闭环。

　　线上线下融合是社区电商未来发展的新趋势。橙心优选通过赋能橙心小店和建立橙心优选仓储量贩店两步举措，实现了线上线下消费场景的深度融合，全方位提升了消费者购物体验，多维度满足了消费需求，提高了消费者对平台的黏性，进一步增强了橙心优选电商平台与团长、团长与社区消费者的双重联系。

5.4　橙心优选的三级仓配模式

　　仓储物流是橙心优选社区电商平台的一个核心业务模块，其运作效率将直接影响供应商、电商平台和消费者三方利益。与其他社区电商类似，橙心优选物流配送体系采用的也是由中心仓-网格仓-团长组成的三级仓配模式，具体如图 5.1 所示。

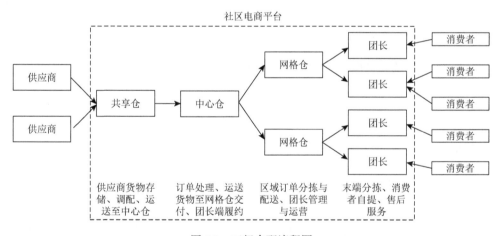

图 5.1　三级仓配流程图

　　在三级仓配体系中，首先，在平台发起团购前，供应商会提前将货物送至共享仓进行备货，并在平台拼团结束后根据商品的订购数量将产品送至平台的中心仓；之后，平台会按不同区域集中订单、完成产品分拣，并使用货车将分拣的商品送至覆盖该区域的网格仓；然后，由网格仓将送达的商品细分并送至各个自提点；最后，由自提点团长通知消费者取货。

　　三级仓配模式采用的是以销定采的运营模式，因此，在这个过程中基本可以实现零库存，降低了库存和损耗，能够节约仓储成本。在这一模式中，除了中心仓是平台自营外,网格仓和团长都是采用加盟方式,因此,平台不需要付出额外的成本建立仓储体系。另外,该模式下能够实现社区订单集中化,无形之中提高了货车的装载量,提升了配送效率。下面将具体介绍橙心优选的三级仓配模式是如何发挥作用的。

5.4.1　布局供应枢纽中心仓

1. 中心仓的基本功能

中心仓是供应链的一个枢纽环节,承担着接收供应商商品及商品仓储的责任。现阶段,中心仓的基本功能主要有以下五个方面。一是收取供应商从共享仓发送过来的货物并进行清点验收。二是将验收完成的货物放在指定位置进行储存,目前,中心仓储存的货物分为日进日出型和大量存储型两类货物。三是对蔬菜水果类进行粗加工。四是按区域集中平台订单并按照订单要求完成产品分拣。五是完成已分拣产品的出货工作。目前,基本上所有社区电商的中心仓都还未实现全面自动化,基本依靠人工运营。

2. 中心仓的覆盖范围

中心仓的面积普遍较大,橙心优选在成都的中心仓占地面积就达到了 50 000 平方米。同时,中心仓的辐射范围约 200 公里,大约能够覆盖 40~70 个网格仓,以及 6000~10 500 个社区。现阶段,橙心优选已经在多个省会城市设有中心仓,建立了庞大的仓储体系。此外,橙心优选还在二级市、乡、县设有二级配送中心,以保证产品能够准时送达消费者手中。

3. 中心仓的运营模式

中心仓的核心工作就是负责商品的收发。为实现今日下单、次日送达的配送要求,橙心优选的中心仓建立了严苛的商品入库和出库标准。一般来说,生鲜类产品会要求在 15:00 之前送达中心仓;标准品和冷冻品的时间稍微晚一点,大约在 17:00 前送达。当产品送至仓库后,中心仓会依据订单对产品进行分拣,并完成下一步配送。中心仓的配送时间一般为当日 23:00 至次日凌晨 1:00,不同的产品类别存在差异。中心仓到网格仓之间,一般选择用 6.8 米或者 7.6 米长的货车配送,对于生鲜类产品,则需要使用特定冷链车。从中心仓到网格仓路程相对较短,仅 200 公里左右,大约 2 小时就能将货物送达。单个中心仓出货量每日约为 40 万~70 万件。除重庆的中心仓是采用代营模式之外,橙心优选的其他中心仓都是由平台自营的。

中心仓是集中消费者订单和产品收发的核心一环，是社区生鲜电商三级仓配体系中的起点。现阶段，橙心优选中心仓主要集中于省会城市，覆盖范围偏小，履约能力尚待改进。因此，橙心优选在未来要不断加强中心仓的仓储建设，扩展中心仓的覆盖能力，深化三级仓配体系布局，进一步提升配送时效。

5.4.2　建立二级中转网格仓

1. 网格仓的基本功能

网格仓是连接中心仓和团长的中间环节，发挥着承上启下的作用。网格仓作为社区电商区别于其他传统电商的一个重要特征，其主要的功能就是负责货物分拣和进一步送货到团。目前，网格仓主要有到团模式和到线模式两种配送模式。其中，到团模式是首先在网格仓内按照团长的订单进行分拣，完成分拣后依据区域范围，将相应的货物配送至各个团长。到线模式则是采用以 SKU 为基准的分拣方法，网格仓先将货物进行 SKU 分类并送达至团长处，在送达之后由团长或司机自行按订单分拣货物。

2. 网格仓的管理模式

网格仓的核心作用就是依区域进行商品分拣，一般而言，其分拣时间主要分布在凌晨 3:00 到 6:00，通过商品汇总、拣货、复核等流程完成。网格仓到团长的配送时间集中在 10:00 到 16:00，由小型货车负责送货到团。目前，单个网格仓的面积约为 500～1000 平方米，并配有 10 辆左右运输车负责运输工作。单个网格仓辐射直径为 15 公里，能够覆盖大约 300 个团长和 150 个社区，每日能够完成约 1 万件订单。

现阶段，橙心优选的网格仓采用加盟方式运营。相比较团长而言，网格仓的加盟标准更为严苛。网格仓加盟商除了需要具备合法营业执照外，还需要拥有 500～1000 平方米的仓库，并配有车辆和分拣人员等资源。网格仓加盟商可以通过橙心优选官网或者微信端进入"网格仓合作"页面，并按照要求填写加盟申请即可免费加盟。目前，按配送的订单数收取佣金是网格仓加盟商收入的主要来源。橙心优选网格仓的佣金约为每件 0.35 元，也就是说，按照每日 10 000 件的订单来算的话，网格仓服务商一天就可以赚取 3500 元。

随着橙心优选的不断扩张，网格仓的数量和规模也在持续增加。截止到 2020 年 3 月，橙心优选网格仓数量已经接近 3000 家。网格仓大多由加盟的物流运输团队搭建，仓储设施质量参差不齐，导致其运营能力难以与订单量的增长速度相匹配，因此，多地网格仓无法准时完成履约任务。2021 年 3 月 22 日，橙心优选第一届网格仓平台合作伙伴年会在四川成都举行。橙心优选在会议上指出，2021 年，橙心优选将继续以建设网格仓作为重要的发展方向，加强网格仓建设，提升网格仓履约效率。

网格仓连接着中心仓和团长，是三级仓配体系中重要的中转站。目前，橙心优选的网格仓建设集中分布在一线、二线城市，尚处于发展阶段。橙心优选在未来要以网格仓建设为重中之重，推动网格仓向县城、乡村等三线、四线城市下沉，扩大网格仓的覆盖范围，进一步完善物流体系，提升履约效率。同时，橙心优选还要继续深化与网格仓加盟商的合作关系，建立合理的绩效评估体系，提供更为专业的技术支持，全方面赋能网格仓发展。

3. 销配一体化

为进一步提升网格仓的履约效率，推进网格仓功能升级，橙心优选于 2021 年2 月提出了销配一体化的新模式。在这一模式下，网格仓加盟商不仅负责仓储、分拣、配送等工作，还要承担开拓新团长、维护团长关系等职责。换句话说，相比较原来的单一仓储职能，在销配一体化模式下的加盟商还要负责拓展业务。

随着网格仓服务加盟商的职责范围扩大，网格仓的加盟标准进一步提高。加盟商除了要满足仓库面积、配送车辆、人员配置等硬件配置外，橙心优选还要求加盟商具备业务拓展能力、区域影响力、组织管理能力等隐性能力。在收入方面，网格仓加盟商除了可以收取按配送订单数量计算的佣金外，还通过邀请新团长、创建团队等获得一定比例的管理奖励。例如，当直推团长订单总量为 2000～7000 单时，加盟商大概可得 1.2%的奖励；当订单总量为 7000～50 000 单时，大概可得2.6%的奖励。以此类推，最高奖励比例可达到 13.2%。另外，为了帮助加入销配一体化模式的网格仓加盟商更好地发挥仓储和拓展作用，橙心优选还配备了专家为网格仓加盟商提供一对一帮扶，并采取了线上培训、线下指导、每周复盘等一系列举措，助力其业绩提升。2021 年 2 月底，橙心优选逐步在陕西、内蒙古等西部省份推行销配一体化模式，开始从现有的网格仓加盟商中选拔一些优质加盟商承接当地的销配业务。

橙心优选的销配一体化模式一方面拓展了网格仓加盟商的业务范围，实现了仓储能力与团长资源的有机结合；另一方面集合了众多拥有资源和能力的网格仓加盟商资源，减轻了平台仓储、分拣等方面的成本投入，提升了网格仓到团长之间的配送效率。

5.4.3 赋能终端合作店

团长是连接网格仓与消费者的核心渠道，在三级仓配体系中具有不可替代的作用。在这种模式下，团长大多拥有自己的社区门店，能够对网格仓送达的货物进行统一收货、仓储、分拣，完成自提点到消费者的"最后一公里"交付任务，类似于一个小型仓库。但是，大多社区门店都是个体经营，在进货、仓储、收银等方面管理紊乱，缺乏成熟的进、销、存管理体系，经营效率低下。因此，为提升社区门店的经营能力和终端履约效率，橙心优选深化与团长的合作，相继提出了橙心小店和橙心优选仓储量贩店计划，对终端合作社区店全面赋能。

橙心优选依托于自有物流体系，对合作店采用配送到店服务，实现合作店SKU 扩容。橙心优选还充分发挥其作为供应商的职责，为合作店提供丰富的产品供给，实现产品和消费者精准匹配。同时，橙心优选还利用自身的技术优势，线上赋能终端合作店，帮助建立"顾客在线、管理在线、商品在线、物流在线、客服在线"等线上管理系统，完善合作店商品质量监控体系和仓储建设，实现合作店精细化管理，提升终端履约效率。

橙心优选通过将"社区门店 + 赋能合作 + 团购模式 + 社交属性 + C2B 零售"有机结合，驱动合作店在产品、仓储、管理全方位升级，打通线上线下消费场景，实现终端合作店多维度赋能。

5.5　橙心优选的供应商运营模式

除物流配送体系外，产品品质和丰富度也成为社区电商平台必争之地。目前，橙心优选产品覆盖了蔬菜水果、日用百货、粮油调味等 17 个类别，品类丰富。为提供更多优质的产品，满足社区居民需要，橙心优选开始与上游供应商展开战略合作。

5.5.1　生鲜产品源头直采

生鲜产品以其高频且刚性的消费需求成为社区电商竞争最为激烈的一个领域，也成为橙心优选等社区电商获取消费者流量的主要来源。为获取更多消费需求，增强消费者黏性，橙心优选每日都会在线上线下推出多款生鲜产品进行限时抢购。但是，生鲜产品损耗大、流通渠道长，为降低产品损耗，节约流通成本，橙心优选对生鲜产品开启了"源头直采"计划。

2020 年 11 月 16 日，橙心优选正式与农业农村部签署了共同推动农产品直达社区的合作协议，开始生鲜产品源头直采战略。2020 年 12 月，橙心优选与江西省赣州市多家脐橙企业共同签署了 1.2 万吨的采购订单，助力赣州脐橙实现源头销售。之后一个月，橙心优选发布"橙心助农"计划，助力农户解决农产品销售难题。截止到 2021 年 1 月，橙心优选已经和全国 200 多个农产品达成产地直采对接，其中包括云南牟山甜橙、新疆阿克苏苹果、福建六鳌蜜薯、广西荔浦芋头等。在国际方面，2021 年 4 月 19 日，橙心优选积极联合泰国政府，携手洪九果品在泰国开启金枕榴莲"源头直采"工作。除此之外，橙心优选不断拓宽产品供应渠道，在与泰国合作的同时，橙心优选还联合墨西哥、埃及、南非、秘鲁等国家，推出海外直采的牛油果、蓝莓等水果，满足社区居民的多样化需求。

同时，橙心优选还通过直播带货的形式，深入生鲜产品产地，助力源头产品销售。2021 年 5 月 12 日，橙心优选举行了"红富士助农专场"直播，以直播形式帮助农民解决苹果滞销问题。为保证产品质量，橙心优选还建立了详细的产品发货、配送、验收、销售标准，严格把控产品品质，从源头保障质量。

生鲜产品是橙心优选切入社区场景的核心品类，对橙心优选极具战略价值。橙心优选通过采用生鲜产品"源头直采"计划，直接对接产品产地，省去了中间经销商，缩短了生鲜产品流通环节，在保障了生鲜产品质量的同时又能实现低价。另外，橙心优选还与国际供应商展开合作，致力于为社区消费者提供优质、安全、便宜的生鲜产品，满足社区居民多样化需求。

5.5.2　全品类供应商战略合作

除生鲜产品之外，橙心优选也积极和其他产品供应商展开合作。橙心优选先后与中粮福临门、皇氏集团、恒安集团、威莱集团等数十家知名企业展开战略合作，共同致力于为社区居民提供优质的粮油产品、奶制品、日用品等，打造全品类的产品供应体系，促进消费升级，合力推动社区电商发展。

5.5.3　成立后备食品公司

为进一步优化供应体系，保障供应稳定，2021 年 3 月 24 日，橙心优选和上海榕上榕食品有限公司合资成立上海心向榕食品有限公司（简称心向榕公司）。心向榕公司的经营范围涵盖了食品生产、经营，以及农产品批发、初加工等方面。心向榕公司作为橙心优选后备公司，将充分发挥其标准化和自动化的生鲜产品运营优势，为橙心优选的产品供应体系提供强有力的支撑。

2021 年 3 月，橙心优选因低价补贴、扰乱市场价格秩序等行为被行政处罚。此后，橙心优选调整战略，并进行价格上调。然而，消费者本来就因橙心优选通过低价补贴与压价造成产品质量差而不满，大量消费者开始流失。随着天气变暖，不少消费者选择去线下实体店，现场挑选和购买生鲜农产品，直接放弃了橙心优选这一社区团购渠道。消费者的离开对橙心优选来说是雪上加霜。2021 年 9 月，橙心优选停止江苏省常州市的业务运营，随之开启大规模裁员和区域业务收缩调整，9 月中旬分批次收缩全国业务。2021 年 12 月，橙心优选的消费者入口已经关闭，全部服务也停止运营。

5.6　案　例　启　示

自 2020 年上线运营以来，橙心优选聚焦满足社区居民日常生活需求的市场定位，发展成为一家知名的社区生鲜电商。橙心优选通过建立完善的仓储配送体系，以便捷的服务方式提升居民消费体验，在激烈的社区团购市场竞争中实现了一段时间内的生存与发展，但是最终还是全线业务关停。通过橙心优选的案例分析，得出以下启示。

5.6.1　遵循稳健务实原则，强化合规性和产品质量

橙心优选的快速发展得益于滴滴的强大用户基础和物流配送能力，但其在运营合规性和社区履约方面做得不到位，拓展新业务领域时也未充分考虑团队的专业能力和经验。通过案例分析可知，社区生鲜电商面对复杂多变的市场环境时，应积极寻求多方合作，通过资源共享和优势互补来提升自身的竞争力；拓展新业务领域时需要综合考虑自身的核心能力和资源、团队的专业能力、供应链管理及外部合作等方面，做好充分的准备和规划；运营社区团购业务过程中，切忌盲目扩张，遵循稳健务实的原则，提升消费者体验。社区生鲜电商应根据自身实际和市场情况，做好日常管理，强化产品服务运营，同时应认识到做活动和送优惠只是运营手段与方式，更为重要的是思考如何实现长久运营和可持续发展，从市场环境到基础设施与产品供应链管理再到团长管理以及消费者服务都应该思考到位和行动到位，令消费者满意并得到社会与市场的深度认可。

5.6.2　优化社区团长资源，维护消费市场稳定

随着社区电商行业的不断变化，美团、拼多多等大型互联网企业纷纷进入市场，行业竞争不断加剧，部分团长流转至其他平台，一个团长同时代理多家平台的情况开始出现，团长忠诚度降低。为优化团长资源，增强团长对平台的黏性，橙心优选采取了团长培训、绩效考核、橙心小店等多项举措深化合作，为团长全面赋能。团长是开展社区电商平台业务的核心。团长既是获取消费者的重要渠道，也是前端必不可少的自提点，管理好团长资源是社区生鲜电商成功的关键。在入门方面，社区生鲜电商可以通过建立严格的团长加盟标准，制定精细化的选拔条件，提高团长的准入门槛，从根源上提升团长质量。在管理方面，社区生鲜电商还可以从佣金、培训、考核绩效等多方面入手，规范团长

管理体系,建立成熟的团长运营体制,促进团长专业化、标准化发展,提高其对平台的依附性。

5.6.3　深化三级仓配布局,提升订单交付效率

在物流方面,橙心优选选用三级仓配模式在全国布局。橙心优选三级仓配模式采用"以销定采"的运营方式,基本实现零库存,节约仓储成本。在终端配送方面,以线下门店为依托,通过配送到店和消费者自提形式,降低了履约成本,提升订单交付效率。由此可以看出,三级仓配模式是支撑社区生鲜电商持续高效的重要基础。社区生鲜电商要不断优化自有仓储体系,加快中心仓的基础设施建设,提升中心仓的订单集约化效率,实现产品的快速流转。另外,社区生鲜电商要加快网格仓布局,促进物流网络向区域县、乡镇等三、四线城市下沉,扩大网格仓覆盖范围,提升履约效率。同时,社区生鲜电商要深化与网格仓加盟商、社区门店的合作关系,整合优质的运输和配送资源,深化三级仓配布局,提升配送的时效性与订单交付效率。

5.6.4　建立优质供应网络,助力产品品牌升级

为提升供应产品品质,助力产品品牌升级,橙心优选采取了一系列举措。首先,橙心优选严格把控产品品质,并建立了详细的配送、验收、销售等系列标准。其次,联合农业农村部和江西省赣州市果业局,对生鲜产品进行产地直采,实现源头销售。同时,以赞助商、直播等活动进行营销,不断强化消费端品牌心智,助力品牌升级。最后,拓展产品品类,与优质品牌企业展开战略合作,建立完备供应网络,优化产品品质,提升橙心优选品牌渗透率。橙心优选的系列举措不仅成功打开了自己的品牌,也为未来社区生鲜电商品牌指明了前进方向。社区生鲜电商应该依据品类特点,建立不同供应网络,实现品牌升级。在生鲜品类方面,社区生鲜电商可以采用对接源头、产地直发的供应方式,简化供应环节,提升渠道效率,保证产品触达消费者质量。在标准品类方面,社区生鲜供应商可以不断拓展与供应商的合作模式,建立优质的供应网络,并在产品创新、推广、销售等领域进行创新联合,充分满足消费者个性化需求,扩大品牌影响力,提升产品口碑。

第6章 本来生活的"互联网+"营销管理

在互联网环境下，相较于本来生活自己的知名度，其打造与运营的生鲜农产品品牌——褚橙及褚橙背后的励志故事更能被广大消费者与媒体人所熟识和关注。不同于前面章节备受重视与关注的生鲜供应链运营主体，本章选择以本来生活为分析对象，尝试研究在互联网环境下生鲜农产品品牌的幕后运营主体，解析其如何打造并运营生鲜农产品品牌，从而为生鲜农产品品牌的持续塑造与高效发展提供可行思路及方案。因此，接下来将主要从本来生活的"互联网+"营销管理的角度展开本章的分析过程。

6.1 案 例 介 绍

生鲜电商本来控股集团（以下简称本来生活）于2012年7月正式成立，其核心创始团队由十几位来自国内外大型网络公司、报业集团与国际零售连锁机构的中高层管理人员组成。作为一家由媒体人跨界创业成立的生鲜电商，本来生活自带"媒体基因"，坚持"食物即媒介""让生活原汁原味"的经营理念，以"中国家庭的优质食品购买平台"为定位，为消费者提供特色优质生鲜农产品。

在成立初期，本来生活成功运作企业家褚时健种植的冰糖橙，将其打造为生鲜农产品触网以来的第一个品牌——褚橙，以首次上线卖出80吨的"战绩"而引发关注。在此之后，本来生活在注重产品个性化、差异化和品牌打造的同时，也加强渠道扩张与供应链整合，又先后推出了褚橙、长秋山不知火柑、俞三男状元蟹、四大美莓等知名生鲜农产品品牌，并形成B2C、P2B（producer to business，生产者到商家）、O2O等多业务融合的全渠道布局，以出色的营销和运营模式不断积累口碑。截至2018年，经过6年的建设，本来生活实现了较好的发展。一是企业规模扩大，从最初员工数量只有40多人发展到2600人；二是市场规模扩大，成功在北上广三地建设生鲜仓，其配送服务范围覆盖40多个城市，另外，超过200个城市的消费者可以享受到本来生活提供的高效物流服务。本来生活的销售额从2013年的8000万元增长到2016年的60亿元，并从2017年9月起实现持续盈利，成为生鲜电商的代表品牌之一。根据本来生活的业务发展，其发展过程分为生存、成长、成熟三个阶段。

6.1.1　生存阶段（2012～2014年）：B2C布局

2012年被行业视为生鲜电商的发展元年。这一年，不少电商平台开始扩大销售品类，涉足生鲜农产品领域，其中不乏大家熟悉的如淘宝天猫、京东、亚马逊中国。在竞争市场份额的刺激下，不少B2C生鲜电商如沱沱工社、顺丰优选等，开始深入布局自己的生鲜零售业务。此时，消费者开始尝试通过线上渠道购买生鲜农产品。本来生活在成立初期就另辟蹊径，通过深入原产地选品和采购，以及自建仓储和物流配送队伍等与其他竞争对手形成差异。本来生活围绕用户需求搭建了B2C线上购买平台，不仅为消费者提供来自原产地的特色、优质产品，而且通过快速物流保证了产品的原汁原味。本来生活依靠原产地采购的B2C业务模式获得了资本市场的认可，于2014年4月完成A轮融资。

6.1.2　成长阶段（2015～2017年）：全渠道融合

随着B2C业务市场地位的逐步稳定及消费市场的逐步成熟，本来生活为升级用户体验、寻求企业的进一步发展，在2015年开始布局P2B及O2O等多种销售渠道。同年4月，本来生活成立本来果坊，依托其为线下水果零售店供货；同年5月，成立本来集市，依托其为便利店供货；同年8月，建立O2O项目，以期能解决"最后一公里"的物流配送问题。通过全面开展B2B和B2C业务，本来生活的销量大幅度上升，发展迅速。截止到2017年7月，本来生活网已拥有2800万名用户，50亿元的年销售收入；本来果坊合作商家有2万家，月销售额达到6000万元。通过全渠道布局与融合，本来生活不仅为用户提供了次日消费、极速消费、到店消费等不同消费场景，还构建了沟通生产者、零售商、消费者之间的生鲜流通闭环。2016年初，不少生鲜电商由于缺乏外界投融资支持而面临生存危机，本来生活却逆行业资本寒冬的市场行情，获得两轮共计1.17亿美元的资本融资。

6.1.3　成熟阶段（2018年至今）：全球化布局

在成熟阶段，本来生活将企业经营目标定位为实现供应链的全球化、渠道的全球化及用户的全球化。依托于自身强大的特色产品发掘能力、品牌打造能力和消费者运营能力，本来生活在全球范围内进行原产地直采，与优质的国际供应商合作，给消费者带来更加多样化和优质的产品选择，使消费者享受"足不出户便能品尝全球美食"。

6.2　本来生活的消费者管理策略

本来生活在成立初期依靠爆款产品褚橙吸引了大量用户关注和购买，在此之后，本来生活建立了多元的数据库选型收集用户信息，并基于大数据分析技术获取用户需求并挖掘消费者潜在需求，以此指导后续选品和采购数量。另外，随着销售渠道的不断扩张，本来生活依靠线下零售商建立了客户资料收集中心，进一步完善对消费者的认知。同时，为建立与消费者的密切联系，本来生活通过线上社区化运营和线下品鉴体验等活动加强与消费者的沟通互动，从而提升了用户黏性。

6.2.1　建立消费者信息管理系统

1. 建立多元数据库选型

本来生活的商务智能团队利用 SQL Server 建立了专属的数据仓库与分析体系，在后续操作过程中，进一步从依托 SQL Server（微软公司推出的关系型数据库管理系统）发展为建立 Hadoop（由 Apache 基金会所开发的分布式系统基础架构）体系，在此基础上进一步构建了用户行为数据分析平台、分析型客户关系管理等商务智能运用，由此形成了针对不同业务场景的多元数据库选型。数据库能够汇集海量的用户行为、消费者喜好及消费者数据，本来生活通过对大数据进行分析，能够对不同场景的消费人群进行细分，深度挖掘特定场景的内容和数据并对消费者进行多维度解读，从而获取客观、全面的用户喜好。基于用户的行为分析，本来生活能够描绘用户画像和兴趣图谱并科学预测消费者行为，以此为互动推广及线上引流等营销活动提供指导。

2. 线下客户资料收集中心

随着本来生活线下业务的开展，水果店、便利店等线下渠道除了辅助本来生活分销、作为本来生活的提货点外，更重要的是它们还有一项重要功能，即帮助本来生活收集客户资料。本来生活计划将线下渠道作为客户资料获取途径之一，要求店铺在客户购买和取货时，快速合理地抓取客户需求并收集客户的各类意见和反馈；在获取到相关的客户资料后及时传送给本来生活网站后台。一方面，网站会根据客户信息反馈及时对线下零售店铺进行补货；另一方面，本来生活也会以客户需求决定采购产品的种类和数量。由此可以看出，本来生活不只是作为农产品零售的供应商而存在，更多的是作为产品经理或产品经纪人服务于供应链上下游，可以根据上下游客户发出的需求，针对性提供解决方案，尽力将对的商品卖给对的人，实现产品与市场需求的高效合理匹配。

6.2.2　开展线上线下沟通体验活动

1. 线上社区化用户运营

本来生活通过研究不同人群的行为轨迹将消费者"标签化"，找到消费者的共同点，并将消费者划分为不同的用户圈层，将碎片化的消费者信息集中化，进而开展社区化运营。属于同一个社区的用户具有相似的兴趣和关注点。本来生活围绕不同的圈层分析用户属性，对消费者形成更加全面的认知，并根据消费者的兴趣点输出不同的社群内容，进行不同品类和数量的生鲜农产品搭配推荐，以及设置具有不同功效的营养套餐组合等，以精准的个性化推荐服务减少消费者的搜索时间成本，增加消费者感知价值。另外，本来生活还针对不同消费群体需求细分社群功能，如设有以解决售后问题为主、以推荐新品为主、以交流美食为主的功能性社群，为消费者提供有针对性的服务，树立关注消费者体验、尊重消费者需求的企业形象和品牌文化，从而使消费者形成对平台的归属感，增加消费者持续重复购买的可能性。通过社区化营销，本来生活将平台变为汇聚不同圈层消费者的人气圈，成为优质内容的生产者和供应商，以差异化内容吸引了信息技术宅男、白领小资群体、家庭用户等，在满足消费者对品质化内容需求的同时，还提高了用户黏性、购买频次及消费数量。

2. 线下消费者参与体验

自 2014 年起，本来生活针对一些爆款产品设计了原产地参观和线下品鉴活动（如"阳澄湖俞三男状元蟹品鉴之旅""褚橙庄园品鉴之旅"），邀请忠诚用户和平台会员赴产地参观，消费者不仅可以亲身体验原产地的风光，与种植者、养殖者交谈来详细了解产品的种植、养殖过程，而且能够参加产品品鉴，感受原产地食材的优质和正宗。通过这种实地体验的形式，本来生活将判断食材品质的权利交还给消费者，以实际体验降低消费者对食品安全的顾虑。当消费者对产品的口感、质量有了更加直观的认知，便会增加在线上平台的购买。本来生活还开展多种线下消费者活动，注重构建互动参与式消费体验。一是搭建美食俱乐部，设立"本来厨房"，以吸引消费者深度参与，加速消费者对本来生活的价值观和文化理念的理解与认同；二是邀请营养专家开设课程，帮助消费者掌握更多与营养、安全相关的食品知识，以期能以这样的方式回馈消费者；三是举办产品上新体验邀请活动，只要网站推出新品，本来生活会邀请部分乐意体验的消费者到产地现场免费品尝新品，届时会让原产地买手团队在现场讲述产品背后的故事，并积极鼓励消费者参与意见反馈。通过以"粉丝俱乐部"的形式经营用户、加强与用户的互动沟通，本来生活与消费者建立密切联系，进而获得用户的体验感受，在产品大规模上市前将其反馈给平台，并将相关信息回溯给生产者，让选品更精准、销售更有效。

6.3　本来生活的产品管理策略

本来生活采用买手制的选品制度，精选特色、优质产品，从而形成了品类多样、具有差异化的产品矩阵。同时，为解决生鲜农产品固有的产品非标准化、质量不稳定等问题，本来生活通过与生产者合作制定生产流程、提供生产资源支持等方式深度参与产品生产环节，从而形成稳定的产品供应能力，保证了产品持续有效的供给。

6.3.1　设置差异化产品结构

1. 买手制发掘特色产品

虽然我国农业的现代化程度低、品牌化产品少，但不乏有一些区域化优质产品和未发掘的优质产地由于销售渠道单一、信息不对称等限制了产品的市场扩张与发展，而生鲜电商拥有的线上销售渠道可以为这些具有潜力的优质产品提供市场机会。针对这一问题，本来生活采用买手制进行选品，近 200 位全球买手挑选优质生产基地和产品，为中国用户在全球范围内搜罗应季美食，使每一款上市产品都要经过实地考察。本来生活的买手就是用户的眼睛和脚，帮助消费者寻找当地最好的产品，他们会根据水源、空气、土壤及当地人的推荐进行产品和产地的选择，选品逻辑是本土特色生鲜产品、高端水果、稳定性货源。褚橙、长秋山不知火柑、俞三男状元蟹等产品均由本来生活分布在不同区域的买手发现。本来生活的买手往往能够发掘一些已经过市场考验的区域性优质产品，从而将其销售渠道扩展到线上。例如，在本来生活发现和打造褚橙、长秋山不知火柑之前，褚时健种植的冰糖橙在云南地区就已经卖得很好了，不知火柑也已经小有名气。除此之外，买手也要在采购时监管产品品质是否合格，从而保证了产品质量。

2. 布局多样化产品

生鲜农产品尤其是水果，不能实现即产即销，需要一定的生长周期，有些还是一年一季，且外部自然因素严重影响产出，造成产出不确定。此外，相较于生长周期，生鲜农产品的销售期较短。本来生活在发展初期，通过爆款产品褚橙、长秋山不知火柑等吸引了大量消费者关注和购买，但几款生鲜爆品并不能满足日趋个性化和多样化的消费者需求。同时，随着爆款品牌知名度的扩大和生产商销售渠道的增加，原本独家销售的生鲜爆款会出现在其他电商平台，如本来生活一手打造的品牌褚橙入驻淘宝，长秋山不知火柑、四大美莓等爆品的线上销售渠道扩张到每日优鲜、京东生鲜等电商平台，在一定程度上导致了本来生活平台用户的流失。为有效留存消费者，本来生活不断发掘适销对路的优质产品，持续推出不同品类、不同加工程度的生鲜农产品，不仅以"高频常规性产品 + 低频长尾性产品"的产品体系满足生鲜消费者在不同时期的多样化需求，而且依靠买手制、原产地采购形成了本土应季鲜果与精选进口水果、加工菜品与新鲜菜品相结合的特色，还设置了年货礼盒、家庭套餐、健身套餐等多样化产品组合。

6.3.2　深度参与产品生产环节

1. 合作制定产品生产流程

因生鲜农产品生长过程受天气、种植环节等因素的影响较大，产品质量无法得到保证，如 2015 年降雨量的增多导致褚橙质量严重下降，引起了消费者对本来生活平台的投诉和不满。为保证产品品质，本来生活介入产品生产环节。例如，本来生活与长秋山不知火柑的生产基地建立"定制"合作模式，提前签订采购量和采购价格，规定具体的生产、挑选标准，让农民施有机肥以达到消费者对有机品质的需求。本来生活联合褚橙生产基地进一步规范产品生长环境和选品标准，进行产品品质升级，并设计防伪二维码以提供产品生长信息。

2. 提供产品生产资源支持

因易受各种外界因素影响，生鲜农产品难以实现真正意义上的标准化生产，而这又会直接影响终端消费者的体验与购买行为，继而影响消费者留存。本来生活为实现产品的标准化生产，在后续营销运作中从最初选品、上市前就通过提供设备、资金等生产资源与生产基地成为"利益共同体"，以建立从种植生产环节到消费环节整个信任链条和价值链条。例如，2017 年，本来生活与昭通苹果生产基地及昭通市政府开展深度合作，投资了 6000 万元建立了一个先进的苹果分选中心，从新西兰引进了第一条苹果光电分拣线，对苹果内在和外观都能够进行精准分级。在此基础上，又投资建立了专业的气料分选冷库，延长苹果货架期。除了在分选线的投入，本来生活通过田间分拣、机器分拣、发货抽检、果品分拣、到货抽检对苹果进行品控，通过对每个流程实施品控管理实现产品标准化。同时，本来生活的专业买手会长期驻扎在原产地，监控产品的种植、养殖过程。

6.4　本来生活的渠道管理策略

在单一的 B2C 销售渠道中，本来生活获取的订单量小，只能依据订单分批拿货。将产品送达消费者经过了"商品采购（第三方货源供货）—送达仓库（可能有总仓或二级仓库）—仓库储存—分拣交付承运商—承运商二次分拣到站点—站点快递人员送达客户"这一套流程，不仅成本高、损耗大，而且消费者只能线上下单线下取货，消费场景单一。为了降低采购成本并向消费者提供更优质的消费体验，本来生活成立了本来集市和本来果坊这两个 P2B 平台，通过获取线下零售商资源、自建线下实体店等布局线下销售渠道、汇集规模化订单从而向上游生产者集中采购。同时，整合线上线下渠道成立 O2O 业务，将销售流程变为"原产地直采—到达仓库—合作超市和店铺"，当产品到达超市和店铺后，会完成客户直接提货或者 O2O 快速配送服务，这为生鲜消费者提供了多样化消费场景，同时，基于规模化订单，降低了产品采购成本和配送成本。本来生活渠道管理布局如图 6.1 所示。

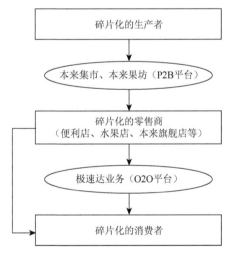

图 6.1　本来生活渠道管理布局示意图

6.4.1　布局线下销售渠道

1. 获取线下零售商资源

我国生鲜农产品生产环节现代化程度低，生产规模小且呈分散性分布，而且生鲜农产品从田间地头到消费者餐桌还需要经过产地与销地批发市场及多层中间商等环节，另外，现阶段的销售渠道仍是以农贸市场、超市和零售商店等传统方式为主。流通环节过长与销售渠道传统都造成了生鲜农产品损耗大和质量差的问题。线下水果店在传统的采购过程中通常需要经过层层流转，一方面受到上游限制，利润空间低；另一方面进货费时费力，损耗大，无法满足消费者对优质产品的需求。针对这一问题，本来生活委派专人上门去和社区内的水果店老板与超市老板谈销售合作，主要与他们协商能不能从店铺中拿出一定的经营面积，留给本来生活铺货，卖本来生活的产品。为保证合作关系的长久性，本来生活还主动对接原产地，向生产者或供应商直接采购，通过自有仓储加工服务和物流服务配送为线下合作伙伴提供来自原产地直采的新鲜蔬果，以降低线下零售商的采购成本和产品损耗。基于此，本来生活成为线下零售店的供货商，扩展了销售渠道。不仅如此，本来生活还有意识地将优质的线下零售商发展为加盟合作伙伴，进一步完善自己的生鲜农产品实体零售网络，夯实零售端品牌价值提升的渠道基础，改善经营管理水平，在发展自身业务的同时，解决了传统生鲜零售商的销售困境。

2. 建立线下实体店

在获取已有线下零售商资源的同时，本来生活也自建线下旗舰店进一步拓展销售渠道。基于前期的选址调研，本来生活于 2017 年 7 月在成都天府新区开设了第一家门店，主要定位中高端生鲜农产品，旨在做深做宽生鲜食品领域，为城市家庭提供基本的厨房服务。天府新区店门店面积约为 2000 平方米，店内有 5000 余种商品，涵盖了本来生活平台上的大部分品类，做到线上线下同品同源。该门店采用线上线下融合模式，提供超市购物与餐饮堂食服务。店内设有生鲜食材加工处理区与堂食活动休闲体验区。加上本来生活招聘专业厨师，让其在门店进行食材的现场加工烹饪工作。因此，就可以将餐饮堂食与逛街购物联结在一起，从而有助于满足消费者即买即食的需求。除了能即买即食，本来生活支持消费者在平台或 APP 上进行下单购买。同时，门店还支持消费者自助扫码购买，这样消费者也可以在门店品尝体验后进行下单购买。线下旗舰店不仅成为吸引线下消费者的重要渠道，而且也成为本来生活线上平台的商品仓储点及消费者线下体验店，能够进一步扩大市场规模，提升用户体验。

6.4.2　整合线上线下销售渠道

1. 整合线上线下订单规模化采购

在原有 B2C 线上渠道的基础上，本来生活基于 P2B 业务获取了零售商订单并建立实体店获取了线下消费者需求，从而形成了"B 端＋C 端"的规模化订单。

本来生活了解到不同销售渠道对生鲜农产品的价格与质量需求存在差异。首先，本来生活从原产地或上游供应商处，以优惠的批发价拿货，一般行话称"包圆价拿统货"。其次，本来生活根据不同渠道的产品需求情况差异，对这些产品进行分选分级。最后，在完成分级后，本来生活将不同级别的生鲜农产品运送到对应的销售渠道。具体产品流向为根据渠道需求差异，A 等级商品会进入线上官网和合作网站销售；B 等级商品将会进入合作的水果店与便利店等线下渠道进行销售；就 C 等级商品的销售来说，本来生活会事先与需求方沟通，如食堂和饭店等客户，随后再专门点对点进行运送交付。得益于整合线上线下订单进行规模化采购，本来生活不仅可以有效降低采购成本并控制运输成本，还进一步解决了原产地生产商和供应商寻找分销商销售产品的麻烦，有效节约了供应链上游主体的经营运作成本。此外，订单量的增大还有助于本来生活加强与生产基地的合作和对上游生产环节的掌控。

2. 基于线上线下渠道资源开展 O2O 业务

不同于其他竞争者的代买模式，本来生活的 O2O 项目主要采取与线下便利店合作及与社区合作的模式。截止到 2015 年 8 月，本来生活已经与 300 多家便利店建立了合作关系，其中包括全家、好邻居等知名便利店。本来生活还与拥有大量优质住户群体的房地产物业集团建立了合作关系，其中包括万科、金地等。本来生活通过设置前置仓为合作商店提供商品支持和仓库管理，成为其供货商，而便利店、社区商店负责周边 500～2000 米的商品配送或采取社会化物流的配送方式。消费者在本来生活 APP 下单后，APP 的支撑技术后台会根据基于位置服务（location based service，LBS）定位技术，快速寻找前置仓附近 2～3 公里范围内与本来生活有合作关系的便利店，进一步结合消费者的位置定位，由合作便利店在 1 小时内完成订单商品的交付。本来生活 O2O 市场主要分为社区、商圈、学校，根据市场的不同需求和价格敏感度进行产品种类的个性化运营。基于线上线下渠道整合，本来生活能够为"懒、宅、忙、急"这一用户群体提供极速送达服务，以及"线上下单线下消费"等多样化生鲜消费场景，满足消费者的即时性、便利性消费需求，从而提升客户体验。

6.5　本来生活的品牌管理策略

因生鲜农产品质量、大小等标准化程度低、价值相对较小，生鲜农产品的品牌化程度较低，且以区域性品牌为主。然而，在消费市场升级的大背景下，消费者不仅对生鲜农产品有功能上的诉求，还将更多的注意力集中于产品背后的趣味或精神共鸣。生鲜电商需要提供品牌化产品以满足消费者需求。本来生活在产品个性化、差异化的基础上，依靠媒体化创意能力和营销能力挖掘产品特点，实现产品重塑和增值，通过精准的品牌定位、多元化的品牌传播策略及对品牌价值的长期管理不断打造品牌并发展品牌形象，在提高产品溢价的基础上实现了企业形象的持续优化。

6.5.1　本来生活品牌管理的特点

1. 精准的品牌定位

在买手发现特色产品后，本来生活市场部会举办"选题会"，通过挖掘产品特点及提炼产品卖点对产品的品牌可塑性进行充分讨论，进而明确品牌定位及目标客户群体。本来生活擅于挖掘与生鲜农产品相关的生长环境、人文历史、种植者等特征，将精神、内容与品牌等独特性赋予生鲜农产品，推动非标准化商品实现故事化、内容化与品牌化。借此，本来生活可将产品特点发展为消费者兴趣点，从而实现产品品牌打造。例如，2012 年，本来生活云南地区的买手发现了褚时健种植的云冠橙，公司内部经过讨论也认为这个产品有挖掘的价值，进而以种植者为切入点挖掘产品故事，提炼出"人生总有起落，精神终可传承"的品牌推广语；考虑到褚时健的人生经历，本来生活将目标客户群体定位为中国企业界、财经人士和媒体从业者。基于对褚时健匠人精神的认同，王石、柳传志、徐小平等微博大 V 评论、转发与之相关的信息，从而成功打造象征励志、匠人精神的褚橙品牌。除了褚橙之外，本来生活针对产品的不同特点打造了多样化的品牌，具体如表 6.1 所示。

表 6.1　本来生活品牌打造的产品品牌

品牌	产品特征/品牌内涵	推广语
褚橙	种植者褚时健人生经历坎坷，75 岁再创业，十年种橙衰牢山，产品背后蕴含的是种植者的匠人精神和不屈不挠的人生态度	人生总有起落，精神终可传承
柳桃	企业家柳传志年近 70 岁，投身农业这一片投资回报周期漫长的行业，希望为中国农业探索出一条全新的升级道路	奉献良心佳果，致力产业报国
潘苹果	甘肃天水的花牛苹果因总体种植水平不高，加上宣传力度不够，大多数年份出现严重滞销。知名企业家为家乡苹果公益代言	情系家乡父老，难忘童年味道
长秋山不知火柑	长秋山不知火柑生长过程漫长，生长环境恶劣，但口感甘甜，本来生活由此提炼出"经历风雪后才能收获甘甜，跨越寒冬后才能拥抱温暖"的品牌内涵	经历风雪，亮出橙色
汨粽	汨粽的产地为端午发源地汨罗江，其制作工艺为具有地方特色、民族风格的传统制作方法	汨粽，汨罗粽，正宗端午粽

续表

品牌	产品特征/品牌内涵	推广语
俞三男状元蟹	养殖者俞三男为阳澄湖区域唯一一个养蟹状元,他养殖的大闸蟹品质上乘	状元不是顶点,求知不可懈怠
四大美莓	将品种不同的草莓组合售卖,并提炼产品知识、制作标签向消费者普及产品品种、"色、香、味、形"等识别方法	不同色香味,各有各妩媚
昭通苹果	因为不套袋,昭通苹果的果纹有不同的花斑和条纹,不追逐表面的光鲜,却有高出同类冰糖心 2~3 度的实力	不玩美,走心甜

2. 多元化的品牌传播策略

本来生活建立了矩阵式营销推广系统,形成传统媒体与新媒体互通、线上活动与线下活动同步的营销宣传策略。在进行产品宣传时,本来生活设置预热期、品牌导入期、销售高峰期、收尾期等多个阶段,并通过报纸、杂志等传统媒体覆盖商务人士,在微博、微信平台发起的互动活动针对 80 后、90 后年轻群体;消费者不仅可以在品牌导入期参加线下免费试吃活动,也可以在线上平台享受新品优惠,以多层次、全方位的矩阵式宣传实现产品和品牌信息的迅速扩散。例如,本来生活根据养殖者俞三男的养蟹经历,举办"状元蟹——状元宴"活动,获得了《新京报》的独家报道,并在微博平台与阳澄湖大闸蟹协会的官方微博、协会会长的官方微博互动,打造状元蟹品牌(品牌溢价 30%~50%,首次在线销售额近 500 万元);在打造长秋山不知火柑品牌时,本来生活与《南方周末》合作,与《南方周末》的粉丝互动,赠出 3000 份长秋山不知火柑,在微博平台获得千万人次的曝光,迅速建立起不知火柑品牌;在打造"汨粽"品牌时,本来生活与美食达人合作,经过微博平台美食达人的推荐、分享,获得美食爱好者的大量关注,首次上线 3 天销售近 9000 单。

3. 注重品牌价值的长期管理

本来生活不仅基于精准的品牌定位和多元化品牌传播策略持续打造产品品牌,还注重品牌的周期性宣传和品牌价值的长期管理,从而最大化利用品牌带来的流量效应。考虑到生鲜农产品的季节性生长、周期性上市的特性,本来生活在不同的上市周期持续提供不同维度的产品介绍,如进一步突出种植环境、营养成分等产品特征,加强消费者对产品和品牌特质的差异性认知,从而使生鲜消费者形成产品偏好,引发生鲜消费者在产品上市期间持续购买。例如,在 2012 年打造褚橙品牌后,本来生活持续宣传褚橙代表的"匠人精神""励志精神"等,在后续的销售周期挖掘产品不同维度的特征,针对不同的目标消费群体开展了"80 后致敬 80 后""24∶1 黄金酸甜比"等品牌宣传活动,并在 2013 年与柳传志等合作,形成的"橙子 + 猕猴桃 + 苹果"组合的水果版"三果志"礼盒套装,从而克服了生鲜农产品上市周期性导致消费者容易遗忘的缺点，将尝鲜消费者最初基于对褚时健励志精神认同的"情感消费"转变为基于品质认可的"产品消费"，引发消费者在不同上市周期的持续购买。

6.5.2　本来生活品牌管理的主要类型

1．与品牌供应商合作共享品牌

本来生活设置了对供应商资质的审核标准及对产品的 43 项检测标准，优选合作供应商及产品，尤其注重与品牌供应商的合作。本来生活通过与品牌供应商合作，借助供应商的品牌影响力吸引用户关注和购买。例如，本来生活与佳沛、新大洲、新奇士、安格斯等国际化品牌供应商合作，为消费者提供值得信赖的全球化产品，也打造了本来生活"品牌化"生鲜电商的企业形象。

2．与生产者合作共创品牌

除了与品牌供应商合作共享品牌外，本来生活也注重与生产者共创品牌。在与生产者深入合作保证产品标准化的基础上，本来生活会将用户需求反馈至生产者，要求其按消费者需求生产。例如，本来生活虽然在 2013 年打造了长秋山不知火柑品牌，但没有要求上游生产基地进行标准化生产，只是通过二次分拣采购了一车货。2013 年以后，根据用户对有机、健康食品的需求，本来生活要求生产基地实施土壤改良和标准化生态种植，由最初的 200 亩标准化基地发展到 1000 亩，长秋山不知火柑的品质得到了明显提升。

6.6　案　例　启　示

6.6.1　介入供应链上游环节，掌控产品品质

在生鲜电商行业发展初期，为了扩大企业知名度、吸引用户购买，大多数生鲜电商基于一款或几款爆款提升销量，获得生存机会。然而，爆款产品无法满足生鲜消费者对多样化产品的需求，同时，随着同质化产品的出现，生鲜电商会丧失基于生鲜爆款的短暂竞争优势。因此，不断提供符合消费者需求的多样化生鲜农产品以维持现有用户、扩大消费群体成为生鲜电商形成可持续竞争优势的关键。基于生鲜农产品非标准化、质量不稳定的产品特性，生鲜电商需介入上游供应链资源，掌控产品品质。本来生活自成立起就一直致力于挖掘国内优质的原产地供应链，与生产者深入合作，逐步建立生产、加工、储运、包

装等环节的标准，指导农户种植、监控农产品品质。在后续发展过程中，更是与国际化品牌供应商合作，建立跨境直采项目，以原产地直供的优势为用户提供性价比更高的产品。

6.6.2　布局多样化消费场景，扩展销售渠道

考虑到生鲜消费者对消费便利性、即时性的需求，生鲜电商在成立初期建立的单一 B2C 线上销售渠道大多只能提供次日送达服务，覆盖的消费者少，订单量小，采购、物流成本相对较高。随着生鲜农产品消费市场的逐渐成熟，市场规模进一步扩大，消费者对多样化消费场景的需求增加，如何获取新的市场并满足消费者需求是生鲜电商寻求进一步发展需要解决的问题。通过为线下生鲜农产品零售商提供产品采购及物流配送服务，生鲜电商能够获取线下渠道资源和销售订单，并利用零售商门店资源为有便利性需求的消费者提供自取、线下消费等不同消费场景，从只针对 C（consumer，消费者）端线上下单线下配送的业务发展为覆盖零售商及线下消费者的 P2B2C（producer to business to consumer，生产者到商家再到消费者）业务及 O2O 业务，提升了消费者便利性，并在增加消费者数量的基础上获取规模性订单。本来生活通过与线下水果店、便利店等零售商合作并自建线下旗舰店，进行全渠道布局，大大增加了业务范围和订单量，为消费者提供了多样化的消费场景和更加优质的服务。

6.6.3　持续打造产品品牌，优化企业品牌形象

生鲜农产品品质与人们的健康密切相关，所以在生鲜行业，产品品牌比其他行业的产品品牌更多了一层概念——一种"安全性的标识"，品牌化产品会让消费者认为产品品质有保障，更会吸引消费者购买。自成立初期打造爆款品牌褚橙以来，本来生活一直注重持续打造和维护产品品牌。在不断发现优质原产地、保证产品质量的基础上，本来生活将生鲜农产品故事化、内容化，把产品的外在属性转化为内在特性，从而提炼品牌特点、确定品牌定位和品牌推广语，并借助名人效应、口碑传播、线上线下宣传活动来扩大品牌知名度，不断加强消费者对企业的认知和提高重复购买率。品牌打造带来的生鲜农产品溢价改变了传统生鲜行业产品优质却低价、供需脱节的困境。"品牌效应"也会吸引更多优质生产者和供应商加入电商平台，进一步扩充生鲜电商拥有的优质生产者资源和供应商资源，最终达到一个良性循环。

第7章　每日优鲜准入式会员营销管理

随着消费者对生鲜农产品及服务产生更加便利高效的需求，不少生鲜供应链企业开始为满足这类需求而锐意创新自己的经营运作模式，以期能够吸引消费者、扩大市场份额。在此背景下，依托独特的消费者营销模式，每日优鲜作为生鲜经营企业成功登上中国独角兽企业榜单。这同时也表明，每日优鲜为吸引更多新消费者、提高消费者黏性，通过实践调研与不断改进，探索出了一套符合自身实际与定位的消费者管理策略。其中典型的是，每日优鲜将注册式会员制度升级为准入式会员制度，增加已有消费者群体黏性，并基于此制度升级，采取社交化营销策略，吸引新消费群体。鉴于此，本章以每日优鲜为研究对象，考虑准入式会员制度对每日优鲜运营发展的重要性，进一步侧重分析其准入式会员营销管理策略及相关产品策略。

7.1　每日优鲜的发展历程

每日优鲜（全称为北京每日优鲜电子商务有限公司）是一家专注于提供优质生鲜农产品与物流配送服务的移动电商。其现已完成了十二大主要生鲜农产品及食品的布局，主要包括果蔬肉蛋奶及预制食品。更重要的是，每日优鲜还搭建了自己的冷链物流服务体系，主要是在核心城市建立起"城市分选"与"社区配送"两级物流服务中心，保证为会员消费者提供1小时送货上门的快速物流服务。

每日优鲜自2014年成立以来，推出了"全品类精选＋前置仓"的经营业态，意在重构供应链上下游，优化生产者和消费者之间的连接方式，提供更加优质高效的生鲜电商产品与服务体验。

2015年，每日优鲜获得500万美元的天使投资和2亿元人民币B轮融资；2016年，再次获得B＋轮2.3亿元人民币融资。至此，每日优鲜实现了超过4.3亿元人民币的投融资，这也进一步表明了资本市场青睐与认可每日优鲜模式。基于投融资支持，每日优鲜开始在线下发力，扩充社区前置仓规模，往更多一线城市和二线城市扩张，为会员提供1～2小时送达的即时配送服务。同时，利用大数据对整个供应链生产、运输与配送过程进行预测和监测，在数据预测的基础上进行产地直采，保证优质产品的供应。

2017年，每日优鲜获得1亿美元C轮融资和2.3亿美元C＋轮融资，这两轮融资共计 3.3 亿美元。得益于外部资金的输入，每日优鲜能够在供应链升级上持续发力。为吸引上游优质生鲜农产品供应商，每日优鲜在行业内率先推出三"0"计划寻找优质供应商。同年，每日优鲜将注册式会员制升级为准入式会员制，联合海尔推出"云冰箱"战略，实现了一线城市整体盈利的目标。2017 年 9 月，每日优鲜获得了 2017 年度应用风云榜新锐电商行业获奖应用。

2018 年，每日优鲜推出了"便利购"无人货架项目，由第三方机构入驻质量检测实验室对入库生鲜农产品进行全批次质检。2018 年，每日优鲜的用户数量不断增加，占行业生鲜电商用户规模的 50%。得益于用户规模大于行业其他企业，做到四季度连续领先，每日优鲜于 2018 年底成功登上了中国独角兽企业榜单，实现"榜上有名"。每日优鲜发展历程主要节点如图 7.1 所示。

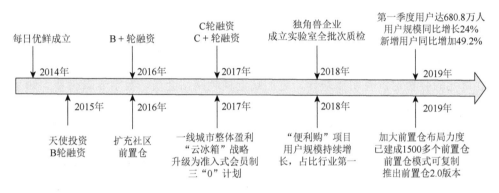

图 7.1   每日优鲜发展历程主要节点

2019 年第一季度，每日优鲜的用户规模达到 680.8 万人，较上年同比增长达 24%，其中，新增用户同比增加 49.2%，用户人数在行业排第一。2019 年，每日优鲜加大在华东、华南和华中的前置仓模式铺设力度，建立了 1500 多个前置仓。这些前置仓分布在全国的 20 多个主要城市。以上的数据表明，每日优鲜的前置仓模式具有较高的可复制性，该经营业态的盈利模式在一定条件下同样具有可复制性。随着市场规模的扩大，每日优鲜在 2019 年 5 月率先推出了前置仓 2.0 版本。在前置仓 1.0 版本中，每日优鲜要求该类型前置仓的平均面积保持在 100~150 平方米，而前置仓 2.0 版本的平均面积则扩大到 300~400 平方米。同时，在前置仓 1.0 版本的生鲜农产品品类基础上，每日优鲜增加了更多的产品种类和服务，包括活鲜区等，整个前置仓 2.0 版本内部被细分为收货、存货、加工、拣货、打包和派送 6 个模块，包括冷藏区、常温区、鲜活区等。除此之外，每日优鲜还在 2019 年推出前置仓 3.0 版本，使前置仓往更加智能化、标准化、模块化方向发展，推出自动拣货、智能货架、智能配送信息分配等功能，助力前置仓模式的规模化复制与推广。

7.2　每日优鲜的消费者管理策略

　　每日优鲜为吸引更多新消费者、提高消费者黏性，通过实践、消费者调研与不断改进探索出了一套自身的消费者管理策略，具体包括将注册式会员制度升级为准入式会员制度，增加已有消费者群体黏性，以及采取社交化营销吸引新消费群体两个方面。

7.2.1　准入式会员制

　　2017 年 11 月，在原有注册会员制基础上，每日优鲜进行了会员制全面升级，在行业内率先推出了"优享会员"制度。消费者可以花费 8 元、18 元或30 元办理月卡、季卡或半年卡，较低的会员准入价格与传统线下实体生鲜超市近百元的会费定价有明显差异，更加贴近视频网站会员、数字专辑付费、知乎知识问答等线上虚拟平台的定价。每日优鲜通过调研发现，这样定价能够更加迎合 80 后和 90 后消费者的线上消费习惯，使在互联网时代成长起来的消费者更容易接受。

　　每日优鲜为"优享会员"设计了 5 个方面的让利板块，具体包括"优享会员"可以享受到 2000 多款会员专享生鲜农产品、获得专属返现 5%、会员专享价最高优惠 50%、配置专享客服（秒接通）及 14 个城市会员 1 小时配送上门的会员专属服务。同时，每日优鲜还规定了会员专享品毛利率上限为 13.9%，更好地满足会员对生鲜产品的个性化需求，提供更多消费者价值。"优享会员"推出后，每日优鲜已实现 60%的营收来自注册会员，40%的营收来自"优享会员"。

　　通过分析发现，每日优鲜开通的"优享会员"服务，其本质上是一种准入式会员制度。准入式会员制度是由美国最大的连锁会员制仓储量贩超市开市客（Costco）开创并发展起来的一种会员制度，其核心是"精选 + 会员"模式，主推少品种、大批量、低价格和高客单价。Costco 一般建在远离市区的郊区地带，整个卖场内仅出售高品质单品，全部产品加起来不超过 4000 个品牌，每一个品类只精选 2～3 个品牌。Costco 的低 SKU 策略的目的是精选商品、节省消费者决策时间、精细化管理、控制生产与物流过程，针对付费会员 Costco 也会给予一定的返利。

　　对比每日优鲜和 Costco 的会员经营模式，可以发现很多的相同点和差异点。相同点方面，两者都是产品全品类精选模式，每日优鲜布局了 12 个种类，覆盖大部分生鲜农产品品种；Costco 提供从日用百货到食品的多种品类，两者的商品品

牌、种类不多，但是都为同一品类中的精选产品品牌，保证消费者购买货架上的
任意产品都能得到高性价比的产品回馈。并且，两者的客单价和重复购买率都较
高，每日优鲜复购率达到 80%，续会费率达 91%，消费者年均消费额为 3504 元。
在差异点方面，首先，每日优鲜相对于 Costco 线下的重模式，采取的是相对较轻
的线上线下模式，搭建线上电商平台销售生鲜农产品，在线下建立前置仓提供
1～2 小时快速配送上门服务，降低配送、仓储、门店成本。其次，每日优鲜的消
费者群体的主要消费产品为生鲜农产品，由于生鲜农产品具有易腐性，所以每日
优鲜的消费者对时间的敏感性更高。再次，相较于 Costco 消费者周末开车到郊区
集中采购的方式，每日优鲜消费者更青睐于 3 公里范围内的 1～2 小时即时配送
上门服务。最后，在包装大小的差异方面，每日优鲜的产品都是小包装，4 个苹
果或 2 个芒果就可以直接下单，消费者可以用更低的价格采购到更多种类的生
鲜农产品；但 Costco 卖场内出售的更多是大包装产品，推行的是一次集中采购
长时间使用的生活用品。通过分析可以发现，每日优鲜的"优享会员"模式是
在 Costco 会员模式上结合生鲜农产品特色和国内消费者需求而推出的创新型消
费者管理策略。

"优享会员"的推出为每日优鲜和消费者双方创造了价值。每日优鲜的会员费
虽然比一般传统零售商低，但是会员费并不是每日优鲜盈利的主要项目，会员的
目的更多是巩固、培养消费者在每日优鲜重复购买的消费习惯，降低获取消费者
的成本，增强消费者忠诚度和黏性。在消费者方面，"优享会员"的推出可以帮助
消费者节省更多费用，每日优鲜以消费者年均在每日优鲜上消费 3504 元的历史数
据为例推出省钱计算器，直观地向消费者展示了加入每日优鲜会员可为消费者每
年节省 1121.30 元，而且消费得越多，省得越多。在此基础上，消费者可以享受
到更优质低价的生鲜农产品和更便捷的配送服务，增加了消费者价值。

7.2.2　社交化营销

为吸引更多潜在消费者、提升消费者黏性，每日优鲜采取了会员社交化营销
方式。针对吸引新消费者群体的问题，每日优鲜利用大数据、互联网工具分析销
售平台、前置仓补货的历史数据，实现数字化消费者的精准画像，定位目标消费
者群体，强调优质服务内容营销，坚持以客带客，利用口碑传播吸引新消费者。
针对巩固老用户群体、提高消费者忠诚度的问题，每日优鲜推出了"优享会员"
制度来黏附消费者，通过较低的门槛、实惠的会员权益获得忠实消费者，增大消
费者的重复购买率和会员续费率。

口碑传播、社交化营销是每日优鲜吸引、扩大消费者群体的主要营销方式。
通过分享、评论在潜在消费者间进行传播实现优质服务内容营销，每日优鲜一方

面推出产品优惠券鼓励消费者通过共享的方式与家人朋友甚至是社交媒体上的陌生人分享优惠券共同采购，降低单价；另一方面利用立春、秋分等节气或中秋等传统节日进行富有特色的内容营销，满足消费者的精神需求，促使他们自发地进行优质服务内容的转发，实现口碑传播。每日优鲜通过消费者调查，发现大约有10%的会员消费者会主动转发自己推送的产品与服务信息。这样的传播方式有利于吸引更多的消费者，进一步扩大市场规模。每日优鲜还会鼓励会员消费者在各自所活跃的社交平台上分享购买体验心得，从而向更多人展示自己的产品与服务。不可否认，会员消费者的口碑宣传给每日优鲜带去了不少的消费者关注与点击流量。得益于此，每日优鲜享受到了会员消费者口碑宣传所形成的低成本获客红利，这不仅节约了营销宣传成本，还进一步扩大了自己的消费者市场。除了口碑传播外，每日优鲜还针对细分消费者的多样化需求，打造了各具特色的生鲜农产品品牌，满足不同消费者产品、服务需求。通过多样化活动形式吸引消费者关注、增强知名度，如举办小龙虾"食界杯"活动，在消费者群体中引起了较大反响，成功打造出了每日优鲜小龙虾品牌。

每日一淘是每日优鲜旗下社交化营销较为成功的电商平台。每日一淘的消费者分为"粉丝"和"会员"两大种类。潜在消费者成为"粉丝"的方式为获得分享者分享的邀请码，在每日一淘进行注册后就能成为该名分享者的"粉丝"，而在每日一淘平台上拥有30人以上的"粉丝"，即可升级成为"会员"。初次成为"粉丝"的消费者可以领取99元优惠券，购买平台上任意生鲜农产品，而成为"会员"则可以在购买和推广产品的过程中享受平台40%的返利，附带商学院精选课程培训，所有的返利都可以在每日一淘的APP中提现。本质上，每日一淘为消费者搭建了一个社群交互电商平台，消费者可以在平台上由单纯的消费者发展成为拥有"粉丝"群体的特殊消费者，在部分消费者中形成影响力。特殊消费者将个人"粉丝"资源与每日一淘提供的品牌、产品、服务、平台等商业支撑资源相结合，吸引更多的消费者注册、下单，为自身及每日一淘平台创造价值，实现资源共享、价值共创，通过共创价值的方式激发前端特殊消费者分享的积极性、吸引更多新消费者群体以达到增加用户下单回购频率的目的。

7.3　每日优鲜的产品管理策略

在产品管理方面，为保证生鲜农产品优质货源，每日优鲜采取了全品类精选和买手制产地直采的生鲜农产品采购策略；为了培养、吸引上游优质供应商，每日优鲜通过参与上游供应过程、逆向输出生鲜电商标准的方式倒逼上游升级，并推出三"0"计划吸引优质供应商。

7.3.1　采购策略

每日优鲜的采购策略包括全品类精选和买手制产地直采两部分。第一部分是全品类精选。每日优鲜力图全品类精选，保证满足消费者一站式购物的需求，就电商平台上的生鲜农产品品类设置，进一步选择了"少而精"布局。每日优鲜希望通过"少而精"的产品设置，让线上购物的消费者能利用碎片化的时间，大约花费 8～10 分钟就能完成购买。这类可以让消费者用碎片化时间进行下单消费的方式，既符合生活工作节奏加快的现实，减少不必要的购买决策干扰，帮助消费者提高购买速度，节约时间投入，又能满足追求高品质生鲜农产品的消费升级需求。第二部分是买手制产地直采。买手制产地直采本质上是让专业的生鲜农产品专家做采购、选品等专业的事，丰富的经验再加上对消费者历史消费数据进行分析得到的反馈可以帮助每日优鲜获得优质产品、增强采购效率。

1.　全品类精选

每日优鲜通过消费者调研，发现了消费者普遍不满意的生鲜农产品品质差、客单价高、品类单一的问题。为了更好地解决此类生鲜农产品行业消费者普遍反映的不满意问题，每日优鲜提出了"全品类精选"的产品采购策略。"全品类精选"分为"全品类"和"精选"两个部分，推行"全品类"主要是满足消费者一站式购物的消费需求。截止到 2017 年，每日优鲜已经完成了 2000 多款精选生鲜农产品的布局，并保持每周至少 30 款新品上市的频率，涵盖果蔬肉蛋奶及各类预制作食品等十二大主要品类，实现了生鲜的全品类布局。依托全品类布局，每日优鲜才能够真正实现快速响应消费者对"吃食"的多层次、多样化需求。"精选"则是坚持生鲜农产品精选策略，虽然每日优鲜布局了十二大品类生鲜农产品，但是加起来只有 2000 多款，每一个种类涉及的品种较少，如苹果，就只有经过精挑细选的 3～4 种苹果会在每日优鲜电商平台上出售，都是经过每日优鲜买手团队优中选优挑选出来的优质产品，能够保证消费者随意挑选任意款都是高性价比产品。同时辅以小规格包装，每个 SKU 单价仅十几元、二十几元，解决了以往客单价高、品类单一问题，让消费者能够多吃、多选。为保证"精选"质量，每日优鲜还专门成立了质量检测实验室，对水果、蔬菜、肉类、海鲜等品类进行检测，保证每批生鲜农产品入库前都经历了多次筛选。首先，由买手团队在原产地对生鲜农产品进行第一轮筛选；其次，筛选后的生鲜农产品到达城市分选中心后，每日优鲜要求对其进行再次抽检。每日优鲜要求抽检合格率达到 90% 以上的生鲜农产品才能被接收，随即才能放入分选中心的仓库。就生鲜农产品分选中心加工来说，每日优鲜要求对每个生鲜农产品进行检测，确保质量与安全。检测人员必须按照每日优鲜颁布的品类产品检测标准，全面检测生鲜农产品。同时，每日优鲜还强调只有100%达到其制定的消费者需求标准的生鲜农产品，才能通过检验，才能送达社区配送中心，才能最终配送给消费者。

2. 买手制产地直采

为了寻求优质果源和优质供应商，每日优鲜采取了买手制产地直采策略，招聘、组织了300多个具有丰富农业生产经验的专业买手深入种植基地进行采购。每日优鲜对这群专业买手的基本要求是懂农业、懂种植、懂沟通、懂消费者需求。买手团队需要根据每日优鲜设定的生鲜农产品采购标准，综合考虑生长环境、口感、外观及重量等因素，严格筛选采购品种，做到精细化选品。为此，买手团队到达美国、智利、南非、秘鲁、澳大利亚等多个气候适宜、地理环境优越的原产地，从多款产品中精选优质的货源，从源头保证优质的产品品质。并且，买手团队会结合消费者反馈的消费需求进行采购，采取末位淘汰制，对销售平台上销售不佳的产品分析原因，在进行下一轮采购时将数据与经验相结合，选择更为优质的生鲜农产品。依托专业买手团队，每日优鲜实现了自己销售的蔬菜、肉蛋、水果分别有50%、70%、90%的比例来自产地直采和农场直采。这样的高比例直采不仅能实现规模采购，还建立起自己的货源组织优势。

7.3.2　培养和吸引优质供应商

每日优鲜为培养、吸引优质供应商，一方面，制定了重塑上游、参与上游逆向输出标准的策略，计划从源头上制定标准、改良种植生产方式、培养优质供应商；另一方面，推出三"0"计划，通过改善每日优鲜与供应商的合作关系促使双方向更加互惠互利的方向发展，借此吸引更多优质供应商展开合作。

1. 向上游逆向输出标准

每日优鲜制定的战略目标之一就是重塑上游，连接优质的供应商和消费者。针对这一目标，每日优鲜成立了生态链基金，通过投资、孵化的方式助力上游优质供应商的成长，帮助上游实现精准化种植生产。同时，联合地方政府进行精准化生产模式的探索，要求种植基地依照每日优鲜生鲜电商的标准进行种植生产，通过参与上游的方式逆向输出种植标准、选品标准、加工包装标准、生鲜农产品规格和冷链运输标准等一系列标准体系。每日优鲜还联合地方政府与企业共同扩展更多的配送点和消费者群体，形成规模化的消费者数据、消费订单，能够较为准确地反映出消费者需求和习惯，再经由每日优鲜平台将消费者需求数据传递到供应端，帮助上游种植基地精准地生产出更多满足消费者需求的生鲜农产品，消费者也能获取更多高性价比、满足自身需求的商品，从而实现需求端对供应端的倒逼推动升级，形成供需两端的精准化匹配及良性互动，最终孵化出一批满足每日优鲜供货标准的优质生鲜农产品种植基地、养殖基地。

2. 三"0"计划吸引优质供应商

在传统的生鲜供应商与销售商合作模式中，供应商会面临销售商施加的入驻费用高、乱退货、长账期等问题。为解决上述问题，每日优鲜提出了构建新型供销合作关系的企业战略。于是，每日优鲜面向优质供应商提出了三"0"计划，保障供应商的权益。具体来说，"0 费用"是指每日优鲜及其销售平台不收取供应商的进场费、渠道费和促销费；"0 退货"是指每日优鲜对检验合格的生鲜农产品实行零退货策略，不会将剩余产品强制退还给供应商；"0 账期"是指每日优鲜不主动拖欠供应商的货款，同时为供应商提供相应的金融服务支持。其中典型的是，推出 T + 1 的次日回款模式，即供应商首日交货，每日优鲜检测入库完成，第二天就能付款。这些改进措施有利于加速资金流动，加大对供应商的支持，建立更加平等互惠的新型合作关系。通过三"0"计划，每日优鲜彰显了企业的合作模式优势与企业实力，吸引了国内外优质供应商供货。与每日优鲜合作并享受到三"0"计划的供应商越来越多，截止到 2017 年 11 月，已达到 100 多家，其中就包括佳农、新希望、月盛斋、恒都等比较著名的供应商。同时，由于三"0"计划的实施，每日优鲜对国外优质供应商的影响力也与日俱增，成为智利水果出口商协会智利蓝莓委员会国内唯一线上推广合作伙伴和智利金奇异果品牌 KiwiKiss 华北区独家代理。

7.4　每日优鲜的渠道管理策略

每日优鲜作为以线上渠道运营为主要业态的生鲜电商，在渠道管理上，通过不断丰富线上渠道形式及渠道内容吸引更多消费者；同时，针对线下也推出了"便利购"无人货架项目，逐步完成从线上单渠道向线上线下多渠道发展的渠道布局。

7.4.1　丰富线上销售渠道形式及内容

每日优鲜自 2014 年成立以来，一直在尝试着拓宽销售渠道、丰富线上销售渠道形式，除自建运营的每日优鲜官方 APP 外，还推出了包括微信社区群、微信小程序、微信公众号、每日一淘 APP 等在内的多个线上流量入口，对不同城市、不同消费者群体实现全方位覆盖，扩大与消费者的接触点及市场规模，增大消费者渠道购物便利性。每日优鲜官方 APP 目前主要在一线城市运营，针对的是大城市生活节奏快的 80 后和 90 后年轻人。这一代人在互联网时代成长起来，对新兴的生鲜社交电商业态更加愿意尝试，并且愿意付出的试错成本也更多。每日优鲜已在此类消费者群体聚集的大城市社区进行了前置仓覆盖，并且在 2017 年快速实现了一线城市规模化盈利。另一部分的流量入口是根植于微信生态系统建立起来的微信社区群、微信小程序和微信公众号等。这部分销售渠道主要是借助微信的社交功能，通过社交化的营销方式覆盖更多消费者群体，同时，通过微信社区群聚集消费者形成规模化订单，便于定点集中配送，减少冷链物流配送成本。每日一淘是每日优鲜团队尝试的另一个线上销售渠道形式创新项目。每日一淘针对的是三线、四线城市的消费者，这部分消费者对生鲜农产品配送时效没有一线城市消费者敏感，可以提供次日达服务。另外，每日一淘主打社交电商，通过社交分享模式强化消费者间的互动，通过提供优惠券、优质服务信息等方式鼓励消费者在朋友圈等社交媒体上分享优质生鲜农产品，使分享者在获得优质产品的同时，也能获得一定的订单分享奖励。每日优鲜也能在这个过程中使用极低的成本吸引新消费者、增强已有消费者黏性。

7.4.2　布局线下渠道

在每日优鲜运营的多渠道中，比较具有特色的是 2017 年推出的无人货架项目——"便利购"。基于"便利购"项目，每日优鲜进一步发展线下零售业务，布局线下渠道，实现从生鲜电商向多渠道生鲜零售商的转型。

"便利购"是每日优鲜针对写字楼运营的无人货架项目，核心是推出一个离消费者足够近，近过超市、便利店、前置仓的新业态，从消费者的需求出发，满足办公室群体更好、更快、更便捷的购物诉求。在"便利购"项目运行过程中，每日优鲜结合生鲜农产品无人货架特征制定了一系列标准。一方面，对参与企业的规模有要求。参与"便利购"项目的企业的规模必须在 50 人以上，因为只有保证相当的人员规模，才能带来一定的日销量并维持一定的盗损率。另一方面，以消费者体验为中心开展业务。对设有"便利购"的区域，每日优鲜有针对性地建立了评价指标，如就用户投诉率、过期商品数量及是否及时补货等制定了相应指标，同时进一步细化责任归属，对"便利购"的区域负责人、主管消费者体验数据考核与维护的员工进行责任分配，坚持做到责任到职、到人。在此基础上，每日优鲜对"便利购"项目的各个环节采取精细化和数据可视化管理，从"人、店、货、仓"四个环节入手，其中，"人"代表消费者管理，"店"代表无人货架产品柜的布局，"货"代表生鲜农产品，"仓"代表冷链仓储物流体系。这四个环节从开始执行到结束被拆分成十多个数据监控看板，采用数据小时报而非传统日报的方式呈现，便于每日优鲜项目负责人对销售动态的实时掌控。同时，"便利购"项目还采取了"大区制"的管理方法，招募合伙人负责某个大区的货架拓展、维护、补货和产品盘点，全权负责商品、物流、用户、市场四个职能。每日优鲜还推出多种货架满足消费者的多样化需求，包括冷藏柜、常温货架、冷冻货柜和加热柜等。2018 年上半年，每日优鲜"便利购"项目在以融资金额、点位数量、SKU 数和转化率等为主要指标的市场综合占有率方面，以 55% 的份额位居行业第一。在取得一定成绩的基础上，每日优鲜还在不断升级自己的"便利购"项目。典型的是，2018 年与海尔建立战略合作伙伴关系，双方联合组建"无人货架 + 智能冷柜"的服务模式，以此服务模式为卖点进行输出，试图向无人零售领域延伸发展，尝试为该领域的同行企业或消费者提供智能化解决方案。这种服务业务升级也将作为未来每日优鲜"便利购"项目的智能化发展方向之一。

7.5　每日优鲜冷链物流配送管理策略

每日优鲜的冷链物流覆盖了整个生鲜农产品供应链的运输、仓储和配送过程。首先，每日优鲜利用大数据、互联网等技术分析历史订单，预测每个前置仓的补货量和生鲜农产品需求种类，汇集形成规模化订单反馈给供应链上游。其次，每日优鲜买手团队对所需生鲜农产品采取全品类精选策略，对供应商提供的生鲜农产品进行抽检，合格率达到 90% 以上的产品才会进入城市分选中心进行加工、拣选和包装等步骤。经过加工的小包装产品再经过产品检测中心检验，合格率达到100% 才能经由冷藏车运送到社区前置仓。最后，消费者在每日优鲜销售平台上定位到附近前置仓进行匹配，通过搜索进行选品、下单和支付，由前置仓配送员在1～2 小时内配送上门。每日优鲜冷链物流运营模式如图 7.2 所示。

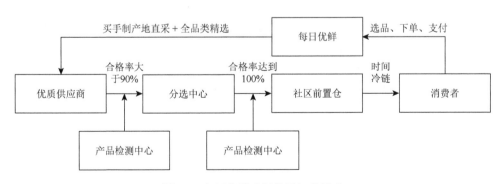

图 7.2　每日优鲜冷链物流运营模式

7.5.1　搭建前置仓，大数据精准补货

针对很多生鲜电商都面临的线下全程冷链及时配送的行业难题，每日优鲜率先推出了前置仓配送模式，即通过搭建城市分选中心与社区配送中心，再以这两个中心为主要物流节点，建立快速配送物流网络。这里需要说明的是，每日优鲜设置的社区配送中心即为前置仓。从较为宏观的层面来说，前置仓将冷链物流从以城市为单位细化到以社区为单位，弥补了冷链物流在社区布局上的不足。

每日优鲜已经在全国多个一线城市建立了社区配送中心。为保障社区配送中心的运转，每日优鲜还在华东、华南与华北 3 个地区分别搭建了一个城市分选中心。综合考虑消费者分布、商圈密集度和社区分布密度，每日优鲜设置前置仓数量与配送批次，保证在经济合理的范围内提高前置仓与配送的密度以实现对目标市场的全面覆盖。例如，根据存在 2 万名消费者的区域可配置一个前置仓的做法，每日优鲜计划在北京市铺设 1000 多个前置仓，这样才能覆盖北京市 2000 多万人口的社区市场。每日优鲜的前置仓与一般配送中心的差异点在于前置仓离消费者更近，覆盖周边 3 公里所有消费者，一般消费者实现 2 小时及时配送上门服务，会员实现 1 小时及时配送上门服务，并且每日优鲜通过招聘微仓合伙人的方式将每个前置仓交由专门的合伙人负责，通过培训上岗，建立了自有的末端配送团队，能够更好地保证生鲜农产品配送质量和配送时间。每日优鲜的前置仓与一般配送中心的另一个不同点在于前置仓能利用大数据、互联网技术与上游供应端和下游消费者实现互联互通，进行社区级别的大数据精准补货。每日优鲜不仅在大数据、互联网技术方面具有优势，在人才资源方面也具有优势。每日优鲜还从优步（Uber）、谷歌等高新技术企业请来多名科学家，根据生鲜农产品的产品特点和历史数据开发了新的算法及补货模型，可以高效处理大量数据，预测准确率也达到90%以上，以至于前置仓的损耗只有 1%，远远低于传统超市 30%的数据。同时，大数据补货能将产品的库存周转天数降低到 1 天，分仓缺货率降低到 10%。在补货过程中，每日优鲜会在前置仓所在城市的分拣中心，对生鲜农产品进行检测、分拣筛选、粗细加工及包装，再根据智能补货系统显示的各前置仓所需货量，安排到相应前置仓进行补货。为保证补货商品的品质，每日优鲜采用全程冷链将补货的生鲜商品新鲜运输到前置仓。消费者下单后，每日优鲜的销售与配送系统将根据消费者订单要求，锁定最优前置仓，迅速安排配送员进行配送，承诺将 1～2 小时完成订单交付。至此，每日优鲜完成了整个生鲜农产品的供应销售过程。

7.5.2　"冷源冷链＋时间冷链"配送模式

每日优鲜建立了专业冷链物流体系，开拓了冷链物流配送创新模式，具体可以概括为"冷源冷链＋时间冷链"模式，其中，"冷源冷链"指的是城市配送中心、前置仓、冷藏车等仓储中心通过调控不同的温区保鲜的方式；"时间冷链"指的是配送员在尽可能短的时间内将生鲜农产品配送至消费者家中，保持产品高新鲜度的保鲜方式。在传统的冷链配送中，大多数生鲜电商采取的是"冷源冷链＋冷媒冷链"的物流配送模式，前端"冷源冷链"保鲜方式相同，在配送中心等仓储点通过温区温度调节保障生鲜农产品新鲜度，但是最后几公里的配送环节采用"冷媒冷链"保鲜方式，即利用冰包、泡沫保温盒等隔热冷媒耗材对每一单生鲜农产品进行保鲜。由于冷媒耗材是单包裹运输，且回收利用率较低，几乎每增加一笔生鲜农产品订单，冷媒耗材成本也随之增加，造成了较多的浪费和成本付出。于是，每日优鲜推出了社区前置仓，利用前置仓更加贴近社区消费者群体，缩短了由仓到客的配送时间。具体来说，一是消除"冷媒冷链"成本，将之前的冷链配送过程解构为前置仓"冷源冷链"和"时间冷链"（2 小时内急速配送上门）两个部分；二是集成社区前置仓订单，采用集约型运输，替代传统不规模、不经济的包裹运输模式，这样不仅能够减少冷媒材料的使用（主要是隔热材料与包材），还能基于订单集中形成规模效应，提升经济性，减少成本分摊。因此，随着前置仓订单的增加，可以发现，配送成本是逐渐分摊减少的，相比较于"冷媒冷链"随订单增加而成本增加的方式，"冷源冷链＋时间冷链"配送模式具有明显的优势。每日优鲜能做到"冷源冷链＋时间冷链"配送模式，主要还是得益于前置仓的构建，将配送中心由城市级别升级到社区级别，离消费者更近，"冷源冷链"的固定成本代替了传统"冷媒冷链"的可变成本，随着订单增加分摊到每单的成本减少。同时，前置仓也汇集订单形成规模化优势，实现集中配送的功能，能够进一步减少配送成本。

每日优鲜 2019 年已实现一线城市规模化盈利，消费者规模持续增长，占比同行业第一，完成多轮融资，成为投资者看好的生鲜电商行业独角兽企业，登上中国独角兽企业榜单。2021 年，每日优鲜登陆纳斯达克股票市场，成为中国"生鲜电商第一股"。然而，由于前置仓模式的成本高企，每日优鲜在供应链上也出现了问题。2021 年季报显示每日优鲜拖欠供应商高额款项，大量消费者投诉购买的生鲜农产品存在质量问题。2022 年，每日优鲜连续关闭多个城市的前置仓业务，股价跌停，面临摘牌退市危机，2023 年 6 月每日优鲜的官网发布退市通知。每日优鲜"闪崩"和"原地解散"意味着生鲜电商不是光靠市场营销策略就能站稳脚跟，更需要长期深耕于此的精神和不懈努力。

7.6　案　例　启　示

　　每日优鲜自 2014 年搭建"每日优鲜"销售平台起，已于 2019 年实现一线城市规模化盈利，消费者规模持续增长，占比同行第一，先后完成 A、B、C 轮融资，成为投资者看好的生鲜电商行业独角兽企业，登上中国独角兽企业榜单。每日优鲜通过准入式会员制和社交化营销吸引新用户、提升老用户黏性，通过销售端线上线下多渠道布局实现了消费者接触点增多和渠道购物便利化，通过买手制产地直采与"全品类精选"从源头上保障了生鲜农产品品质和服务质量，通过建立前置仓模式创新冷链物流体系提升了物流效率、降低了在途损耗、节约了配送成本，使每日优鲜能够建立企业的系统核心竞争力参与市场竞争。自 2014 年上线运营以来，每日优鲜通过创新的业务模式，发展成为我国"生鲜电商第一股"。每日优鲜通过准入式会员制和前置仓模式实现了消费者购物便利化，成功上市，但最终还是逃不过摘牌退市。通过每日优鲜的案例分析，可以得到以下启示。

7.6.1　紧跟消费者需求，增强消费者黏性形成规模优势

　　分析每日优鲜发展历程可以发现，每日优鲜在销售端通过大数据、互联网技术分析消费者历史数据，采取不断紧跟市场发展及消费者需求变化进而调整发展方向的策略。成立初期，每日优鲜通过优惠券分享、优质服务内容信息分享等社交化的营销方式吸引了大批消费者在销售平台上购买产品和体验服务，形成了首批注册式会员。通过对不断增加的消费者群体进行需求调研、市场竞争者分析及自身优势资源分析，每日优鲜确立了消费者的需求包括生鲜农产品品质优良、小包装多品类选购、快速便捷送货上门等。在此背景下，每日优鲜提出了上游货源采用买手制产地直采、全品类精选的产品策略，满足消费者对优良生鲜农产品的需求；将注册式会员制升级为准入式会员制，通过低门槛、多优惠的方式巩固老客户、吸引更多消费者，保持消费者的高复购率、高会员续费率。2018 年，每日优鲜已经实现了 80%的消费者复购率，消费者会员续费率也已达到 91%，在行业内排名第一。每日优鲜稳定增长的消费者群体规模形成了订单规模，在向上游订货时形成规模优势，可以实现以较低价格订购优质生鲜农产品，降低采购成本，让利于消费者。大规模的订单也帮助每日优鲜降低了实现小包装策略的成本，每日优鲜能以十几元的小 SKU 让消费者在一次购物中以固定的价格选择更多品类的生鲜农产品，满足了消费者小包装、多品类选购、多样化采买的需求。针对消费者对生鲜农产品的即时性需求，每日优鲜在行业内率先推出了前置仓配送模式，

将仓储配送中心由城市级别升级到社区级别，离消费者更近，可以实现 1～2 小时送货上门。前置仓模式为"冷源冷链"的冷藏模式，可以减少"冷媒冷链"隔热耗材带来的成本增加问题，以增加的订单规模分摊冷源固定成本，随着订单的增加，每个前置仓的单位成本相应减少，为销售商节约成本。

7.6.2　向上游供应链输出标准，倒逼供应商升级严格品控

生鲜电商普遍存在着对上游供应链建设不足的问题，特别是相较于一直以线下实体门店为主要经营业态的连锁生鲜超市或生鲜专营店而言，生鲜电商对上游供应链掌控力有限。为了寻求对上游供应链的话语权，争取更为优质的高性价比生鲜农产品果源，每日优鲜提出了合作上游输出标准，利用订单规模优势倒逼上游供应商品质升级、第三方机构入驻质量检测实验室严格品控的策略。具体的合作模式包括买手识别和与有管理能力、设备较为齐全的种植基地或供应商建立合作，通过标准输出的方式扶持、培养供应商为每日优鲜提供专属的标准产品。另外，每日优鲜也推出专门资金改善与供应商的合作关系，开创的三"0"计划吸引了更多优质的供应商与每日优鲜开展合作。除了逆向输出标准倒逼供应商升级外，每日优鲜还利用自身销售平台通过会员制汇集的消费者规模化优势在上游争取更多的话语权，倒逼供应商、加工商提供满足生鲜电商要求的具有优良品质、小包装、多样化的生鲜农产品。除此之外，每日优鲜还成立了质量检测实验室，对采摘入库的生鲜农产品进行严格品控。这也保证了供应商产品的质量，促使他们按照每日优鲜的标准进行生产、加工、包装。

7.6.3　扩张线上线下销售渠道，创新配送模式节约成本

每日优鲜主营线上电商业务，自成立以来不断开拓线上渠道、丰富渠道形式及内容，先后开辟了官方 APP、微信小程序、微信社区群等流量入口，同时也在尝试其他类型的线上销售平台，如以精选美食社交电商平台为主要运营模式的每日一淘，以全球精选生鲜社交拼团平台为主要运营模式的"每日拼拼"等，不断创新线上渠道运营模式。每日优鲜在线下渠道也推出了自有的"便利购"项目，通过无人货架进驻各大商圈，建立以办公室场景为主的销售场景，包括常温柜、冷藏柜等差异化互补的货柜，线下与线上形成多渠道布局。在配送方面，每日优鲜开创了行业内独特的前置仓模式，除了前置仓的"冷源冷链"比传统"冷媒冷链"具有成本优势外，同样相比较于开在社区的实体生鲜门店，前置仓也具备成本优势。生鲜实体门店虽然兼顾了"店"和"仓"的功能作用，但是因为摆放货架出售生鲜农产品的关系，存储仓的空间、位置明显被挤压。一个实体店的生鲜

农产品存货较少，并且生鲜实体门店的选址要在人流量较大、较为集中的社区中心位置，这也增加了销售商开店的成本。但是前置仓相比生鲜实体店仓储面积相对较大，同时不用考虑店销售因素，可以选址在社区较为偏僻的地带，减少店面租赁成本，也可以实现整个社区3公里覆盖范围内快速送货上门。快速配送上门的优势弥补了前置仓无门店销售生鲜农产品的缺陷，上述前置仓优势在满足消费者需求、使消费者享受优质低价生鲜农产品的同时，也能兼顾降低销售商成本，为供需双方节约成本、创造价值。

7.6.4　坚持长期深耕行业市场，动态平衡成本投入

如何避免"成也萧何，败也萧何"的困境值得生鲜电商从业者深入思考和分析总结。从消费端来看，前置仓模式能够有效解决生鲜损耗问题。然而，这种模式的高成本问题也是每日优鲜在运营过程中面临的一大弊病，产品交付和仓库运营费用居高不下。高昂的履约成本对订单数量和消费客单价提出了更高的要求。为了平衡成本，每日优鲜选择提高消费客单价，精准定位高复购的消费者群体，不再给低客单价的消费者发放优惠券，同时增加包邮门槛。生鲜农产品是非标品，可替代性高，高客单价必然会影响消费者的复购率，相同的产品价格下，消费者会选择起送费更低的生鲜电商平台，每日优鲜面临大量的消费者流失。同时，每日优鲜因前置仓业务调整而关闭极速达业务，随之极速达变次日达，产品新鲜度也难以保证，消费者投诉增加，满意度不断下降。由此可知，生鲜电商打通"最后一公里"不容易，不能忽视供应链、仓储、物流和运营能力的任何一方。生鲜电商企业发展需要坚持长期深耕行业市场的精神和不懈努力，必须在保证产品新鲜度和品质的前提下，适应中国人的消费习惯，满足多样化需求，实现价格优势与企业盈利的动态平衡。

第8章　域农网的"互联网+"产销对接机制

在推进"互联网+农业"的政策浪潮下，中华全国供销总社积极响应国家号召，对农产品商业模式和消费方式进行变革，加快发展电子商务网络，注重以现代信息技术为手段，践行服务"三农"的宗旨，因此，域农网平台应运而生。此外，生鲜农产品供应链中存在诸多问题，往往从中间或下游环节寻找漏洞，现行供应链模式创新也聚焦于物流、仓储等环节，对生产源头的验视与重视存在不足。鉴于此，本章以域农网为例，探究其在互联网环境下如何连接农民专业合作社和消费者，从而最大限度地减少中间环节实现原产地直销，以期能够获得新见解、深化并推进对生鲜供应链产销对接的理解。

8.1　案　例　介　绍

8.1.1　平台成立背景

2012 年被称为生鲜电商元年，此后 5 年间，生鲜电商经历了高速发展。2012～2017 年，中国生鲜电商交易市场规模迅速增长，且增速一直保持在 50% 以上。截止到 2017 年，市场交易规模已达到 1391.3 亿元，同比增速 59.7%；2017 年以后，增速呈现出逐渐趋缓的态势。如今，生鲜电商商业模式已逐渐成形，然而，生鲜农产品冷链物流体系尚不完善，导致配送成本较高，同时，还存在附加值较低、线上购买存在不确定性等因素，生鲜电商总体上盈利能力仍然不强，销售渠道也并未打通，只有少数生鲜电商实现盈利，大多数仍处于持续亏损状态。此外，现有的生鲜电商模式均未能真正有效地实现产销对接，在生鲜农产品流通过程中仍有强势中间商的存在，农户与消费者在供应链中的地位没有得到提升，两者的利益也未能得到真正保障，域农网的建立则致力于为农户和消费者服务，提供农民专业合作社和消费者对接的通道。

为了推进农民专业合作社全方位建设，中华全国供销总社建设了全国农民专业合作社直销中心（简称直销中心），并委托北京新合作广盛园华夏特产商贸有限公司承办（归属于新合作商贸连锁集团有限公司），致力于帮助农民专业合作社打通销售渠道，促进农民专业合作社的健康可持续发展。在国家积极推进"互联网+农业"的政策浪潮下，作为党和政府服务"三农"的重要载体，中华全国供销总社积极响应国家号召,顺应当下潮流,对农产品商业模式和消费方式进行深刻变革,加快发展电子商务网络,以现代信息技术为手段,实现服务"三农"的宗旨。

因此,直销中心牵头,于 2016 年组织成立北京域农网电子商务股份有限公司。此后,该公司开设域农网这一农产品电商平台,业务范围有特色农产品预售直销、区域产品及文化宣传、农村金融及保险解决方案等。

8.1.2　域农网平台介绍

域农网肩负供销社服务"三农"使命,依托全国 180 多万家农民专业合作社,结合"互联网＋农业"的发展趋势,创新农产品销售模式,打造全国农产品销售平台,运用农产品预售模式引领订单式农业发展。直销中心对域农网进行了资源无条件、全方位倾斜,保证所有绿色无公害、无污染农产品全部落户域农网,使商品质量有保证。在国家大力发展现代化农业的大环境下,域农网平台得到了各级政府政策上的支持、资金上的扶持。

域农网紧紧围绕为农服务宗旨,扎根农业,不断拓宽、探索为农服务的领域,因此,域农网拥有一支分工明确且凝聚力强的专业从事特色农产品运营及销售的团队,团队员工拥有多年特色农产品行业的营销经验,曾服务于众多优秀农产品品牌,对全国特色农产品信息流、物流、资金流及农产品价格、性能、品质都十分熟悉,并熟练掌握电子商务方面的操作及营销技能。

域农网平台的成立将在很大程度上解决我国农产品买难、卖难、农产品质量参差不齐、农产品营销手段落后、农民贷款难等桎梏农产品行业发展的问题。平台不仅能在线上实现优质农产品交易,还将开展特色农产品线上线下结合销售模式。北京新合作广盛园华夏特产商贸有限公司位于北京市海淀区香山附近的实体商场,商城总建筑面积 27 000 平方米,共五层(地下一层、地上四层)。域农网将联合北京新合作广盛园华夏特产商贸有限公司,依托实体商场,在线下打造出全国规模最大的名优特产商场,实现线上线下联动,多形式地满足消费者对于优质农产品的购买需求。

未来,域农网试图打造线下连锁模式,计划先在北京布局 5～10 家线下连锁生鲜农产品商店,然后逐步布局全国,实现自营或合作连锁店的地市级全覆盖。

8.2　域农网平台产销交易机制

作为一个连接农民专业合作社和消费者的生鲜农产品平台,域农网最大限度地减少了中间环节,坚持原产地直销。同时,为了推动生鲜农产品产业的成熟发展，域农网还开设了现货销售和产品预售两种销售模式，更好地服务于农民专业合作社和消费者。

8.2.1　原产地直销

域农网平台接入全国各地的农民专业合作社，允许农民专业合作社在平台上直接向消费者销售自己生产的生鲜农产品，坚持原产地直销，形成良好的产销对接机制。

如图 8.1 所示，在传统的线下生鲜农产品供应链中，生鲜农产品往往要经历较长的流通渠道。由于地理位置的限制，农户难以接触市场，无法了解市场需求信息，也无法找到销售渠道，在定价上也没有话语权，只能被动地等待农产品经纪人上门收购，或是将产品交给农产品供销社销售。接着，农产品经纪人及农产品供销社将产品送至产地批发市场，产地批发商将产品分别运输到各个销地批发市场。到达销地批发市场后，生鲜农产品被送至当地超市或农贸市场，等待消费者前来购买。在此过程中，过多的中间环节导致了生鲜农产品的反复搬运、装卸、进入仓储，从而延长了流通时间，不利于生鲜农产品保鲜，产品损耗率高达 20%。此外，过多的流通中间环节导致流通成本较高，还有中间商层层加价，导致生鲜农产品最终的销售价格比从农户手中收购的价格高出几倍甚至十几倍之多。

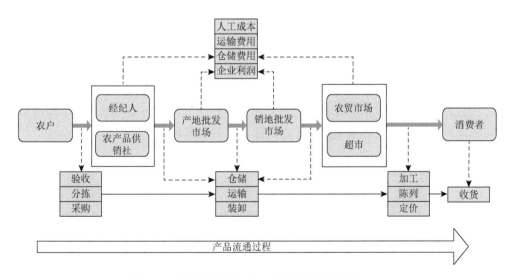

图 8.1　传统的线下生鲜农产品流通过程及其成本

域农网平台在销售生鲜农产品的整个过程中，摒弃了中间商，缩短了生鲜农产品的流通时间，提高了流通效率，如图 8.2 所示。考虑到单个农户产品规模较小且能力有限,域农网平台往往与农民专业合作社进行合作,鼓励农户加入农民专业合作社形成规模经济,在域农网平台上发布自己的产品,域农网则帮助农民专业合作社进行产品的拍照、页面设计及宣传工作。消费者在域农网可以看到完善的产品信息,并在域农网上下单,农民专业合作社获取消费者订单后即可借助第三方物流从产地将生鲜农产品直接发往消费者。

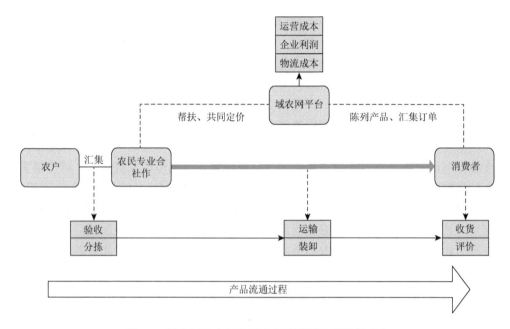

图 8.2 域农网平台下生鲜农产品流通过程及其成本

域农网为农民专业合作社和消费者提供了直接对接的桥梁,减少了中间环节与流通时间,在一定程度上解决了产品损耗过多的问题。

8.2.2 生鲜农产品预售

生鲜农产品预售模式是域农网的一项特色业务。生鲜农产品消费者的需求往往是即时性的,即需求一旦产生就期望立刻得到满足,然而生鲜农产品网络销售的方式往往需要消费者付出一定的等待时间,大多数生鲜电商都致力于准备现货,减少配送时间,尽快满足生鲜农产品消费者的需求。生鲜农产品需要一定的生长周期,生鲜农产品预售则是在产品未种植或种植过程中预先销售,需要消费者付出相对较长的等待时间,销量并不乐观,因此,很少有生鲜电商涉足此业务。近年来,国家大力推行订单农业,根据消费者订单生产农产品,

希望改变农户 "拍脑袋" 的种植决策方式，避免盲目生产。域农网响应国家号召，开展了生鲜农产品预售业务，提前收集消费者的订单和资金，做到供需匹配，实现以销定产。

为了增加消费者对预售产品的需求，域农网加强了生鲜农产品的产品质量建设和品牌建设。农民专业合作社在域农网的扶持与监督下，利用多种技术及方法提升生鲜农产品品质，生产生鲜农产品 "精品"，同时建设并宣传生鲜农产品品牌，获得消费者的认可，打造产品口碑。在此情形下，消费者对高端产品形成抢购的局面，则会选择通过预售的方式进行产品预定，尤其是对于需要大批量购买产品的集团消费者来说，预售方式能保障产品供应。此外，在现货销售中，考虑到生鲜农产品的运输时间，农户往往在产品只有七八分熟时就摘下进入流通环节，而在预售模式下，农户能够提前获取消费者订单，可以在生鲜农产品更加成熟时摘下，使产品口感和甜度更符合消费者期望。

通过域农网的预售模式，农民专业合作社能在收获前甚至生产前就了解市场需求，避免产品滞销或脱销的局面，同时还能预先获得资金用于优质生鲜农产品的生产，拉长销售战线，提高农户的积极性。

8.2.3 生鲜农产品现售

除了小部分高端生鲜农产品投入预售，域农网平台中的大部分产品还是采取现货销售的形式，以便满足消费者的即时性需求。在现货销售形式下，农民专业合作社在产品成熟后在域农网发布产品信息，在域农网的营销帮助下获取消费者订单，收到订单信息后立即进行包装发货，利用第三方物流运输配送到消费者手中。由于在生鲜农产品成熟后才进行销售，现货销售形式需要预估市场需求，为农户在种植前提供产品种类与产品结构的决策依据，这项工作主要依靠域农网的互联网技术及与消费者的双向沟通来完成。互联网技术预估需求的方式利用了互联网信息开放化、传播快的特征来获取大量消费者的信息，如年龄、地区、偏好、消费行为等，从而分析消费者需求；与消费者的双向沟通是最为直接的调查方式，在互联网的支撑下域农网平台、农民专业合作社和消费者之间突破了空间限制，能够实现即时交流，进行更加精确的供需匹配，稳定生鲜农产品价格。通过在域农网进行现货销售的方式，农民专业合作社为生产的生鲜农产品打开了一条新的销路，消费者也能直接在域农网上直接下单支持，在相对较短的时间内收到订购的生鲜农产品，免去线下购物的成本，为消费者提供了极大的便利性。此外，在传统生鲜农产品供应链中，消费者对产品来源及其流通过程了解极少，因此，不良商家为了追求更高的利益，利用信息不对称性滥用食品添加剂，从而造成食品安全问题。域农网的现货销售方式则让消费者能够直接接触农民专业合作社，对产品生产源头有一定的了解，全程透明，保障食品安全。

8.3　供应链上游生产方管理机制

8.3.1　资金注入帮扶农民专业合作社

1. 域农保险

农户在生鲜农产品的种植、养殖过程中存在较大的风险，田间农产品的种植受气温、湿度、降雨、光照等众多因素影响，养殖的家畜也常常会遇到病菌感染死亡等意外。然而，我国许多地区农户的农业技术较为落后，生产资金较少，种植生鲜农产品时往往靠天吃饭，缺乏应对风险的能力，一旦遭遇意外，将对农户造成巨大的损失，更加不利于下一轮生产，造成恶性循环，阻碍农业发展。

针对入驻域农网平台的农民专业合作社的种养殖风险，域农网为其提供了相应的域农保险，保险费用由域农网平台承担。域农保险为生鲜农产品的生产过程提供保障，有效防范了农民种养殖的风险，在风险发生时农民专业合作社也可以获得理赔，抵消生产损失，解决农民专业合作社的后顾之忧，从而使平台上的整个生鲜农产品供应链健康稳定发展，保证了农民专业合作社能够获得稳定可靠的收入，致力于打造一个农户生产无压力、零风险的健康型生鲜农产品产业链，同时也保障了域农网平台的健康良好发展，与农民专业合作社实现共赢。

2. 域农金融

鉴于传统生鲜农产品供应链模式的诸多弊端，整个农业产业链及农产品销售模式亟须改革，首先应当从生鲜农产品的生产源头——农户端抓起。改革就意味着需要较多的资金投入，但我国农户的规模小、收入低，没有足够的资金，因此就需要贷款融资。尽管目前我国农民对贷款需求非常强烈，但一直存在贷款难的问题，贷款利息高、贷款规模小、质押物价值不高、贷款周期不长等都是农户贷款难的原因。据统计，2014 年，全国家庭平均正常信贷获批率约有40.5%，而农村家庭获批率只有 27.6%，两者差距明显。由此可见，农民贷款难问题较为严重，制约了当前农村经济社会的改革与发展。为了帮助农户解决生鲜农产品种养殖过程中的资金短缺、渠道少、贷款难等问题，域农网向农民专业合作社提供了域农金融业务，为农民专业合作社提供多渠道、多品种的金融服务，简化农民的贷款程序，在一定程度上解决农民贷款难问题，为农民致富提供金融保障，助力农业产业链改革与发展。图 8.3 为域农金融问题解决方案。

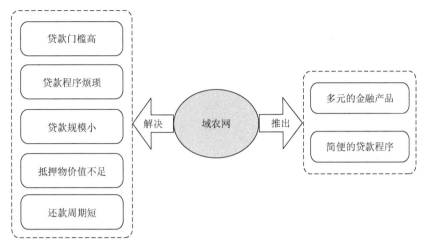

图 8.3　域农金融问题解决方案

3. 域农基金

我国农村地区分布较广，许多农区、牧区、山区的农业发展还较为落后，较大的国民收入差距不利于社会的和谐稳定。针对这些落后地区的农民，域农网联合了全国的供销合作系统、农产品生产加工大型企业、社会各界知名企业、公益人士、农业专家团体，建立了可持续性的帮扶基金组织，基金的来源主要为域农网平台捐赠、入驻商户捐赠、社会各界爱心人士捐赠及消费者捐赠。域农基金不仅为落后地区的农民专业合作社提供资金扶持，还将进行技术扶持，邀请农业科技专家前来交流、授课，传播普及先进的农业知识。此外，落后地区由于地理位置偏远、交通不畅等原因难以找到生鲜农产品销路，许多农户几乎没有收入，域农基金为这些地区的农民专业合作社解决生鲜农产品销售问题，打开生鲜农产品销路，提高农户的收入水平。域农网的领导及工作人员也常常亲自去全国各落后地区进行考察，发掘落后地区生产源头的根本问题及其原因并帮助解决，做到精准帮扶，让农户真正致富。图 8.4 为域农基金来源及目标。

8.3.2　"一域一品"，打造地方文化名片

我国幅员辽阔，物产丰富，然而不同的地方具有不同的自然资源、地理条件与文化特征，其改革的基础、发展的水平不尽相同，形成了"五里不同风，十里不同俗"的地方性差异，因此，生鲜农产品的生产也具有很强的地域性，不同的风土人情培育出了各具特色的生鲜农产品。许多生鲜农产品都被赋予了浓浓的地域色彩，各地形成地方性特色农产品，且具有一定的生产规模，甚至在全国都建

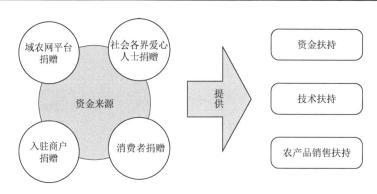

图 8.4　域农基金来源及目标

立了良好的口碑，因此，发扬生鲜农产品的地域优势十分必要。2017 年末，国家发展和改革委员会、农业部、国家林业局联合印发了《特色农产品优势区建设规划纲要》，鼓励全国各地发展地区优势特色产业，创立特色农产品优势区。

域农网响应国家农业推广政策，打造"一域一品"功能，助力特色农产品品牌建设。域农网在全国范围内进行布局，以县作为最小单位，根据海内外消费者的需求，对当地的资源优势、文化优势、地理优势等进行充分的挖掘与整合，在每个县中选出一款市场潜力大、区域特色明显、附加值高的主导产品。选定主导产品后，域农网帮助产地建立农产品品牌，并在域农网平台上进行重点推广、重点打造，如苏州阳澄湖的大闸蟹、四川蒲江的猕猴桃、新疆库尔勒的香梨等，使各地的特色农产品被消费者熟知，力争让全国每个县都有一款叫得响的生鲜农产品。同时，平台还推出地方文化展示栏目，配合"一域一品"功能，通过多方位、多形式打造地方文化名片，助力我国地域性农产品品牌建设。通过品牌建设，农民专业合作社可在域农网上销售本地生产的优质正宗、百姓口碑好的生鲜农产品，把原产地、原风味、原生态、安全、高品质的特色农产品提供给广大消费者。

8.3.3　生鲜农产品价格决策

在域农网平台销售的生鲜农产品，其价格往往由域农网与农民专业合作社共同制定。以往，农户在生鲜农产品供应链中规模较小，处于弱势地位，没有定价权。域农网则从农户的角度出发，鼓励农户集结起来形成一定规模的农民专业合作组织，在域农网平台与消费者直接对接，使农民专业合作社、域农网、消费者在生鲜农产品供应链中具有平等的地位，三方都拥有同等话语权，从而农民专业合作社可以为自身争取更多的利益。在制定生鲜农产品价格时，域农网先会对消费者的需求进行一定程度的调研，并将相关信息传递给农民专业合作社，农民专业合作社也会公布自己的供应信息，通过对产品供需信息进行比对，为农民专业合作社和域农网一同商讨生鲜农产品价格提供决策依据。通过域农网这种产销对接的直接交易方式，没有强势中间商层层抽取利润，这部分利润则可以让渡给农民专业合作社和消费者，由此，农民专业合作社和域农网可以制定一个合理的价格，使农民专业合作社能够获得比以往较多的销售收入，也能让消费者以相对较低的价格购买生鲜农产品，有效的供需匹配也保证了生鲜农产品的价格稳定，切实做到保障农民专业合作社和消费者双方的权益，提高农户生产积极性，也能促进农村和农业的发展。

8.4　供应链下游消费者营销机制

8.4.1　互联网营销

1. 产品详情展示

在域农网平台上选购生鲜农产品时，消费者往往只能通过产品详情页面所展示的产品图片、文字、视频等内容来获取产品具体信息。与线下的"所见即所得"的消费方式不同，线上生鲜农产品交易方式使消费者无法亲眼见到生鲜农产品本身，更不能通过触觉、嗅觉等感官体验方式获得产品的大小、质量等信息，在一定程度上导致消费者购物体验不佳。

为了有效激发消费者购买欲望，域农网对网站产品展示页面进行了细致的设计。首先，域农网会定期选择一些品质较好、受消费者欢迎的应季产品，在网站首页的醒目位置进行推广，吸引更多的消费者前来购买，这也是网站引流的重要方式；其次，域农网聘用专业的摄影、美工、网页设计人员，为各类生鲜农产品拍摄精美的实物照片，配合简洁美观、标准化的页面设计，产品信息一目了然，为消费者提供舒适的购物场景；再次，域农网在产品详情页面上提供了完善的产品信息，包括产地、品牌、大小、重量、营养信息、适宜人群等，让消费者获得全面的了解，对产品更加放心；最后，域农网还在网站首页提供了品牌直达链接，向消费者传达了农民专业合作社坚持生产高品质、标准化的生鲜农产品的经营理念，进一步推动了生鲜农产品品牌化发展。通过优质、详细的产品情况展示，域农网不仅提升了生鲜农产品的营销力度，还给消费者带来了良好的购物体验。

2. 购前咨询通道

尽管域农网的产品页面已经提供了较为详细的产品信息，但由于网购生鲜农产品的复杂性，消费者在购买前仍有诸多相关问题需要咨询，以便获取对产品及交易过程的更多了解。针对这一问题，域农网平台专门开设了购前咨询通道，该咨询通道直接连接域农网客服人员或农民专业合作社成员，消费者可在咨询页面咨询产品信息问题、库存问题、运输问题、定价及支付问题、售后问题等，客服在线时间为 9:00 到 18:00，工作人员看到消费者的咨询后会尽快予以答复，帮助消费者解决问题。消费者咨询的问题得到良好的解决，能够增加消费者对域农网及其入驻商户的服务认可程度，将整个产品的生产流通过程及产品交易流程向消费者公开化，消除了消费者在域农网购买生鲜农产品的后顾之忧，有利于提高平台上的生鲜农产品销量。

3. 售后评价功能

售后评价是生鲜农产品交易流程中较为重要的组成部分。我国电子商务已经发展成熟，售后评价体系完善，消费者在网购过程中也形成了购买前查看以往商品评价、收货后对商品进行评价的消费习惯，较高的商品评价能够促进消费者购买，反之，不良评价则会降低商家信誉，降低产品销量。域农网已经通过各类营销手段吸引消费者首次购买，但更值得注重的是要获得消费者留存，并利用留存消费者吸引更多消费者。为了达到此目的，域农网以优质的产品和服务获取消费者认可是一方面，更重要的是鼓励消费者收到生鲜农产品后在平台上评价产品，因此，域农网完善了生鲜农产品交易流程中的售后评价功能，允许消费者上传生鲜农产品图片，分享农产品购买经历及感受，从服务、质量、物流、包装等多方面对农产品进行评价，使以往消费者的购买评价为后续消费者的购买决策提供参考依据，在老客户实现自我价值的同时吸引更多新客户。

8.4.2　域农礼券实现社交功能

由于与国民一日三餐密切相关，生鲜农产品常常被消费者当作礼品互相赠送，域农网利用这一产品特性，在销售过程中向生鲜农产品赋予了社交属性。考虑到亲朋好友之间礼尚往来，或是企业为员工发放福利时会遇到诸多困扰，如赠予对象较多、赠礼收礼双方时间冲突、赠礼太过沉重、路途奔波、运输费用高昂等，甚至会担心自己赠送的礼品别人不喜欢等，域农网为消费者提供了商品电子券，旨在解决消费者"送礼难"的问题。商品电子券具有提货、换货、捐赠、转让变现四大功能。提货是指消费者在域农网平台上购买预售或现售的生鲜农产品礼品后，填写收礼人信息，系统会生成电子码（提货码），消费者可把商品电子券以短信的形式发送到收礼人的手机上，对方收到电子券后，即可根据自己的时间，随时登录域农网办理提货，省去送礼时的东奔西走；换货是指在域农网，收礼人不但可以利用电子券取货，同时如果有更加偏好的产品，也可以在域农网上进行自行更换，最大程度地使消费者满意；捐赠是指消费者还可以通过域农网随时（公开或匿名）地将电子券中礼品变现为等值现金，捐赠给域农网合作的希望工程、红十字会等公益组织，升华中国传统的社交文化，并在网站定期公布消费者捐赠情况；转让变现是指若收礼人在收到相关礼品电子券时，发现不适用或不喜欢别人赠送的礼品，即可利用域农网独有的电子券变现功能，在提货时向域农网发出转让申请，审核通过后域农网将收购用户的电子券并把商品等值金额退还到用户账户中，用户可进行提现或重新购买商品等操作。相较于其他购物网站电子代金卡只能在其网站购物并且不能变现的弊端，域农网的电子券转让变现功能能让消费者更合理地配置资源。

利用商品电子券功能，消费者不仅省去了逢年过节东奔西走买礼品、送礼品的时间，还节约了运输成本，抛弃复杂的送礼方式，体验到更加便捷的"礼尚往来"。

8.4.3　"我为家乡做代言"主题活动

为了进一步提升域农网及其产品的营销宣传效果，域农网推出了"我为家乡做代言"主题活动。2018 年 5 月 29 日，"我为家乡做代言"主题活动正式启动，启动地点在北京域农网总部。启动仪式当天邀请了中央电视台、中国农业新闻网、央视网等中国多家主流媒体，并邀请北京卫视著名主持人龚宁前来主持活动，还聘用黑鸭子组合成员李伟、郭祁、倪雅丰担任本次活动的形象代言人，利用明星效应吸引消费者参与活动，多方共同见证了活动启动仪式。域农网董事长徐建良在活动现场阐述了发起本次活动的初衷，此次"我为家乡做代言"大型公益推广活动为期一年，目的是鼓励广大的农户和消费者向公众宣扬家乡文化及当地特产，打造家乡文化名片。愿意参与活动的农户或消费者可以在域农网平台寻找报名通道，填写个人信息及特产图片或视频，报名成功后可以将个人页面分享到朋友圈为自己拉票，每月度获得票数前三的参与者将获得域农网的相应奖励。从活动开启，仅仅一个月的时间，已吸引了近 3000 人参与活动，活动效果十分显著。通过此次活动，域农网找出全国各地富有地域特色的农产品，在域农网平台上进行直销，搭建全国各处的优质生鲜农产品直接从田间到舌尖的桥梁，给广大消费者带来"新鲜、质优、健康"的农产品。离乡游子想念家乡的味道时，可以通过域农网购买家乡特色农产品以寄托乡情，也可购买家乡产品赠送给他人，在赠礼的同时不忘弘扬家乡文化，让其他消费者通过自己推荐的家乡特产认识并了解自己家乡，从而达到帮扶家乡、造福家乡、振兴家乡的目的。

8.5 案 例 启 示

8.5.1 销售与社交融合，为产品注入情感价值

如今，消费者已不再满足于单纯的产品交易，越来越多地受到了消费场景的影响，实现了从基本消费需求到意识消费需求的转变，消费社交化是意识消费需求的主要特征。

生鲜农产品是与人们生活息息相关的产品，挖掘生鲜农产品所附着的社交价值，采用销售与社交融合的方式，对提升生鲜农产品销量有重要作用。域农网的产销对接模式使最终市场与生产源头之间建立联系，农民专业合作社中的农户和消费者可就供需问题进行双向沟通，这无疑拉近了双方的心理距离，使消费者与农户之间产生人格信任，由人情信任衍生为产品信任，增加产品销量。同时，域农网的礼券功能考虑到消费者之间"礼尚往来"的场景，在生鲜农产品销售中加入域农礼券功能，简化了送礼方式，增强社交互动性，给消费者带来极大的便利。

由此可见，生鲜农产品销售时，销售方应当挖掘消费者的潜在社交需求，并根据不同消费者的社交需求，在产品营销中加入特定的场景、体验，为产品注入情感价值，引起消费者情感共鸣，进而有效激发消费者的消费兴趣。

8.5.2 向生产源头给予支持，从根本上解决农产品产销问题

目前，生鲜农产品供应链中存在诸多问题，而大多数生鲜电商在经营中遇到问题时，往往在生鲜农产品供应链的中间环节寻找漏洞，供应链模式创新也往往聚焦于物流、仓储等环节，甚少有人对生产源头予以重视。

农户的种养殖过程作为生鲜农产品供应链的第一环，对整个供应链具有巨大的影响。首先，农户在种养殖过程中缺乏资金与技术，生产时往往"靠天吃饭"，收获的农产品质量参差不齐，造成了我国高端生鲜农产品缺乏的局面，与当代消费者对高质量产品的需求相背离；其次，农户的抗风险能力较弱，而生鲜农产品的生产过程受诸多复杂因素的影响，农户种养殖风险较大，一旦发生风险，将会带来巨大损失，影响产品供给，造成市场混乱；最后，农户难以接触最终市场，对市场信息不甚了解，也无法找到销路，缺乏生产和销售积极性，只能选择把不成熟的产品卖给中间商，极易引发食品安全问题。

域农网向生产源头给予支持，开设域农保险、域农金融、域农基金，对农民专业合作社进行资金和技术扶持，并为农民专业合作社提供销售平台，与农民专

业合作社共同制定农产品价格，保障了农产品质量和农户利益。因此，生鲜农产品供应链应当对生产源进行改进，从本质上处理农产品产销问题。

8.5.3　打造产品品牌，促进订单农业发展

近年来，订单农业开始兴起，政府也在大力推动订单农业的发展。订单农业作为一种新型的农产品产销模式，能够适应现代市场需要，使农户可以预先获得消费者订单，然后再组织生产，实现以销定产，避免了盲目生产造成的浪费，也能保证农户收入的稳定性。

然而，在订单农业模式下，消费者的等待时间较长，无法满足即时性需求，还需要消费者在产品质量未知的情况下提前付款预定，具有一定的经营难度。在此情形下，域农网的对策是通过"一域一品"项目推进生鲜农产品品牌建设。品牌建设的具体方式包括产品建设和口碑建设，产品建设即域农网帮扶农民专业合作社生产高质量、标准化的生鲜农产品，使产品质量与品牌挂钩；口碑建设即域农网利用自身资源帮助农产品品牌进行宣传推广，通过营销打造生鲜农产品"爆款"，形成品牌口碑。产品建设和口碑建设互相关联，相辅相成，共同推进农产品品牌发展。

第 9 章 "互联网 +"生鲜供应链运营的蒲江模式

为保证生鲜的"鲜",不仅需要在"最后一公里"跟时间赛跑,更需要加强从生产种植到销售配送各个环节的品质把控。同时,在互联网环境下,生鲜电商的飞速发展牵动着生鲜产业的升级进程。在四川蒲江,以佳沃集团有限公司、四川阳光味道果业有限公司与成都顶匠农业科技有限公司等为代表的生鲜企业将业务贯穿行业上下游,朝着全产业链方向进行布局,通过打通从上游种植生产到分销再到零售终端的整个链条,实现了生鲜电商全产业链协同运营。实践表明,依托优质生鲜农产品,融合互联网商业模式的都市现代农业"升级版"将会在蒲江呈现,这或将成为我国"互联网 +"生鲜供应链运营的主流模式之一。为此,本章将对蒲江模式展开进一步分析,明晰该模式的发展状况、关键组成及运营策略,以期为生鲜供应链实现全产业链发展提供有价值的启示。

9.1 案 例 介 绍

9.1.1 蒲江县简介

蒲江县与成都、眉山、雅安三个城市相邻,凭借地理优势,蒲江县在四川省省会成都的经济带领下,被归于"半小时经济圈"内,交通十分便利。蒲江县的总面积为 583 平方公里。辖区内拥有 1 条街道、7 个镇和 4 个乡,2022 年 8 月,总人口达到 28 万。在自然环境方面,蒲江县森林覆盖率 52.6%,水质良好,被评为全国休闲农业与乡村旅游示范县。

21 世纪以来,蒲江县充分挖掘与发挥生态环境优势,积极学习现代农业知识与技术,将整合的资源重点放在少数几个农业产业中。在蒲江政府和农户的合作下,蒲江农业逐渐构建了"三业两园"的产业结构。"三业"是指猕猴桃产业、柑橘产业和茶叶产业。2018 年,猕猴桃和柑橘产业的种植面积已达 35 万亩。"两园"是指特色水果现代农业产业园和有机茶叶产业园。经过蒲江人民的不断努力,蒲江县打造了蒲江猕猴桃、蒲江丑柑、蒲江雀舌、蒲江米花糖四大区域公共品牌,并获评国家地理标志保护产品。

9.1.2 蒲江县生鲜产业发展状况

在蒲江县农业发展的三大主导产业中,猕猴桃产业和柑橘产业属于生鲜产业,生鲜农产品作为一种主要的农产品品类,与国民日常饮食密切相关,因此,蒲江县抓牢生鲜农产品产业,将该产业作为该地区农业发展的重中之重,进一步提高蒲江的经济水平。

1. 猕猴桃产业

蒲江县对猕猴桃种植过程制定了详细的操作标准并严格执行此标准,凭借此荣获"国家级猕猴桃标准化示范区"称号,同时在猕猴桃出口方面,蒲江县也严抓产品质量,保障猕猴桃的产品质量安全。在蒲江县的猕猴桃产业中,生产基地主要生产黄心品种和红心品种,其中,黄心品种"金艳"属于全球三大黄心品种之一,红心品种"东红"和"红阳"深受广大消费者欢迎,且这些品种均受到种植专利保护。上述三个品种相继在每年的 8 月底、9 月底和 10 月底成熟,品种结构遵循 4∶1∶5 的比例,而新西兰猕猴桃往往在上半年上市,蒲江猕猴桃可以与其错季销售。自 2013 年佳沃集团有限公司在蒲江打造"中国猕猴桃之都"以来,已带动全县发展猕猴桃 10 万亩。

在技术研发上,猕猴桃种植基地与许多科研机构进行了合作。一方面,蒲江县与中国科学院创新联盟合作,将蒲江县作为主要示范基地;另一方面,蒲江县与中国科学院武汉植物园达成合作关系,成立四川省猕猴桃工程技术研究中心,进行产品陈列与介绍、科技研究、技术教学等工作,是蒲江猕猴桃产业向现代化农业迈进的强力支持。2017 年,在佳沃集团有限公司的猕猴桃基地、四川阳光味道果业有限公司的猕猴桃基地等多处种植基地已研发了 20 余个优新品种作为储备,蒲江县预计会成为未来高端猕猴桃原产地之一。

此外,蒲江县鼓励新型农业经营主体的产生与参与,号召分散的农户聚集起来成立农民专业合作社或家庭农场,也一直在积极引进和扶持农业企业等,提倡多样化的运营形式,提升农民和农业的组织化程度。截止到 2017 年,蒲江县已有猕猴桃企业 10 家、农民专业合作社 35 家、家庭农场 75 家。其中,国家级重点龙头企业 1 家、省级示范农民专业合作社 4 家、市级示范农民专业合作社 2 家、省级示范家庭农场 3 家、市级示范家庭农场 13 家。

2. 柑橘产业

柑橘是蒲江生鲜的传统产业。2020 年,蒲江县拥有 25 万亩柑橘种植地,在产面积 22 万亩，收获约 36 万吨柑橘，品种组成主要分为四大类，分别为橙、柚、宽皮橘、杂交柑，共 10 余个品种，早、中、晚熟品种比例为 0.5∶2.5∶7，上市时间为每年 9 月到次年 7 月。2005 年，蒲江杂柑被评为"中华名果"，蒲江丑柑这一品种也于 2015 年获取国家地理标志保护产品认证，成功进入"2018 中国品牌价值评价区域品牌（地理标志）产品"100 强，位列第 51 位。

最近几年，我国柑橘中熟品种面临一些问题，如种植面积比例相对于早熟品种和晚熟品种较大、销售呈现供过于求的局面，导致中熟品种的种植效益显著下降。蒲江独有的气候却是发展晚熟柑橘的有效条件。蒲江县冬暖夏凉，雨量充沛，全年平均温度 16.4℃，日照时间 1122 小时，年均降雨量 1300 毫米，无霜期 302 天，非常适合发展晚熟柑橘，可使晚熟柑橘延迟采收到 6 月中旬，通过品种改良确保柑橘产业有序健康推进，2017 年，全县晚熟杂交柑橘面积 17.4 万亩，其中投产面积 15.9 万亩，年产量 19.08 万吨，平均亩产量 1200 公斤，平均价格每公斤 9.7 元，总产值 18.49 亿元，亩平均产值 11 640 元。

蒲江县扶持培育了四川阳光味道果业有限公司、四川佳橙现代农业科技有限公司、四川陶然农业科技发展有限公司等柑橘种植、初加工、销售龙头企业，2018 年拥有商品化处理生产线 24 条，年商品化处理果品量 20 万吨，占全县柑橘产量的 80% 以上。2017 年，引进陕西海升果业发展股份有限公司，在寿安镇建设 2000 亩高标准柑橘示范基地，项目建成后，对全县柑橘产业提档升级具有重要的示范带动作用。

9.2　蒲江生鲜电商发展概况

9.2.1　基本发展情况

电子商务产业在蒲江布局后迅速繁盛，2016 年，蒲江县还被评为"电子商务进农村综合示范县"。截止到 2018 年，蒲江县已落成 1 个电子商务产业园、14 个市级农村电商试点村、1 家国家级创新型电子商务企业、2 家市级创新型电子商务企业及 120 余个农村电商便民服务站点。截止到 2017 年，蒲江县电商企业、合作社和个体等新型经营主体达到 1200 余家，比 2016 年增加约 200 家，电商覆盖率增长约 20%。2017 年，蒲江县实现了电商 102 亿元销售额的好成绩，其中，生鲜农产品电商销售额为 8 亿元，同比增长 20%。

蒲江县积极推动电子商务产业园的发展，园区于 2015 年 12 月正式投入运营，占地面积 50 亩，建筑面积约 25 400 平方米。2018 年，园区已入驻的电商企业有 113 家，共计孵化 65 个电商项目，成功率大于 80%。2017 年农产品线上销售额达 3 亿元。

生鲜电商的站点布局主要以两种方式展开。一是与京东、苏宁易购、易田电商、天虎云商等电商平台企业开展合作。2018 年，京东和苏宁易购分别在县城建成服务站和体验店，在西来两河村、大兴水口村、复兴庙峰村等建成 14 个村级电子商务服务站，然后根据每个村的产业特色，分别搭建以猕猴桃或柑橘等生鲜农产品为主的网上销售渠道，其中，水口村在 2017 年实现农产品网上销售额 1600 万元以上。二是组织龙头电商企业、专合组织入驻京东成都馆、淘宝成都馆，并与京东、苏宁易购共建蒲江特色馆，促进蒲江优质农副产品网上销售及第一、第三产业线上线下互动活动。

在电商平台的构建方面，一方面依托蒲江特色生鲜农产品资源，由成都新朝阳作物科学股份有限公司建设的"鲜农纷享"生鲜农产品电子商务平台，2018 年，全年销售达 1000 万元；另一方面在天猫平台开设"蒲江猕猴桃官方旗舰店"，同时在京东平台运营"蒲江特产馆"，在苏宁易购平台开辟了"中华特色蒲江馆"，在萌店平台建立了"地道中国蒲江馆"，促进了蒲江产品销售和品牌提升。

9.2.2　发展中存在的问题

蒲江县生鲜电商发展虽已具备一定规模的网商群体和产业基础，但也存在明显不足，主要表现在电商服务资源不足、服务站点功能有待提升、生鲜农产品网络监管有待加强、农村电商人才短缺等方面。

（1）电商服务资源不足。蒲江特色生鲜农产品丰富，依托生鲜农产品为基础的电子商务已经进入高速发展时期，而县级的平台服务商、运营服务商目前仍处于相对落后状态，电商服务资源需要全面提升。

（2）服务站点功能有待提升。现已建成的服务站点目前大多为村民提供日用品代购、票订购、水电费缴纳、话费充值等便民服务，并未提供生鲜农产品上行、农村物流合作等方面的指导服务。

（3）生鲜农产品网络监管有待加强。由于生鲜农产品电商主体迅速兴起，在各 B2B、B2C 电商平台进行线上销售，因而在生鲜农产品规格、品质、价格方面参差不齐，还有各地冒充蒲江猕猴桃等生鲜农产品及恶意竞价等行为，因而规范生鲜农产品网上监管势在必行。

（4）农村电商人才短缺。目前企业对电子商务人才需求量大，尤其是中高端人才供不应求，一些企业因找不到人才或留不住人才而难以为继，人才问题成为阻碍企业变强变大和电商产业发展的突出问题。

9.2.3　未来规划

2023 年，蒲江深入贯彻中央、省、市各项决策部署，深入落实县委"一个目标（打造宜居宜业宜创宜游的"生态福地、大美小城"）、三条主线（绿色发展主线、乡村振兴主线和富民强县主线）、八大行动（生态价值提升行动、现代农业提升行动、工业发展提升行动、全域旅游提升行动、城市建设提升行动、城乡环境提升行动、民生福祉提升行动、党建引领提升行动）"总体思路，奋力写好中国式现代化的蒲江答卷。具体来说，聚焦发展新经济，推进生鲜农产品电子商务产业的发展，做到以电商产业园为载体，通过扶持孵化本土生鲜农产品电商企业，实现推动产业转型，促进线上线下一体化发展的目的。

（1）加快建设电商工业园。积极改进和支持电子商务工业园的建设过程，进一步完善园区各类基础及其配套设施，让电商产业园成为蒲江电子商务的资金流、信息流、物流汇聚中心。

（2）积极培育本土生鲜电商企业。充分利用"电子商务进农村综合示范县"创建优势，鼓励县内经营主体进行网上交易，引导生鲜农产品电子商务企业、专业合作社、家庭农场、个人等通过开设网站、网店销售蒲江特色生鲜农产品。

（3）借助平台优势拓宽销售渠道。依托猕猴桃、柑橘等优势资源，积极推动企业、合作社、个体加强与现有主流电商平台合作，在淘宝、天猫、京东、一号店等大型电商平台打造以蒲江特色生鲜农产品销售为主的电商交易群体，推动线上交易稳步提升。

（4）利用电商站点推广叠加服务。继续在全县开展电商服务站建设，并在已建成的社区与服务站点配套完善网络购物服务和便民服务功能，并逐步延伸到特色生鲜农产品网上销售等服务领域，形成以县城为中心、乡镇为骨干、农村新型社区为支点的生鲜电商流通体系。

9.3　蒲江生鲜供应链运营模式——全产业链运营模式

9.3.1　模式介绍

近年来，随着中国生鲜农产品消费者需求逐渐升级，这一点从水果行业的变化可以说明，进口高价水果的销售量逐步增长，而本国许多水果却出现了滞销的情况。由此可以看出，一方面，消费者急需优质的水果来保障安全和营养需求；另一方面，国内水果的滞销反映出我国水果供应链中存在供给侧结构性问题，需要干预和治理。生鲜农产品供应链供给侧问题一直存在，且十分突出，最明显的问题是供应链上下游产业沟通协作不畅，关系松散，在批发、进口、零售终端等方面没有达成战略上的一致。除此之外，为保证生鲜的"鲜"，生鲜企业不仅需要在"最后一公里"跟时间赛跑，更需要加强从生产种植到销售配送各个环节的品质把控。只有打通了第一产业（农业）、第二产业（食品加工生产、检测）、第三产业（电商、物流、配送等服务业）的资源，才能做到完整意义上的"鲜"。

生鲜电商全产业链协同将成为我国生鲜农产品发展的主流模式。全产业链是一个从生产到销售的完整产业链系统，涵盖种植养殖、采摘分级、分拣包装、物流配送、市场营销等多个环节。采用全产业链运营的方式，可以使生鲜供应链的首末两端紧紧连接在一起，成为一个有机整体，对生鲜农产品生产和流通过程实现全程可追溯，为终端消费者提供健康、放心的生鲜农产品，也使终端消费者对品质产生信赖，同时，还促使末端消费者将需求信息及时反馈给前端生产者，从源头推动产业链的各个环节始终为消费者提供所需的生鲜农产品。

全产业链运营模式对生鲜企业的冷链运输能力、保障生鲜农产品品质和安全的能力、分销能力等多方面都提出了挑战，需要真正有实力的大企业进行整合。在蒲江，以佳沃集团有限公司、四川阳光味道果业有限公司、成都顶匠农业科技有限公司等为代表的生鲜企业则将业务贯穿行业上下游，朝着全产业链方向进行布局，打通从上游种植生产到分销再到零售终端的整个链条。

9.3.2 典型企业案例

1. 佳沃集团有限公司

佳沃集团有限公司（简称佳沃）创立于 2012 年，经过对生鲜农产品领域的多年探索发展，佳沃已经积累了无数经验，在该领域居于全球领先地位。

佳沃深耕原产地供应链，与生鲜经营企业鑫荣懋果业科技集团股份有限公司进行战略合并，对生鲜农产品实施全产业链运营管理，涵盖育种栽培、采收包装、冷链运输与营销管理等多个环节。在育种栽培环节，除在蒲江拥有规模化的猕猴桃种植基地外，2018 年，还在国内建立了 50 个水果种植产业示范基地。与全球农业科技公司拜耳和先正达建立战略合作，积极引导新品种开发、引种和试种，实现产品的升级，提高果业产出。从全球引进 40 多个蓝莓专利品种，在国内拥有"金艳""东红"两大猕猴桃专利品种。在种植管理方面，秉承"好产品从种植开始"的理念，开展针对果园管理者和种植者的"技术、食品安全、环保"培训，针对中国水果小规模种植的状况，与国际知名企业德国拜耳、北京艾物生物科技有限公司开展"小农户田间管理"食品链项目，探讨在小农户种植体系下的标准化操作模式。在采摘分选方面，建立了 20 个现代化的水果采后处理加工厂，具有水果收购、分拣分级、冷藏、物流配送等多种功能，实现水果的商品化处理。在物流网络与营销网络上，建立从产地到终端的全程冷链规范体系。专业的恒温储存仓库，快速进出，在中国 85 个城市建立了 40 个水果分销中心，向全国 5000 余家线下商超供应新鲜水果，满足消费者对新鲜安全水果的需求。通过全产业链运营，佳沃既有效加强了对水果的品质监控，又促使传统农业加快现代化转型。

2. 四川阳光味道果业有限公司

四川阳光味道果业有限公司（简称味道果业）是一家通过整合生鲜农产品的原产地资源，提供专业生鲜农产品运营服务的企业。在生鲜消费需求的拉动下，味道果业建设了标准化水果生产基地，依托蒲江生鲜物流中心的现代化设施设备，对生鲜农产品的包装、储存、冷链运输等环节进行严格把控，为消费者提供更优质的生鲜农产品。

味道果业的生鲜供应链全产业链运营模式如图 9.1 所示，包含整合种植端、加工端与销售端，并通过金融、互联网、信息与科技等来支撑全产业链的各个环节。运营重点在于以销售端带动种植端的生产，公司与销售端（商超、产业配套商、消费者）等建立连接，汇集消费市场需求等信息，同时与种植端（种植户、合作社）建立连接，将消费端信息传递到种植端，引导种植端进行标准化与高质量生产。在此环节中，味道果业一般会给种植户等设定"保底收购价"，但不提前约定收购量，而是依据种植端产出，以较高价收购达到质量标准的农产品。这样的方式有助于以销售端来带动种植端提高农产品质量，由于高质量农产品可以以较高价格被收购，种植户也会乐意按照高标准来进行生产。在加工端，2018 年，味道果业在猕猴桃、柑橘原产地建成蒲江水果现代农业物流中心。该物流中心总占地面积 350 亩，总投资达 4.5 亿元，冷藏气调仓储水果年周转量达 9 万余吨。该物流中心有助于整合农产品加工端，将种植端供应的生鲜农产品及时地进行深加工、分选和包装，从而为生鲜农产品后续保质保量地销售奠定基础，带动蒲江猕猴桃和蒲江丑柑两大水果产业的健康高效发展。

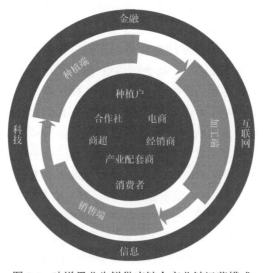

图 9.1　味道果业生鲜供应链全产业链运营模式

3. 成都顶匠农业科技有限公司

成都顶匠农业科技有限公司（简称顶匠农业）成立于 2017 年，是根据国家大力推进乡村振兴战略（包括土地集约化、农业转型升级、食品安全、土壤修复等具体规划）的现实背景，充分考虑蒲江县的农业产业状态，定位于"社会化联合服务超市 + 农业大数据 + 农村金融"的全程社会化服务平台。

在农产品生产端，顶匠农业在每个乡镇都会设立农业社会化服务点，将农资、农机等产品供应商与种植户进行销售对接，并开展劳务服务、工业品下乡等业务；进一步建立覆盖乡镇的社会化服务联合超市，从而可以进行精准的大数据采集与跟踪，以轻资产的运营模式，构建农产品种植标准，深入猕猴桃、丑柑等果品的整个生产流程，最终使其掌握或拥有一个自有品牌。农业大数据为顶匠农业的核心业务，通过对气候数据、土壤数据等信息进行收集，建立从生产到销售的透明数据链，从而实现农产品可追溯，保障农产品安全。同时，通过大数据信息平台，公司每年进行交易量分析，能够获得电商、传统市场及新兴零售市场等不同销售渠道的市场交易量。顶匠农业的农村金融业务为通过整合银行等信贷资源，通过收购商、劳务服务商等供应链主体为种植端提供农业贷款，其中还包括农村资产交易业务，即在当前农村人口老龄化严重的背景下，通过资源信息采集，开展闲置土地流转。

9.4　蒲江生鲜供应链运营策略——全生命周期运营策略

9.4.1　生产管理策略

1. 自有种植与加盟型种植

佳沃自 2013 年开始立足于蒲江猕猴桃产业，拥有"金艳"和"东红"两个猕猴桃专利品种，分布在蒲江县西来镇、寿安镇、复兴乡等三镇四村，共七个生产片区，总规模约 1 万亩。从利益联结机制的角度，佳沃的生产种植模式主要包括自有种植和加盟型种植。

自有种植模式即为"公司 + 合伙人 + 订单"的模式，强调将精品示范模式与事业合伙人模式相结合。精品示范模式采用网格化的种植督导管理，以佳沃为依托，在复兴乡以 700～800 斤（1 斤 = 0.5 千克）黄谷的土地租金流转土地 1 万亩，建成万亩猕猴桃标准化示范基地。公司将基地划分为 20～30 亩一个单元，通过竞争方式返包给符合条件的新型职业农民。返包者严格按照公司"六个统一"标准，即统一品种授权、统一作业标准、统一品质监督、统一农资农具、统一销售产品、统一协助融资，来对猕猴桃的生产种植进行管理，保证种植环节严谨、精细、标准化程度高。事业合伙人模式采用经营权创新分层管理，其中，龙头企业管控平台层，开展"四品"（品牌、品质、品种与品管）统一管理，承包户负责种植作业层，公司按照返包面积和管理质量支付相应的报酬，并对超产部分实行分红。截止到2015年10月，与公司签订返包协议的新型职业农民达155人，面积达7000余亩。借鉴信息技术企业订单生产模式经验，与农户签订订单合同，农户按照"六个统一"标准进行生产，公司按照保护价收购农户种植的果品，带动面积达5.5万亩。

加盟型种植模式，具体来说就是"公司+农民土地股份合作社"的方式。首先，鼓励农户成立并加入农民专业合作社中，可以凭借土地承包经营权入股，获得农民专业合作社95%的股份，农业企业以现金入股，获取剩余的股份。接着，双方合作组建股份公司，农民专业合作社以所有参与人员的土地承包经营权入股，获得30%的股份，农业企业享有剩下的70%的股份，需以运营资产、种植专利、农业技术、管理等要素折价入股。合作双方形成合理的利益分配机制，分享生鲜农产品种植、加工和销售的利润，形成龙头企业与农民的互惠互利关系。通过构建"公司+专业合作社/家庭农场/种植大户"的现代农业经营体系，连接上游生产者与下游市场/消费者，打通产业链，实现多方共赢。截止到2018年，蒲江县已经拥有了5家农民土地股份合作社、3家股份合作公司、31家家庭农场、153户种植大户，合作面积2万余亩。

2. 标准化生产与采摘

为保证猕猴桃、柑橘等生鲜农产品的质量，维护区域品牌价值，蒲江县在生鲜农产品的供应环节严格执行标准化的生产与采摘。

以鲜农纷享的标准化生产为例，鲜农纷享作为成都新朝阳作物科学股份有限公司的子公司，是四川省省级农业产业化龙头企业，也是中国最主要的猕猴桃产业基地之一，打造了"keystory 甜美滋"系列的猕猴桃品牌。鲜农纷享率先提出"8S"[①]全程标准化管理系统，以有机、绿色农产品标准化生产全程管理服务为核心基础，以提升生鲜农产品品质安全与提高农业种植生态为目标，采用天然的植物性农药与物理防控病虫害的技术手段，并开创多种作物全程健康植保生产标准，进一步充分运用物联网智慧农业现代科技，最终实现农产品质量全程追溯与管理。

鲜农纷享以"8S"全程标准化管理系统为依托，打造标准化种植园区，让种者安心，卖者舒心，消费者放心。同时，鲜农纷享也对外向法国、加拿大、俄罗

---

① "S1"指作物种子种苗与园艺设施技术全程管理系统，"S2"指土壤健康全程管理系统，"S3"指作物营养与健康全程管理系统，"S4"指作物病虫害绿色防控全程管理系统，"S5"指农产品品质与产量提升全程管理技术系统，"S6"指农产品质量与安全全程追溯服务系统，"S7"指农产品生鲜物流与冷链服务系统，"S8"指农产品流通服务与品牌化销售服务系统。

斯等国出口蒲江的特色水果"不知火"（俗称丑柑）。值得一提的是，2018 年鲜农纷享与新加坡全国最大的连锁超市 NTUC Fairprice（National Trades Union Congress Fairprice，新加坡职工总会平价超市）建立了合作，该超市对入场销售的产品有着极高的要求，尤其是生鲜农产品，既要求原产地生产供应保障口感，又要求达到欧盟检测标准保证食品安全。由此可见，以鲜农纷享为代表的蒲江县生鲜农产品标准化生产是整个蒲江生鲜供应链良性发展的首要条件。

在采摘猕猴桃的过程中，蒲江县一方面制定统一的采摘标准，划定合理的采摘时间范围；另一方面实施早采禁令，对早采早售行为依法依规进行严厉处置，最大程度维护消费者权益。对于特殊情况下需要提前采摘的，农户需要在当地村委会等地进行猕猴桃的专项品质检测，为达标的农户开具准采证。

此外，蒲江县农业和林业局发布《关于加强柑橘、猕猴桃质量安全监管的通告》，对重点路口、重点区域、重点物流企业进行巡查，力争不让一粒不达标的猕猴桃流出产区。同时，蒲江县市场监督管理局、商务局联合建立了蒲江县农产品网络交易大数据监管系统，以协议的方式，与多家知名电商总部所在地的市场监督管理部门展开异地监督管理，对蒲江猕猴桃的一系列违规操作如提前销售、恶意低价、假冒伪劣等情况，依法进行严厉处置。

只有严格把控采摘环节，蒲江县生鲜农产品才得以有质量保障地进入市场，从而得到消费者的青睐。

9.4.2　营销管理策略

1. 公共品牌 + 企业品牌双驱动格局

作为成都市猕猴桃产业领头地区，蒲江拥有标准化猕猴桃种植基地 10 万亩，每年可以产出 8 万吨猕猴桃，凭借优异的气候和土壤等自然条件、和谐的农业环境，培植出具有独特品质和风味的猕猴桃。蒲江县引进了国际市场上的高端猕猴桃品种"金艳"和"东红"，成为国内唯一能够生产和新西兰猕猴桃相比较的黄肉型猕猴桃的种植地。"金艳"猕猴桃的果肉金黄，具有维生素含量高、水分充足、酸甜可口、耐贮存等特点。"东红"属于红肉型猕猴桃，这一品种现如今国内只在蒲江建立了种植基地，与黄肉型猕猴桃不同，虽然其果肉也偏黄，但果心红艳，具有较强的辨识度，具备风味浓甜、耐贮存等优点。2010 年，"蒲江猕猴桃"成功被认证为"国家地理标志保护产品"和"国家地理标志证明商标"，品牌价值 102 亿元。

蒲江县基于猕猴桃、柑橘等生鲜产业基础，打造地方生鲜农产品公共品牌，并进行电商化改造，实施"公共品牌 + 企业品牌"双轮驱动格局，孵化出联想佳沃、水口红、嘉合兴、华劲凯威、熙果、鲜果篮等众多网络知名品牌。

2014 年，在蒲江县政府的扶持和帮助下，佳沃与中国科学院武汉植物园、四川省自然资源科学研究院等科研院所合作，建立了集产学研于一身的"四川省猕猴桃工程技术研究中心"，为蒲江县猕猴桃产业提供技术支持，引领中国猕猴桃产业健康可持续发展。此外，水口村品牌的建设历程也是蒲江生鲜农产品发展的缩影，从最初的解决水口村生鲜农产品销售，到逐步成长为蒲江特色生鲜农产品销售的代表，全国农业劳动模范、水口村党支部书记赵兴丽自言创业成功有赖于蒲江生鲜农产品基础好，并依托电商发展。

在发展品牌农业方面，蒲江县首先严把品质关，从源头做起，在全国率先实施全域耕地质量提升行动和整县发展有机农业；其次是提升农业生产效能，建成蒲江县农产品质量安全追溯与监管体系和土壤大数据中心，实现数据可视化、可追溯；最后是品牌建设，持续加大品牌宣传，进行品牌维护，打假维权，并搭建更多品牌交流平台。

2. 线上线下全渠道整合

以蒲江猕猴桃、蒲江丑柑为主的蒲江生鲜农产品现已被越来越多的消费者熟知与青睐，这除了与产品本身品质优良有关之外，还与打通生鲜农产品的销售渠道有着密不可分的关系。除了传统线下销售渠道外，蒲江县大力发展的农村电子商务为生鲜农产品的线上销售提供了必要条件。随着互联网的发展与深入应用，蒲江县完善和延伸了生鲜农产品电商产业链，推动农业农村电子商务与地方优势产业互动融合，实现线上线下互动，需求与供给互联，资源与要素互通，打通了农产品对接大市场的渠道。截止到 2016 年 1 月，蒲江落成 1 个电子商务产业园，建立了 6 个电商交易平台，并配备 11 家农村电子商务服务站，以支撑蒲江县各个农业企业、农民专业合作社和 1000 余户个体经营户的电商运营，在网络上销售生鲜农产品。此举就是为了引导蒲江县生鲜电商产业实现集聚化、规模化、品牌化，利用较大的产业规模吸引京东、阿里、苏宁易购、天府云商等大流量互联网平台与蒲江展开合作。

为了在线上大力推广蒲江特色生鲜农产品，蒲江天猫官方旗舰店应运而生。蒲江天猫官方旗舰店由蒲江县政府牵头，企业参与竞标，通过考核企业的经营情况（销售额等）、店铺信誉情况（店铺评分等）等方面，从而选择合适的企业进行官方旗舰店的运营。蒲江县政府与获得运营权的企业签订合同，一般考核期为 3 年，若企业未达到要求将不再具有运营权。2017 年 8 月，成都市果然农业有限公司（简称果然农业）获得了蒲江天猫官方旗舰店的运营权，其于 2014 年 4 月注册成立，主要经营水果、蔬菜种植及销售，力图打造生态、优质农产品销售品牌。蒲江天猫官方旗舰店是全国唯一以区域品牌名义开设的农产品旗舰店，符合蒲江猕猴桃国家地理标志保护产品使用条件的经营主体都可入驻，用企业品牌在旗舰店出售生产的农产品,以知名猕猴桃带动其他农产品的销量。通过官方店引入蒲江地标农产品,然后再开展生态农产品种植生产加工,充分挖掘农村自然资源优势。同时,公司积极探索以销定产的应用模式,即根据原产地商品官方店的销售数据,通过科学分析以往销售情况,获取电商网络市场的农产品购买力,反过来以消费端来引导生产端,依据消费者的农产品要求来反作用于生产端农户的农产品产出质量等要求,进而引导农户提高生产种植技术,以满足消费端的需求。此外,果然农业的模式包括自营与公司入驻两种形式。自营便是公司以自有品牌进行农产品销售,公司入驻是一种与其他企业的合作模式,果然农业开放平台,像水口红、鲜农纷享等可以将其品牌授权到平台里,但果然农业往往通过采取产品差异化的形式进行销售,进而减少其他品牌猕猴桃与自营猕猴桃之间的竞争。

过去说水口红,更多是对水口村柑橘等农产品的品牌印象,而如今,水口红已经成为天猫商城的特色农产品销售的知名网店。成都水口红农业发展有限公司于 2013 年 10 月成立,是一家提供农产品生产、营销、冷链、仓储、物流、旅游观光和县域电子商务服务的大型综合企业。公司与京东、天虎云商、易田电商等知名电商平台企业开展战略合作,建立电子商务服务站,开展线上农产品销售、网上代购和物流配送。截止到 2018 年,水口村有 62 家电商企业,2017 年的水口红线上销售量超过 300 万斤,年销售额达到 1500 万元。通过电商这一渠道,水口村产品已打进北京、上海等国内一线城市,还开辟了欧洲、东南亚等国际市场。

四川至诚川供农业科技有限公司(简称至诚川供)同样作为蒲江县一家以经营生鲜农产品为主的企业,在与销售端对接中主要涉及 B2B 与 B2C 两块业务,其中,B2B 占总业务的六成,B2C 占总业务的四成。首先,关于 B2B 的业务,至诚川供主要作为农产品供应商为销售商供货,又可以细分为向线下供货与向线上供货两部分,其中,向线下供货的业务量占总业务的六成,线下主要是与商超、渠道批发市场及连锁超市等进行合作,作为这些线下销售商的产地供应商;向线上供货的业务量占总业务的四成,线上主要是与平台(一些平台并不能独立或有效组织货源,或没有能力到产地找到更好的货源)、微商等进行合作,并为其提供产地供应服务。其次,关于 B2C 的业务,如在淘宝、京东等电商平台开设网店,直接对接终端消费者,其中,2018 年,京东官方馆的销售额达到 2000 万元。

9.4.3 物流管理策略

1. 加工原产地仓与城市仓联盟

生鲜农产品具有易腐性,因此,物流是生鲜农产品供应链良性且可持续运营的关键环节。调研发现,蒲江生鲜企业的快递物流成本大约占销售额的 10%,而整个供应链中涉及的物流成本可能会占到 30%～40%。因此,一方面为了使到达消费者手中的产品保持完好的新鲜度,另一方面为了在保证产品质量的基础上节省物流成本,蒲江县的生鲜企业在物流环节也是下足功夫,其中最突出的是加工原产地仓与城市仓联盟这一举措,而率先进行两仓联盟的企业便是成都水口红农业发展有限公司。

成都水口红农业发展有限公司一方面狠抓冷链、仓储、物流项目。2014 年,与全国最大的果蔬批发市场——北京新发地农产品批发市场(简称北京新发地)在猕猴桃、柑橘的原产地建设了一个占地 15 亩,内含 34 间气调保鲜库和全自动分选线及 3000 平方米包装车间的冷链仓储物流中心。2016 年,该物流中心农产品覆盖包括但不限于上海辉展市场、浙江嘉兴市场、北京新发地等遍布全国的大型水果批发市场,销售 400 多万公斤猕猴桃和 100 多万公斤丑柑,总交易额超过 6000 万元。另一方面借力现代农业,推进蒲江县国家地理标志保护产品销售,目前已集中蒲江县全部知名品牌,在北京、上海等地入驻大型交易市场,并开设地级馆。"水口红"品牌创始人赵兴丽表示,除了悉心经营网店,也注重让实体店走出去。因此,特色生鲜农产品"四川馆"在全国最大的果蔬批发市场——北京新发地建了起来。2018 年 4 月,成都水口红农业发展有限公司在北京新发地举行了丑柑推介会,而蒲江县政府也对公司给予了房租及装修费上的支持。在推介会上,成都水口红农业发展有限公司更是运了半车皮的丑柑用于现场赠送,并用扫描二维码的方式推广其网上购物渠道。随着丑柑的销售量越来越大,成都水口红农业发展有限公司决定投资 3000 万元在蒲江县大兴镇修建一座占地 10 亩的冻库以满足储存需求。

蒲江还加强对现代物流的建设,建成了 7 万吨冷藏物流和保鲜气调库。其中,有 10 家冷藏规模 1000 吨以上企业,使猕猴桃、柑橘及其提取物等可以远销新加坡、日本、俄罗斯、荷兰、法国、德国、加拿大等地。

2. 全生命周期信息记录

为了实现生鲜农产品的全程可追溯,保障生鲜农产品安全,蒲江县生鲜企业对生鲜农产品整个生命周期的信息进行了记录,以味道果业和佳沃两家企业为例。

味道果业在生鲜农产品全生命周期中的信息记录如图 9.2 所示。在生鲜农产品的种植环节,对气候数据、土壤数据等种植环境信息进行收集,对农事操作人员、方法等操作记录进行存档,对种植方案进行备案,为种植的标准化提供依据且便于追溯;在加工环节,对加工工艺和分选规则进行详细记录,为生鲜农产品的分类提供依据;在质检环节,对检验标准和结果进行记录,为生鲜农产品进入市场提供安全保障;在仓储环节,对生鲜农产品储存的环境进行监控,对出入库数量进行完整及时的记录,并且进行库龄分析预警,从而保证生鲜农产品的存储安全,减少存储中的损耗;在运输配送环节,要记录物流路线和冷链过程中的温度等数据,保证生鲜农产品在运输配送中的质量;在销售环节,对销售渠道、销售量等相关数据进行详细记录,同时还要记录消费者的反馈信息,以便分析市场需求,为来年农产品的种植提供宝贵意见。对于消费者而言,可通过微信、溯源APP、溯源机三种方式通过终端扫描二维码查看溯源信息,如农产品质量信息、农产品合格证等,从而对自己所购买的产品更加了解,也更加放心。

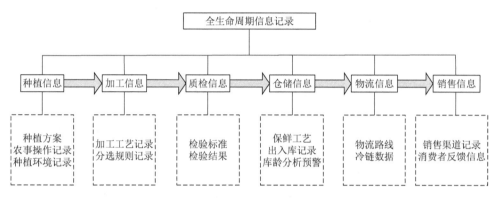

图 9.2 味道果业的生鲜农产品全生命周期信息记录

佳沃致力于将新的农业理念应用于传统农业生产过程中,放眼全球市场,建立从种植到冷链,再到营销的全产业链,实现了一体化控制,全生命周期记录使生鲜农产品流通过程透明可追溯变成了现实。在信息收集过程中,佳沃做到了实时监控和记录,而且信息系统可以不断地自我迭代和完善。用户通过二维码扫描,可以获取所有的信息,更重要的是,这些是针对所有产品而设定的,不只是针对样品。此外,佳沃还有一套可追溯认证标准,不仅可以实现过程的可追溯,还做到批次可追溯。

9.5 案 例 启 示

9.5.1 消费端拉动生产端,引导产品种植标准化

随着消费者生活水平的提高,对生鲜农产品的品质也提出了更高的要求。同时,在生鲜电商飞速发展的背后,牵动着生鲜产业的升级。2017 年,在北京市场火爆销售的不知火柑,农户自销 3 元左右一斤,而成都水口红农业发展有限公司的电商收购价要比农户自销价格高 0.7~0.8 元,条件就是品质要高,果子要好,

种植要规范，巨大的价差引导着果农关注标准化种植，乃至有机种植。运用对生产端具有吸引力的高端生鲜农产品市场价格倒逼生鲜产业整体升级，提高自身品质，这也是蒲江县推进全县生鲜农产品产业改革的战略方针。在蒲江率先整县推进有机农业建设的转变中，从事植物农药生产的成都新朝阳作物科学股份有限公司（简称新朝阳）也在不断创新适应变化。新朝阳在蒲江县每个村和社区都建立了中欧农业综合服务站，指导农户如何种植健康农产品，为种植端提供全程护理产品，而按照规范种植的农产品，将出现在其子公司鲜农纷享的电商平台上，从而拥有属于农户自己的店铺，一个产前、产中、产后的全产业链平台在新朝阳的转型升级中搭建起来。新朝阳认为，基于蒲江优质生鲜农产品，融合互联网商业模式的都市现代农业"升级版"就会在蒲江呈现。

9.5.2 互联网应用深入，提高供应链运营效率

相比电商的价格机制，蒲江一些龙头企业（如佳沃、味道果业等）对生鲜产业融合"互联网＋"发展的规划更为系统，覆盖全产业链和生鲜农产品的全生命周期。在蒲江生鲜供应链运营过程中，互联网的应用几乎贯穿了所有环节，从生鲜农产品供应端的环境监控、农事记录，到销售端的渠道开辟、资源整合，以及物流过程中的路线规划与车辆调度，互联网的应用都大大提升了各环节的运营效率与准确度，也有效节约了人力成本，为整个生鲜供应链的良性发展提供了必要保障。此外，蒲江县利用移动互联网、物联网等技术打造了一体化、可视化的农业信息化集成平台，让猕猴桃、柑橘等生鲜农产品的全生命周期管理进入了信息化时代。

9.5.3 提升区域品牌价值，保障生鲜产业可持续发展

蒲江县以蒲江猕猴桃、蒲江丑柑区域品牌建设为轴心，通过举办国内外猕猴桃、柑橘重大节会，不断提高蒲江猕猴桃、蒲江丑柑的品牌知名度和影响力。依托佳沃、鲜农纷享、味道果业等龙头企业，借力"一带一路"倡议，不断拓展海外市场，使蒲江猕猴桃、柑橘远销欧洲、新加坡等国家和地区。同时，通过猕猴桃和柑橘产业带动蒲江其他生鲜农产品的发展，提高具有蒲江特色的生鲜农产品的知名度。此外，种植标准化、有机化保障了蒲江生鲜农产品品质，互联网的深入应用保障了蒲江生鲜农产品全生命周期的管理效率，两者共同提升了蒲江区域品牌的价值，为蒲江生鲜产业可持续发展奠定了基础。

第10章　彩食鲜的一站式食材供应链运营管理

随着生鲜农产品 B 端市场（面向企事业单位、政府组织等的业务）展现出巨大的需求张力，越来越多的生鲜零售企业选择将其作为重要的业务拓展方向。利用已有的优质供应链资源与先进商业理念等优势，生鲜零售企业加快了在生鲜农产品领域面向企事业单位、政府组织等客户的供应链布局。然而，发展生鲜农产品的 B 端市场不仅需要具备客户管理、分拣加工和仓储运输等多方面的能力，还需要协调供应链上下游合作伙伴关系及基础设施设备的支撑，这对想要进行业务拓展的生鲜零售企业而言是不小的挑战。鉴于此，本章以彩食鲜为研究对象，对其为客户提供食材一站式定制化服务的相关运营实践进行剖析，探究一站式食材供应链管理模式及重要组成，以期为生鲜零售企业发展 B 端市场、拓展相关业务提供有价值的指导和借鉴。

10.1　彩食鲜简介

10.1.1　成立背景

永辉彩食鲜发展有限公司（简称彩食鲜）成立于 2015 年，是一家专业的 B2B食材解决方案服务商，还是中国物流与采购联合会农产品供应链分会发布的 2021 年"中国农产品食材供应链百强"企业。作为永辉超市的产品供应和食材中央管理中心，彩食鲜的成立是永辉超市基于未来零售行业发展趋势，布局 B 端供应链体系而作出的重大战略调整。在筹备彩食鲜项目之前，永辉超市便针对零售市场的 B 端和 C 端两个市场进行了充分的市场调研，发现大部分生鲜零售企业的经营方向长期以来集中在 C 端市场，而生鲜农产品的 B 端市场需求巨大，约有 10 万亿元人民币，但是其供应链体系格局相对落后。因此，永辉超市对彩食鲜项目作出专门针对零售行业 B 端市场、聚焦生鲜食材领域的精准定位，为彩食鲜后来深耕 B 端市场奠定了坚实的基础。截止到 2021 年，彩食鲜已在北京、福建、重庆等全国 6 个省市建立了集产品收储、检测、保鲜、加工、配送于一体的大型生鲜中央工厂，在成都、上海、福州等 29 个地区设立了仓库，业务范围覆盖 18 个省市。自 2016 年彩食鲜在全国各地的生鲜中央工厂陆续投产以来，彩食鲜一直以"为客户提供安全、健康、高性价比食材"为使命，为政府、企事业单位、餐饮机构、加工型生产原料企业、线上线下连锁商超等客户提供集食材采购、检测、仓储、保鲜、加工、配送等于一体的一站式食材解决方案。

10.1.2 发展历程

彩食鲜的发展经历了初步建厂局部投产、持续建厂全面投产和形成全国互联格局三个主要阶段。基于对彩食鲜发展过程中关键事件的梳理，形成了如图 10.1 所示的彩食鲜发展历程。

图 10.1　彩食鲜的发展历程

1. 初步建厂局部投产阶段（2015~2016 年）

2015 年，彩食鲜项目开始筹备，永辉超市针对此项目规划目标开展了筹备资金、设计生鲜中央工厂、布局仓库、项目招标等一系列工作。2016 年，彩食鲜分别开始在重庆、北京和福建三地修建生鲜中央工厂。同年，彩食鲜在重庆和北京两地的生鲜中央工厂开始投产，进入局部投产阶段。

2. 持续建厂全面投产阶段（2016~2018 年）

2017 年，彩食鲜对福建生鲜中央工厂一期工程进行改造，并开始修建四川、安徽、江苏三地的彩食鲜生鲜中央工厂。2018 年，安徽、福建和江苏彩食鲜开始投产，标志着彩食鲜布局全国的生鲜中央工厂全部修建完毕，进入全面投产阶段。同年，彩食鲜得到永辉超市、红杉资本、高瓴资本的投资。

3. 形成全国互联格局阶段（2018 年至今）

2019 年，彩食鲜于陕西省富平县注册总部，入驻北京市场并在深圳和上海开仓，开启了布局全国仓库网络的新阶段。2020 年，彩食鲜得到由中金资本、腾讯领投，招商银行、景林投资、民生股权投资基金跟投，永辉超市、红杉资本、高瓴资本加投的资本投资，在全国多地建厂布仓，初步形成全国互联格局。2021 年，彩食鲜陆续紧密筹建华北、华中、华东、华南及华西等地的配送仓，持续形成全国互联格局。

10.2　彩食鲜的食材一站式定制化服务

彩食鲜依托永辉超市遍布全球的供应链资源，结合自身覆盖全国的冷链仓配网络、专业的食材加工技术和全方位的食材安全保障模式，具备了为政府、企事业单位、餐饮机构、加工型生产原料企业、线上线下连锁商超等 B 端客户提供集采购、检测、仓储、保鲜、加工、配送等于一体的定制化一站式食材解决方案的能力。与此同时，为了满足全国各地分子公司标准化、专业化服务和管理需求，彩食鲜基于大数据技术实现了集"下单、配送、对账"等功能于一体的全流程电子化操作。

10.2.1　政府、企事业单位食堂一站式食材按需定制

彩食鲜为政府、企事业单位食堂按其食材采购需求提供定制化一站式服务。彩食鲜凭借面对全国不同地区、不同客户的差异化需求的快速响应能力、满足客户个性定制的全球采购能力和供应优质食材的可靠信誉，与众多政府、企事业单位建立了长期的稳定合作关系，满足其一站式定制化需求。

1. 按需定制，一站式满足

不同政府、企事业单位通常存在群体、文化等方面的差异，会导致营养搭配标准等方面的采购需求有所不同。彩食鲜以不同合作客户的需求为本，通过与客户接洽了解其具体采购需求后，制定符合其需求的一站式食材方案。例如，在与安徽省合肥市肥东县实验幼儿园的合作中，了解到该幼儿园长期面临难以为小朋友采购到统一标准、品质有保障食材的困难，彩食鲜发挥自身源头直采、全链条食材安全风险管控的优势，为该幼儿园提供了统一品牌、全套品质把控流程的一站式校园食材供应服务，让小朋友吃得健康，使家长放心。

2. 层层把控，品质可靠

作为"中国农产品食材供应链百强"企业，彩食鲜于 2021 年荣登政府采购大数据网发布的"全国政府采购食材与餐饮服务质量 500 强榜单"榜首。彩食鲜通过建立一套全方位的食材安全保障模式，从源头端到客户端实现了对食材品质的层层把控。在源头端，彩食鲜一方面通过自建食安云网监控采购源头，寻找影响食材品质的本质原因，严格把控食材源头品质，解决了以往无法从源头把控食材

品质的痛点；另一方面，彩食鲜还建立了完整的每日检测体系，对验收、入库、加工、配送全程进行严格检测和控制，实现对食材品质的全程把控。在客户端，彩食鲜通过邀请客户访问生鲜中央工厂或者接受客户邀约走进客户所在单位的方式，向客户展示食材分拣、加工等环节，解答客户食品安全相关问题，用专业的技能和知识为客户食品安全工作提供保障。

3. 快速响应，应急保障

截止到 2021 年，彩食鲜业务范围覆盖全国 18 个省市，在北京、福建、重庆等全国 6 个省市建立了大型生鲜中央工厂，在成都、上海、福州等 29 个地区设立了仓库，能够同时联动永辉超市全国各大仓库和超市等，快速响应应急保障工作。例如，在新冠疫情期间，彩食鲜利用全球采购能力和遍布全国的仓库资源，坚持每天为多地客户提供价格稳定、品质有保障的蔬菜、水果、水产等食材，有效保障了该单位食材供应的充足和安全。2020 年台风"巴威"过境，彩食鲜快速启动补给程序，高效组织运输配送，在规定时间内完成了大量应急补给订单。2020 年，彩食鲜因在疫情期间保供应、平物价方面作出了突出贡献，成为重庆市商务委员会指定的"重庆市生活必需品应急保供市级重点企业"。

10.2.2　餐饮机构一站式食材服务定制

彩食鲜为餐饮机构提供集食材采购、加工、包装、运输、配送等于一体的定制化一站式服务。对于有深入合作需求的餐饮机构，彩食鲜还能为其研发定制化菜谱并提供对应的食材配送服务。

1. 品类齐全，选择丰富

据中国物流与采购联合会冷链物流专业委员会发布的《2018 年餐饮供应链研究报告》，我国餐饮企业大多采用多供应商的采购模式，其中约 70%的餐饮企业供应商数量超过 100 个。虽然多供应商采购模式可以给餐饮企业带来更多的产品品类选择，但是也造成了采购分散、订单处理复杂等供应商管理中的难题。为满足不同餐饮客户对食材品类的需求，彩食鲜除了自有的蔬菜、水果、肉品、豆品、水产等 13 类产品可供选择外，还打造了专业的买手团队在全国各地采购新鲜食材，一站式购齐餐饮客户所需的所有食材，有效帮助餐饮客户解决了采购分散、订单处理困难等问题。彩食鲜除了提供食材采购服务外，还同时兼顾食材加工、包装、冷链运输、按时配送等多项服务，通过打通从采购到配送的所有流通环节，对食材实现了从生产到交付的全程把控，帮助餐饮客户解决了食材供应不稳、流通不畅的问题。

2. 简化流程, 降本增效

面对餐饮行业成本高、利润薄的行业背景, 彩食鲜依托供应链管理能力、大数据技术、食材加工技术和包装工艺等优势, 为餐饮客户设计了电子对账、食材加工等一系列标准化流程, 有效帮助餐饮客户降低了时间、人工、物料等成本, 提高了运营效率和利润率。例如, 在与汤城小厨的合作中, 针对汤城小厨长期以来面临后厨效率难以提高的问题, 彩食鲜利用中央生鲜工厂的毛菜加工工艺和标准化净菜技术, 为汤城小厨进行了形状、尺寸、甜度、重量等方面的食材标准化处理, 有效简化了汤城小厨后厨加工、清洗等操作流程, 降低了时间和人工成本, 提升了菜品上桌的效率。

3. 服务升级, 携手共进

彩食鲜凭借专业的食材加工技术和全方位的食材安全保障模式, 对餐饮客户的食材供应服务进行升级, 与客户携手共进, 打开了双方品牌共同成长的双赢局面。例如, 彩食鲜与汤城小厨的初始合作是从食材供应开始的, 双方凭着逐渐深入合作搭建起的信任, 开启了共同建立食材标准化体系的新篇章。双方前后进行了一系列的食材标准化研讨会、菜品规格调整、市场调研活动, 合作打造了一套完整的食材标准化体系。与此同时, 彩食鲜还通过自建的食安云网, 让每一位来到汤城小厨门店的顾客都能了解食材从农田到餐桌的每一个细节, 帮助汤城小厨在顾客群体中建立了食材安全和品质有保障的信誉。汤城小厨则通过在 25 家门店内布置彩食鲜的宣传展板, 帮助彩食鲜提升品牌知名度。通过这种互帮互助的联合宣传活动, 彩食鲜与汤城小厨打开了双方品牌共同成长的双赢局面。

10.2.3　加工型生产原料企业专属食材供应链定制

彩食鲜为加工型生产原料企业提供专属的食材供应链定制服务。依托永辉超市强大的供应链资源, 结合自身的企业购平台优势和覆盖全国的冷链仓配网络, 彩食鲜与众多全国知名的加工型生产原料企业建立了长期的稳定合作关系, 可满足其定制专属食材供应链服务的需求。

1. 大宗采购, 价格优廉

加工型生产原料企业的原料需求通常占其总销量一半左右的份额, 原料的采购成本深刻影响着该类企业的利润空间。彩食鲜通过为加工型生产原料企业提供集供应商管理、采购管理、仓储管理等于一体的整套食材供应链服务, 覆盖食材供应的每一个环节, 满足了该类企业对安全可靠、价格优廉原料的采购诉求。除了直接为加工型生产原料企业供应大米、鸡蛋、油脂、面粉等主打产品，五谷杂粮、调味剂等辅助型产品，以及糖浆、牛肉等开发性产品之外，彩食鲜还通过打造的专业买手团队，利用永辉超市的全球化供应链资源优势和自身的供应链管理能力，在全国各地对大宗原料订单进行源头直采，一站式购齐加工型生产原料企业所需的全部原料。彩食鲜从源头进行原料的大宗采购，不仅保证了供应原料的品质，还减少了原料采购的中间环节，简化了复杂的订单处理程序，为加工型生产原料企业有效节省了原料采购成本，提升了采购效率。

2. 专人对接，搭建桥梁

彩食鲜采用"1对1贴心管家"专属服务，通过为每一位客户配备一位彩食鲜专属管家的方式，搭建起双方合作的桥梁。例如，彩食鲜在与江淮汽车的合作中，便指派了一位彩食鲜专属管家服务于江淮汽车的整个合作过程。具体地，彩食鲜专属管家利用专业的食材供应知识，与江淮汽车后厨工作人员讨论食材供应的改良方案。彩食鲜专属管家会跟踪配送车辆，查看食材的在途运输情况，以确保食材在适宜的运输环境下配送。此外，彩食鲜专属管家会根据江淮汽车对食材的独特需求，在产品包装和定制化加工方面给出针对性建议。彩食鲜通过这种指派专属管家的方式，成功搭建了彩食鲜与加工型生产原料企业客户之间的合作桥梁。

3. 战略合作，强强联合

彩食鲜凭借为B端客户提供一站式食材解决方案的多年经验，打通了食材采购、供应、销售、配送的全流程，积累了丰富的供应链管理和运营经验，拥有和加工型生产原料企业战略合作的实力。2021年7月，安徽彩食鲜在安徽合肥正式与山东鲁花集团商贸有限公司合肥分公司签订战略合作协议，双方自此建立长期稳定的战略合作关系，将携手以客户需求为导向，在品牌共建、渠道产品、原料保障、产品定制、产品定量组合等方面进行多维度合作。一方面，彩食鲜充分发挥为B端客户提供一站式食材解决方案的多年供应链管理和运营优势，为鲁花集团创新产品渠道提供助力；另一方面，鲁花集团凭借多年积累的庞大粉丝群体和良好用户口碑，帮助彩食鲜开发更多符合客户偏好的产品，真正实现了双方的强强联合。

10.2.4 彩食鲜企业购专属线上商城定制

彩食鲜企业购（简称企业购）为企业提供专属的定制化线上商城服务。企业购是彩食鲜针对企业传统福利采购存在商品单一、员工满意度低、企业文化提升难的弊端，为满足企业用户定制化福利采购需求而打造的一站式电商平台。

1. 买法多样，场景广泛

自建立以来，企业购便依托彩食鲜和永辉超市的供应链资源，以为企业及其员工提供良好购物体验为服务宗旨，为企业提供定制化线上商城、商品服务，如为福建农林大学打造的"农林大学之家"专属线上商城、为福州工人 E 家亲打造的"福州工人 E 家亲"专属线上商城。由于不同企业向员工发放福利的方式存在差异，企业购开发的专属线上商城可同时满足不同企业员工的多种购买场景，具体包括福利购买、餐卡购买、积分购买、第三方客户购买、个人购买五种方式，给企业员工带来了良好的购物体验。

2. 选择多样，个性体验

针对不同企业在采购员工福利礼品时存在不同场景采购需求差异化的特点，企业购可同时为其提供多种购买方案，如节假日福利、老干部福利、低温高温补贴、生日福利等。企业不仅可以依据自身需求对福利礼品进行随心搭配，如"大米＋食用油"礼包、"水果＋冲泡饮品"礼包等，还可以在企业购线上商城定制符合企业特色的独家礼品包装，如为端午节粽子大礼包定制带企业标识（logo）的包装盒。此外，企业购还为企业配备了线上商城的专属提货点，定期将企业员工采购的福利礼品集中配送到此提货点，企业员工接收到企业购线上商城的取货通知后自行到提货点提货。对于有配送到家服务需求的企业，企业购还能为其员工免费配送礼品到家，满足了不同企业的个性体验。

3. 商品严选，持续迭代

企业购通过结合彩食鲜、永辉超市的全球化供应链资源和自身的电商平台优势，以客户需求为导向，始终按照彩食鲜的严选优质产品标准，对上架商品进行更新迭代，形成了全球化的礼品定制格局。企业购拥有多产地、多价位的丰富商品结构，可以为企业提供国产、进口商品的任意品牌组合，满足了不同企业员工的采购需求，有效解决了企业传统福利采购商品单一的难题。此外，企业购还依托彩食鲜源头直采的优势和全方位的食材安全保障模式，为企业提供品质有保障、价格全部低于主流电商平台的高性价比福利产品，提高了企业的员工满意度，有利于企业文化的提升。

10.2.5　连锁商超线上线下一站式食材配送定制

彩食鲜为连锁商超的各业态门店提供定制化一站式食材配送服务。彩食鲜依托其"自有品牌产品 + 基地直采产品 + 区域特色产品"的商品组成结构，可一站式满足家庭、个人客户的日常食材采购需求。

1. 种类丰富，一站配送

连锁商超产品通常具有种类多、售价低、边际利润低、周转率高等特点。彩食鲜以"自有品牌产品 + 基地直采产品 + 区域特色产品"的商品组成结构，可以满足连锁商超对产品种类的采购需求。此外，自有品牌产品和基地直采产品减少了采购的中间环节，能够有效降低产品采购成本，从而帮助连锁商超提高产品边际利润。与此同时，彩食鲜还利用覆盖全国的冷链仓配网络和全程冷链配送的物流优势，为连锁商超提供定制化一站式食材配送服务，有效解决了连锁商超高频产品周转的配送难题。

2. 用心服务，区域特色

作为一站式食材供应商，彩食鲜一直致力于为客户提供优质细致的服务。为满足不同连锁商超客户的差异化服务需求，彩食鲜为其连锁商超客户建立了专业的运营和销售团队。凭借专业的服务能力，彩食鲜已在永辉超市各业态门店立足。截止到 2021 年，彩食鲜已为永辉超市在全国八大省份的 1300 多家各业态门店提供了服务。彩食鲜还是红旗连锁超市的指定生鲜食材供应商，为红旗连锁超市的 220 家门店提供食材供应和配送服务。彩食鲜还能为地域性消费者提供具有区域特色的食材，如依据消费者需要做的地方特色菜品，对食材进行针对性加工，满足了连锁商超不同消费群体的食材采购需求。此外，为了帮助连锁商超客户在消费者群体中建立信誉，彩食鲜还在连锁商超门店设立了"生鲜商品消费者检测体验中心"，让消费者亲身体验食材检测过程，从而更加放心所购买食材的品质，有效提高了连锁商超在消费者群体中的信誉。彩食鲜通过为不同连锁商超客户提供具有区域特色、种类丰富、品质有保障的食材采购和配送服务，打造了健康、安全、便捷的新鲜食材供应方式。

3. 减少垃圾，绿色生活

随着人们生活水平的提高和国民素质的提升，越来越多的消费者开始追求更加环保的生活方式。彩食鲜掌握对食材进行标准化、定制化加工的技术，可为连锁商超的消费者减少生活垃圾，使其更加绿色地生活。彩食鲜生鲜中央工厂可依据食材种类和特点进行粗加工或者精加工，不仅有效减少了消费者的生活垃圾，还减少了消费者加工处理食材的时间，提高了消费者生活的便利性。

10.3　彩食鲜的食材直采管理

为了向客户一站式提供安全、健康、高性价比的食材，彩食鲜一直以来凭借永辉超市全球化的供应链资源和"信息化 + 智能化"的供应链管理能力，坚持在源头进行食材直采。

10.3.1　专业买手全球采购

彩食鲜通过打造专业的买手团队在全球深入源头以实现食材直采。以彩食鲜深入新疆选购阿克苏冰糖心苹果为例，为了给客户采购到品质有保障的特色新疆阿克苏冰糖心苹果，彩食鲜安排专业买手团队深入新疆，实地调研不同产区、严格筛选供应商资质，最终选择了由阿克苏地区红旗坡农场生产的、具有国家地理标志保护产品称号的"红旗坡"冰糖心苹果。彩食鲜通过充分发挥对食材源头直采的管理能力，从源头把控食材品质，不仅保证了食材的安全和健康，还减少了采购中间环节，能够有效帮助客户降低食材采购成本，提高销售利润。

10.3.2　共建基地合作种植

彩食鲜采用与上游供应商共同建立农产品种植基地的方式，直接参与到农产品供应链上游的建设中。截止到 2022 年底，彩食鲜已在四川、安徽、福建等多个地方建立了农产品合作种植基地，通过为这些基地提供专业技术支持，输出食材标准，并重构农产品的播种、种植、施肥、采摘等相关环节，彩食鲜协同上游供应商把控了食材的品质和标准。以彩食鲜与福建鸿蕉农业科技有限公司合作建立的香蕉种植基地为例，为了给客户生产优质健康的香蕉，彩食鲜指派专业的技术人员向该基地输出香蕉种植标准，并提供筛选、初级包装、冷链运输等技术支持，实现了从生产到流通全过程对香蕉的优培、优选和精细储运。

10.3.3　订单农业产地直采

彩食鲜采用订单农业的方式与农户达成深度合作关系，为客户提供品质有保障的健康时令果蔬，如彩食鲜与华沙梦想水果种植专业合作社的胭脂脆桃产业园达成合作后，每年按时在桃子成熟的季节直达产业园，按照订单采购新鲜的胭脂脆桃。为了保证时令果蔬的安全、健康，彩食鲜不仅为农户提供种植、采摘等环节的技术支持，还通过自建的食安云网，对农产品从生产端到客户端进行全程可视化追踪。彩食鲜通过与农户深度合作进行产地直采的方式，充分发挥合作双方的资源和优势，一方面降低了农户种植农产品的风险，提高了农户的收入，另一方面实现了自身对农产品种植、采摘等环节的管控，保证了产地直采农产品的品质。

10.4　彩食鲜的规模化专业食材加工

为了更好地满足客户对食材加工的需求，彩食鲜凭借生鲜中央工厂的全套加工设施设备、专业的加工技术和包装技艺，可分别实现对大规模食材的标准化加工和对特殊需求食材的定制化加工。

10.4.1　大规模标准化加工直达餐桌

彩食鲜在北京、重庆、四川、福建、安徽、江苏全国六个省市的生鲜中央工厂内，不仅拥有肉禽、净菜、调理品、蔬果、调味品、干货车间和仓储物流中心，还引进了多种现代自动化加工设备和全套冷链设备，如肉类气调包装机、肉类轨道分割线、蔬菜清洗分割机等，可对食材实现采购、覆膜、包装、打码等一体化的集成加工。针对订单量较大、容易实现标准化加工的食材，如土豆、猪肉等，彩食鲜的工作人员会在完全符合良好操作规范（good manufacturing practice，GMP）的蔬菜清洗分割机、肉类轨道分割线内，对此类食材进行大规模的标准化加工，为客户节约加工食材的时间，使相关菜品高效率直达餐桌。

10.4.2　定制化加工满足不同需求

针对有特殊加工需求的食材，彩食鲜采用指派专人对接客户需求的方式，根据食材特色和客户对食材尺寸、形式、包装等方面的要求，利用净菜车间的净菜加工工艺，进口食材清洗、切割设备，面点车间的面条加工设备，以及肉品车间的气调包装工艺等，对食材进行定制化加工。此外，当接到无法使用加工设备自动对食材进行加工的订单时，如制作闽菜佛跳墙的鸡、鸭等需要人工加工处理的食材，彩食鲜利用食材清洗设备对其进行清洗后，会由专业食材加工工人对其进行人工处理，最大程度地满足客户的定制化食材加工需求。

10.5　彩食鲜的全方位食材安全保障模式

食品安全问题一直是困扰大部分企业和消费者的难题。彩食鲜自成立以来，便致力于为其客户提供安全、健康的食材，经过多年在各大业务板块的食品安全规划和布局，打造出了属于彩食鲜的全方位食材安全保障模式。2020 年，彩食鲜凭借其突出的食品安全实力，获得了"中国食品健康七星奖"殊荣，也是生鲜 B2B 行业首个上榜的企业。2021 年，彩食鲜入选"食品安全最佳实践案例"。

10.5.1　协同供应链上游源头把控食材安全

彩食鲜一直秉持从源头把控食材安全的理念，通过协同供应链上游的方式，从源头开始打造全方位的食材安全保障模式，包括严查供应商资质、与供应商深度合作。

1. 严查供应商资质

每一位与彩食鲜有合作关系的食材供应商，都必须经过彩食鲜食安团队的严格筛选。在筛选深入源头直采渠道的食材供应商时，具有通过最新年检的营业执照、开户行许可证等是彩食鲜筛选此类供应商的基本条件。在筛选即将开展合作的农业基地和农产品生产基地的供应商时，具备种植相应食材的基地面积、栽培技术、施肥标准等是彩食鲜筛选此类基地的基本要求。此外，为了进一步确保源头食材的品质，针对已经开展合作的供应商，彩食鲜食安团队还会定期对其供应商资质进行复验。

2. 与供应商深度合作

彩食鲜凭借积累的供应链管理能力，直接参与到供应链上游与供应商开展深度合作，协同供应商从源头共同保证食材安全。例如，彩食鲜在河北省沽源县的西兰花种植基地，作为彩食鲜与其上游供应商合作打造的农产品高标准种植园区之一，此基地全区采用高标准的农产品种植管理技术，可从源头对食材进行开发和品质把控，实现了彩食鲜从源头打造全方位食材保障模式的目标。

10.5.2　全链条的食材安全风险管控体系

为了进一步保证向客户供应安全、健康的食材，除了从源头开始打造全方位的食材安全保障模式外，彩食鲜还打造了一系列的食材安全设施设备和质量管理体系，打通了食材供应过程中的采购、验收、物流运输等全部流程，形成了彩食鲜特有的全链条食材安全风险管控体系。

1. 国际化的质量管理体系

彩食鲜严格按照 ISO22000 认证（食品安全管理体系认证）、OHSAS18001①认证（职业健康安全管理体系认证）、ISO9001 认证（质量体系认证）、HACCP②认证（食品安全管理体系认证）、ISO14001 认证（环境管理体系认证）等国际食品安全质量管理标准，搭建了一整套国际化的质量管理体系，为其全链条的食材安全风险管控体系提供参考标准。

2. 食材安全检测实验室

彩食鲜通过搭建食材安全检测实验室，采取 24 小时轮班检测的方式，对进入彩食鲜工厂及其生产加工环节的所有食材进行严格检测，检测范围包括农兽药残留、微生物、重金属、理化等指标。只有所有检测参数都完全达标的食材，才能进入彩食鲜生产加工的下一个环节，若检测指标中的某项不达标，那么该批次食材会被全部退回，从而实现彩食鲜从检测环节全面把控食材安全的目的。

3. 食安云网全链路追溯

彩食鲜是 B 端市场内最早做到食材全过程可追溯的企业之一。早在 2016 年，彩食鲜便采用信息技术互联网云技术开始搭建自有的食品安全云网（简称食安云网）。通过将市场食品安全合格检测证明、农兽药残留检测报告、抽检报告等数据同步到食安云网，彩食鲜可实现食材从源头端到客户端的全链路可追溯，切实确保食材安全可控。现在，彩食鲜所供应的所有食材均支持扫描食材包装的可溯源二维码查询食材产地、供应商地址、进货批次、检测报告、食品安全抽检等信息。

4. 平台品控中心

通过搭建平台品控中心，彩食鲜实现了对所有食材、加工设备、规则、工作人员与环境的定期和不定期监控，以确保食材生产加工的每个环节安全可控。此外，彩食鲜还在平台品控中心实施对工作人员的安全、健康和培训管理，切实预防生鲜中央工厂内肉制品、蔬菜、禽类、水果、干货等食材在生产加工过程中可能出现的安全隐患，形成了一道覆盖每个生产加工环节的安全防火墙。

5. 第三方检验检测公司

为保障食材安全，彩食鲜还积极与第三方检验检测公司展开合作。近年来，

---

① OHSAS 表示 Occupational Health and Safety Assessment Series（职业健康安全管理体系）。
② HACCP 表示 Hazard Analysis and Critical Control Point（危害分析的临界控制点）。

彩食鲜陆续与中国检验认证集团检验有限公司、通标标准技术服务（上海）有限公司、上海天祥质量技术服务有限公司达成战略合作，对食材进行二次检测，以加强对食材安全的检测力度。此外，彩食鲜还通过由第三方检验检测公司对食材开展定期和不定期批次抽查的方式，让客户更加放心使用所供食材。

10.5.3　全程冷链确保交付食材新鲜

新鲜是食材的生命，彩食鲜为了给客户带来新鲜度更高的优质食材，通过形成覆盖全国的冷链仓配网络和设计差异化的物流冷链车，实现了食材供应全程的冷链运输和配送。

1. 覆盖全国的冷链仓配网络

作为食材配送领域少数做到食材全程冷链运输和配送的企业之一，彩食鲜经过多年的物流网络布局，形成了覆盖全国的冷链仓配网络。自 2015 年起，彩食鲜陆续在北京、福建、重庆等全国 6 个省市建立了总面积近 20 万平方米的大型生鲜中央工厂，在成都、上海、福州等 29 个地区设立了仓库，形成了可实现各大仓库库存互补的全国互联格局。此外，截止到 2021 年，彩食鲜已拥有约 650 辆自有物流运输车辆、约 1500 辆合作物流运输车辆，并在重庆、成都、深圳等多地建立了物流配送中心，内设冷冻库、保鲜库、常温库、冷藏库、食品安全检测室和分拣中心，可实现对所有食材的全程冷链运输和配送。

2. 差异化物流冷链车新鲜直供

彩食鲜通过设计不同温层的物流冷链车，最大程度保证食材原有风味。不同食材通常对冷藏温度的需求不同，彩食鲜的物流冷链车能根据运输食材特点设置不同温层，实现不同食材的同时配送。针对特殊食材，彩食鲜则使用专业设备将其提前打冷再放入物流冷链车，并在运输全程使用 GPS 监控系统定位物流冷链车，实时掌握车内温度数据，以减少温差对食材品质的影响。此外，彩食鲜还与江淮汽车达成了战略合作，根据物流冷链车的用车需求，在特殊改装、动力选择等方面进行定制化采购，以实现对食材的新鲜直供。

10.5.4　组织员工深入学习食品安全法律法规

了解食品安全法律法规，能够帮助企业更好地生产加工符合食品安全标准的产品。彩食鲜为了确保员工在生产加工环节对所有食材严格按照食品安全法律法规进行操作，多次以播放法制频道食品安全法律法规视频、邀请食品安全部门人员进行食品安全法律法规宣讲等形式，组织全体员工深入学习食品安全法律法规，营造出了"人人食安"的良好氛围。

10.6 案 例 启 示

10.6.1 提供一站式食材解决方案，塑造差异化竞争优势

生鲜农产品不仅是个人和家庭消费者的日常生活必需品，还是各政府、企事业单位食堂、餐饮机构后厨、加工型生产原料企业、连锁商超等的食材和原料，对生鲜农产品的 B 端市场进行精准定位，有利于生鲜零售企业走差异化竞争道路。彩食鲜作为一家专业的 B2B 食材解决方案服务商，深耕 B 端市场，聚焦生鲜食材领域多年，通过为具有不同需求的 B 端客户提供一站式食材解决方案，形成了与其他生鲜零售企业不同的差异化竞争优势。

如今，我国大部分生鲜零售企业在发展过程中，通常面临 C 端市场竞争难度大，B 端市场具有发展前景却由于缺乏供应链资源支持而难以立足的难题。彩食鲜作为永辉超市布局 B 端市场而成立的产品供应和食材中央管理中心，依托永辉超市遍布全球的供应链资源，发展了众多可实现源头直采的生产基地、农业基地、农户等源头供应商；背靠永辉超市的全国仓库和物流配送中心，修建了自己的生鲜中央工厂、仓库、物流配送中心，和永辉超市形成了相辅相成的物流网络格局。彩食鲜充分利用已有的供应链资源优势，结合深耕 B 端市场的发展定位，打造供应商（生产基地）到 B 端企业的短链条供应链，配以"信息化+智能化"的供应链管理能力、专业的食材加工技术和全方位的食材安全保障模式，能有效提升供应链绩效，形成供应链竞争优势。由此可见，生鲜零售企业要发展 B 端市场，首先，要有发展供应链资源的意识，为后期深耕 B 端市场奠定基础；其次，要注重提升供应链管理能力，加强对大数据技术、信息技术等的开发和使用，利用科技的力量有效提升供应链管理能力；最后，要对支撑供应链运营的仓储、物流、配送等环节进行布局，从而提升供应链综合管理能力。

现实中大部分服务于 B 端市场的生鲜零售企业都采用纯电商的方式。与完全按照电商理念做 B 端市场的生鲜零售企业不同，彩食鲜不仅建立了企业购这个一站式电商平台以满足消费者需求，还针对大部分企业采购食材面临采购成本高、食材安全无法得到保证等特点，打造了"一站式电商平台线上企业用户+一站式食材解决方案线下合作客户"的特色经营模式，线上线下一站式满足不同客户需

求。彩食鲜通过这种经营模式，掌握了线上线下企业客户资源，能够实现客户资源的相互转化。因此，服务于 B 端市场的生鲜零售企业要避免盲目跟随纯电商发展的潮流，在对市场进行充分了解后，可根据企业规模、发展定位开拓适合自身发展道路的销售渠道，从而激发市场潜在需求，获取销售渠道上的竞争优势。

10.6.2　完善食材安全体系，促进供应链可持续发展

供应链的可持续发展能为企业实现降低经营成本、提高运营效率、控制潜在风险的目标，因此，越来越多的企业愈加重视供应链的可持续发展。一直以来，食品安全问题都受到广大消费者和企事业的高度关注，完善食品安全保障体系是食品类企业促进供应链可持续发展的必经之路。彩食鲜作为一站式食材服务提供商，一直以来致力于为客户提供安全、健康、高性价比的食材。通过积累内部资源和布局供应链上下游的方式，彩食鲜完善了食材安全体系，获得了政府、企事业单位等合作客户的高度赞扬，促进了供应链的可持续发展。

完善食品安全保障体系必须从企业自身开始做起，这是食品类企业促进供应链可持续发展的内部基础。截止到 2021 年，彩食鲜已经历六个年头的内部资源积累过程，建立国际化的质量管理体系为食材安全体系提供标准，布局全国物流仓配网络实现全程冷链运输，搭建食安云网实现食材从源头端到客户端的全过程可追溯，打造食材安全检测实验室全面检测食材指标，搭建平台品控中心，对所有食材、加工设备、规则、工作人员与环境进行定期和不定期监控，组织员工深入学习食品安全法律法规，通过采取多种手段并行的方式，完善了食材安全体系。

为了更加有效地促进供应链的可持续发展，食品类企业除了在内部进行资源的积累之外，还应从外部对供应链上下游进行布局，形成优势互补的良好供应链生态。一方面，彩食鲜与供应链上游开展深度合作，以达到降低采购成本的目的。彩食鲜通过在四川、安徽、福建等多地与众多农产品生产基地、农业基地的供应商和农户达成深度合作关系的方式，将供应链上游的土地、种植技术、劳动力等资源与自身的安全标准、技术标准和资金投入相结合，不仅保证了供应链上游供应商和农户的农产品收入，还降低了自身采购食材的成本，在供应链上游促进了供应链的可持续发展。另一方面，彩食鲜与供应链下游开展战略合作，以达到提高运营效率的目的。彩食鲜通过与江淮汽车、鲁花集团等供应链下游客户达成战略合作关系的方式，将下游客户的设备、粉丝群体、品牌等资源与自身一站式食材服务的运营经验、食安云网可追溯系统和供应链管理能力相结合，不仅为下游客户提供了安全有保证的高性价比新鲜食材，还提高了自身在物流运输、开发品牌、保证食材销售等方面的运营效率，在供应链下游促进了供应链的可持续发展。

由此可见，食品类企业可以从内部建立并完善食品安全保障体系着手，为促进供应链可持续发展奠定坚实的内部基础。食品类企业还应当发挥供应链参与主体的协同作用，加强与供应链上下游企业的合作，形成优势互补的良好合作关系，共同促进供应链的可持续发展。

10.6.3　以购代扶助力农民增收，打开互利多赢新局面

近年来，越来越多的企业积极响应国家推进乡村振兴的号召，通过捐款、捐物等方式帮助农民。然而，向农民捐赠金钱、生活必需品等传统的扶农助农方式只能解决一时的温饱，无法从本质上解决其收入不稳定的问题。彩食鲜通过转变传统单纯向农民捐赠的思维模式，在全国多个地区长期定向开展以购代扶助农活动，助力农民增收，打开了互利多赢的新局面。

企业在扶农助农时，应当转换思维模式，实现从传统"输血"式助农到"造血"式助农的积极转变。自2015年起，彩食鲜便开始利用其强大的供应链资源，采用与全国多个地区各级政府、电子商务协会等相关机构签订合作协议的方式，长期定向开展以购代扶助农活动，如陕西富平县、四川凉山彝族自治州、甘肃岷县等。每到农产品成熟的季节，彩食鲜各个区域的采购负责人便到定向帮扶合作地区核实拟采购的农产品情况，购买所有符合采购标准的农产品，确保农民收入。此外，彩食鲜还通过分析供应链销售端的反馈数据，对扶农助农类农产品采取定制化采购的方式，让农民积极参与到市场竞争中来，不仅有效降低了农民的产品滞销风险，还提高了其生产积极性，加速了其增收的速度，真正意义上实现了从传统"输血"式助农到"造血"式助农的积极转变。

生鲜供应链企业在扶农助农时，应积极发挥专业知识优势，加强对农民种植、施肥、采摘等环节的专业指导，提升扶农助农产品的品质，为农民创造竞争优势。同时，生鲜供应链企业还应发挥渠道优势，为扶农助农产品开拓销售渠道，实现从采购助农到消费助农的转变。一方面，彩食鲜向定向帮扶合作地区农民传授专业的种子培优、种植、施肥、采摘等专业知识，不仅帮助农民生产出了更加优质的农产品，提升了扶农助农产品的市场竞争力，还为企业客户和消费者购买到了绿色、健康的农产品。另一方面，彩食鲜充分利用企业购线上渠道资源，政府、企事业单位、餐饮机构、加工型生产原料企业、连锁商超等线下渠道资源，不仅为扶农助农产品打开了销售渠道，还实现了自身从源头采购食材、减少采购中间环节的目标，打开了互利多赢的新局面。

第11章　佳沃的"三全"生鲜供应链运营模式

居民收入水平的不断提高推动着各类消费市场逐渐进入升级状态，其中，生鲜农产品市场的消费升级尤为突出，消费者对更安全、更高品质的生鲜农产品需求在持续增加，不少知名进口生鲜农产品愈加受到消费者的青睐。在这样的消费升级背景下，生鲜经营企业佳沃通过实施"三全"生鲜供应链运营模式，掌握了优质的生鲜农产品资源，打造了安全高效的生鲜冷链运输通道，从而持续为消费者提供新鲜、高品质的生鲜农产品，逐步成为深受消费者信赖的生鲜经营企业，建立市场竞争优势。因此，本章以佳沃为例，分析其以品质为先的"三全"生鲜供应链运营管理过程，深入理解佳沃如何通过"三全"生鲜供应链运营模式塑造与维持生鲜农产品品质和安全。

11.1　案例介绍

11.1.1　佳沃简介

佳沃集团有限公司（简称佳沃）成立于 2012 年，是联想控股股份有限公司（简称联想控股）投资现代农业、涉足生鲜产业的重要举措。佳沃的前身是联想控股旗下的农业投资事业部，通过两年的农业投资探索，佳沃在成立之初就已经具备了一定的行业基础。

佳沃在成立之初就联合中国科学院的农业专家对生鲜产业展开深入调研，发现：一是国内生鲜农产品的品类和品质难以满足消费者日益升级的消费需求，二是生鲜供应链的结构松散导致管理水平低。生鲜产业的上述状况促使佳沃制定现代化的生鲜供应链运营战略，优化生鲜供应链的管理模式，改良生鲜农产品品质。

佳沃在品种选育、生产规模、基础设施建设、市场扩张等方面注入大量资本。通过建立自主育苗中心与技术研究中心，佳沃对"金艳""东红"等既有优势水果品种进行种苗繁育，并与科研人员共同研发新品种，逐步实现差异化水果构成。同时，佳沃在安徽、湖南、陕西等多地建设种植基地，形成水果的规模化生产。此外，佳沃有计划地进行海外水果产业投资，分别在国内外建立起分拣、加工、包装与冷链仓储等生鲜供应链主要环节。为进一步扩大市场，2015 年 12 月，佳沃实施与鑫荣懋果业科技集团股份有限公司（简称鑫荣懋）的战略合并计划，双方企业在水果产业方面强势联合，一跃成为中国销售规模最大的水果经营企业。

当前，佳沃正朝着农业集成服务平台发展，通过不断并购生鲜供应链上的核心公司，再辅以资金、技术、管理等资源投入，整合外部优势，持续为消费者提供安全、新鲜、高品质的生鲜农产品。佳沃已经在水果、动物蛋白、数字智能等多领域建立了具有先锋代表性的全球化产业平台，成为中国新一代农业食品产业化知名企业。

11.1.2　佳沃的生鲜产业布局

佳沃在生鲜产业布局之初立足于水果产业，选择构建以蓝莓、猕猴桃为代表的水果供应链。2015 年佳沃与鑫荣懋合并之后，水果产业布局逐渐成熟，水果供应链日趋完善。随后，佳沃于 2017 年开始扩张生鲜产业品类，通过并购国内外龙虾、三文鱼、甜虾等高档海鲜企业，构建以进口海鲜为代表的海产品供应链，以布局动物蛋白产业。目前，佳沃的生鲜产业主要包括水果产业和动物蛋白产业两大类，其中，水果产业以蓝莓产业和猕猴桃产业为核心，动物蛋白产业则以高档海鲜产业为主。

1. 蓝莓产业

佳沃以青岛沃林蓝莓果业有限公司为基础发展蓝莓产业，已经在全国范围内拥有 20 000 亩自有蓝莓种植基地，还通过海外投资并购，在智利、美国等国拥有海外蓝莓种植基地。

鉴于品种对蓝莓品质、销量等方面的重要影响，一方面，佳沃在青岛建立了国内水平领先、功能齐全、规模最大的蓝莓工程技术中心，系统性处理蓝莓品种的引进、研究、推广工作，并通过了 ISO22000 认证（食品安全管理体系认证）、ISO9001 认证（质量体系认证）、ISO14001 认证（环境管理体系认证）等多重标准体系认证。目前，佳沃主要种植三类蓝莓品种，即南高丛蓝莓、北高丛蓝莓、兔眼蓝莓，既能适应不同地区种植蓝莓的气候环境，又能提升蓝莓种植的经济价值。另一方面，佳沃先后在青岛、山东、云南等多地建立具有示范效应的规模化蓝莓苗木繁育基地，育苗基地总面积超过 2000 亩。

为保障蓝莓的高质量产出，佳沃创新蓝莓种植技术和管理范式，培养专业蓝莓技术人员，为蓝莓种植基地提供不同的栽培模式和病虫害防治等专业技术指导。经过多年探索实践，佳沃积累了丰富的蓝莓种植经验，掌握了先进的蓝莓种植技术。以青岛市西海岸的蓝莓种植示范园为例，2014 年，全区蓝莓种植面积达到 9.3 万亩，规划 7.82 万亩的游客采摘区域，年总产量达 15 870 吨。

2. 猕猴桃产业

佳沃的猕猴桃产业依托于四川省蒲江县,通过并购四川中新农业科技有限公司,佳沃拥有了"金艳"和"东红"两个全球领先的猕猴桃品种专利,并基于此与中国科学院武汉植物园建立了深度合作,为佳沃的猕猴桃产业布局奠定了品种和技术基础。此后,佳沃旗下的猕猴桃工程技术研究中心自主研发、推广了"佳沃金奇异果",因其富含多种微量元素和膳食纤维,被誉为"营养密度之王",成功跻身高端猕猴桃消费市场。在基础设施建设方面,佳沃先后在中国河南、中国陕西、智利等国内外多地建立了规模化猕猴桃种植基地,逐步发展为中国最大的猕猴桃种植企业。

3. 海鲜产业

在消费升级的影响下,优质、高营养价值的生鲜农产品持续受到消费者青睐。佳沃在基本完成高端水果布局、满足消费者对优质水果需求的基础上,选择通过布局海鲜产业,尤其是狭鳕鱼、三文鱼、北极甜虾等高档海产品,进一步满足消费者对优质高档海鲜的需求。2017 年,佳沃率先收购具有行业领先地位的青岛国星食品股份有限公司,进军海产品进出口贸易市场。2018 年,经过长时间洽谈,佳沃与澳大利亚的 Kailis Bros 水产品企业建立合作关系,独家代理 Kailis Bros 海产品在中国的销售。2019 年,鉴于智利取代挪威成为中国三文鱼的最大供应国,佳沃收购了智利的一家上市公司 Australis Seafoods,掌握了三文鱼的上游优质资源。2023 年,佳沃成为狭鳕鱼、北极甜虾等领域的龙头企业,仍坚持不断完善海产品供应链,以优质的全球化海产品资源满足国内不断升级的消费需求。

11.2　佳沃的"三全"生鲜供应链运营战略

佳沃秉持让国内消费者享受到安全、优质的全球化生鲜农产品的使命和愿景,制定了"三全"模式的发展战略,即全球化生产资源布局、全程溯源品控管理、全产业链服务平台。

11.2.1　全球化生产资源布局

中国幅员辽阔、人口众多,而生鲜农产品资源在全国范围内分布不均、种类有限,难以完全满足食品消费市场升级背景下的消费者需求。有效利用海外优质生鲜农产品资源,逐渐成为生鲜供应链企业保障消费者对更多更好生鲜农产品需求的重要途径。

　　佳沃从建立之初就开始着手全球化生产资源布局，通过企业并购、销售代理等方式，在全球范围内进行优质农业资源投资，以掌握生鲜供应链上游的产地资源、技术资源等核心资源。

　　布局初期，佳沃总投入超过 10 亿元用于并购市场份额高、运作体系成熟、管理经验丰富的生鲜企业，在短时间内掌握国内外重要产地资源和技术资源。随后，佳沃对供应链设施、生产技术、管理人员进行持续投入，建立了以中国青岛、中国四川和智利为代表的规模化种植基地，实现对供应链上游资源的有效整合。在此基础上，佳沃不断扩大种植规模，在国内形成以蓝莓和猕猴桃为主、南北走向的水果种植基地分布模式；在国外以智利为核心，将海外生产基地扩展到墨西哥、南非、新西兰、俄罗斯等多个国家，形成跨越全球多个大洲的产地资源布局。与此同时，佳沃持续引进国外的优良品种和先进技术，通过自建的工程技术中心进行推广和普及，提高国内生鲜农产品生产的科学性和标准化。

11.2.2　全程溯源品控管理

　　流通环节多、供应链条长是生鲜供应链的固有问题，佳沃必须考虑如何保障生鲜农产品的源头品质和流通过程中的质量安全。

　　佳沃建立了全程可追溯系统，对生鲜农产品从生产到销售的全链路信息进行记录和追踪，掌控生鲜农产品品质和安全。为了保证追溯系统的顺利实施，佳沃技术团队制定了包括生产作业规范、检测指标、信息记录、信息审核、行为激励与行为约束等在内的一系列标准化流程，提升追溯系统的可操作性。该追溯系统率先应用于蓝莓产业上，对蓝莓进行全生命周期管理。

　　对佳沃而言，全程可追溯系统与企业内部操作系统进行联动，每个环节的独立操作信息都可以被记录和查询。以生产环节为例，每个种植基地的客观环境因素如降雨量、光照强度、土壤特性等，与人工种植行为如浇水、施肥、品质检测等都被详细记录下来，工作人员只需登录内部系统即可查询到一系列详细信息，随时监督生产过程是否符合专业规范，以便确保生鲜农产品在标准化的生产过程中形成良好品质，同时，明确个体行为责任。一旦出现食品污染、变质等突发事件，佳沃能够通过可追溯系统快速找到污染源，锁定相关环节的操作人员，了解问题批次，进行针对性的生鲜农产品召回，将突发事件对消费者的影响降到最低。

　　对消费者而言，利用智能手机扫描蓝莓包装上的溯源码，就能进入可追溯系统，对所购蓝莓的生产地、加工厂、冷链物流、质检数据、销售等五大生鲜供应主要节点信息进行轻松查询，直观了解所购蓝莓的供应链信息，有效提升消费者对佳沃蓝莓的感知价值。

11.2.3　全产业链服务平台

出于对生鲜农产品高品质与生鲜供应链高效率的追求,佳沃致力于打通从生鲜农产品品种选育到栽培生产,再到冷链物流和全渠道销售的生鲜农产品产业链,建设以先进农业生产技术、物流追溯技术等现代农业技术为支撑的现代产业链。

佳沃的全产业链建设主要分为两种方式,一种是在产业链上游的生产和加工环节实现佳沃自有化。佳沃通过收购生鲜企业再投入资源的方式,布局数字化农业基础设施,革新生产作业管理,建立标准化生产过程,坚持从源头保障生鲜农产品品质。另一种是在产业链下游的销售环节实现与第三方专业企业的战略合作。佳沃先后入驻天猫、京东等生鲜电商平台,开设线上旗舰店。同时,与物美、盒马鲜生等线下实体零售店建立深度合作关系,开展线下销售。

佳沃在打造全产业链时并不是深入生鲜供应链的每一个环节中去,而是重点掌握生鲜供应链上游生产,全局掌控生鲜农产品品质,实现生鲜产业的全产业链协同。通过构建品种研发、苗木繁育、种植示范、仓储分选、物流销售"五位一体"的全产业链服务平台,佳沃将生鲜产业的多个环节、多方主体凝聚成利益共同体,一方面提升生鲜供应链的运营效率,另一方面利用信息传导机制,实现消费者需求信息在产业链上的逆向传导,促进产销信息对接,实现生鲜农产品的高质量供应。

11.3　佳沃的全球化、标准化生产管理

在生鲜供应链上游的生产环节,佳沃立足于"三全"战略中的全球化生产资源布局,从全球化产地资源布局和标准化生产技术管理两方面展开,创新"示范园＋托管"的农业合作模式,实现全球化、标准化的生产管理。

11.3.1　全球化产地资源布局

在实施全球化生产资源布局的过程中,佳沃率先在国内外布局产地资源。从国内的蓝莓产业开始,佳沃在山东、甘肃、辽宁、河北、安徽等多省份规划种植基地,联合组成北方蓝莓生产基地。其中,位于山东省青岛市西海岸的蓝莓示范园建立时间最早,与后期建设的蓝莓工程技术中心形成集育苗栽培、技术创新、人才培养、采摘旅游、农业教育于一体的多功能产业示范园区。由于蓝莓的产出季节性强,为了最大程度地覆盖蓝莓成熟上市的时间窗口,佳沃将国内的蓝莓产地布局延伸至南方地区,陆续在云南、广西、湖南、湖北等多省区布局蓝莓种植

基地，形成规模化的南方蓝莓生产基地。南方基地与北方基地在蓝莓成熟期上相互配合，使国内蓝莓的供应期限提前至每年3月、延后至每年9月。

　　国内适宜种植蓝莓的区域有限，蓝莓产量难以满足国内消费者对优质蓝莓的巨大需求。因此，佳沃选择通过海外投资，利用国外产地资源布局蓝莓生产基地，引进国外优质蓝莓弥补国内蓝莓需求缺口。智利作为全球优质水果的主要产区、南半球的蓝莓最大生产国，成为佳沃在国外建设生产基地的首选。佳沃并购了智利的5家水果种植企业，并与当地知名水果企业结成全面战略合作伙伴，基本上实现了每年11月～次年3月的高品质新鲜蓝莓供应，与国内市场形成季节互补，从而保证佳沃全年无间断地为国内消费者供应新鲜应季蓝莓。

　　在满足国内市场时间需求的基础上，佳沃进一步丰富国内市场的高端水果品类。佳沃首先在国内进行猕猴桃的南北布局，然后将海外产地布局从智利扩展到墨西哥、南非、澳大利亚、荷兰、俄罗斯等多个国家，涉及车厘子、芒果、提子等多种高品质水果。至此，佳沃已经形成跨越亚洲、北美洲、南美洲、非洲、大洋洲和欧洲的全球化生产资源布局。这使佳沃成功掌握丰富的优质上游核心资源，可以为国内消费者全年提供新鲜应季的高品质水果。

11.3.2　标准化生产技术管理

　　通过收购生鲜产业中的成熟企业、与领先企业建立战略合作关系等方式，佳沃既实现了全球化产地资源布局，又在短时间内获得先进的农业生产技术和丰富的运作经验。通过收购四川中新农业科技有限公司，佳沃拥有了"金艳"和"东红"两个全球领先的猕猴桃品种专利权；与智利、新西兰、美国等多国的知名水果企业建立战略合作，佳沃获得了顶尖的农业专家团队和农业管理技术。在此基础上，佳沃通过引进国外的先进技术提升国内水果产业的数字化水平，邀请国外的农业专家进行栽培指导，逐步建立起标准化生产作业管理模式。

　　佳沃在云南种植基地加入温湿度控制器、农残检测设备等基础设施，配合大数据信息系统、农业监控系统，实现对蓝莓生产数据的实时采集与全方位监控，为蓝莓营造智能化的生产环境；引进蓝莓全自动生产线，在青岛蓝莓示范园建立了全国最大的鲜果蓝莓加工厂，每日可处理鲜果60吨。同时，佳沃从智利邀请多名农业技术人员，在青岛的蓝莓示范园指导农事工作；从美国邀请包括金锡萱博士在内的5位农业科学家成为佳沃研发团队的领头人，联合从大学和农业研究机构招募的高素质人才，在国内建立工程技术中心，推动现代化产业示范园、育苗厂在全国范围内的布局发展。

　　作为互联网公司跨界生鲜产业，佳沃不断提升水果生产技术的专业性，推进作业管理的标准化。在品种选育阶段，佳沃的研发团队既开展技术研发，培育新品种，又积极构建全球品种生态联盟，始终保持对新品研发趋势和市场需求变化的敏锐度，不断推出适销对路的新品种，提升研发效率。在栽培种植阶段，佳沃从土壤成分开始，为水果生长提供全方位的优越环境。佳沃的技术人员既要利用分析仪器检测种苗状态，对照制定的植株生长营养标准，智能生成施肥、浇水、养护等个性化种植方案，又要能够清楚了解生产基地的土壤结构，因地制宜形成整体种植规划。天然的优质产区有限，部分地区能满足水果生产的气候条件，但是土壤成分较差，如智利生产基地的土壤有机质含量最低只有 5%～6%，国内土壤有机质含量平均值只有 0.3%。为了摆脱土壤对生产的限制，佳沃花费多年时间对土壤进行科学的检测、处理、改良，形成了适合蓝莓种植所需的土壤结构。为进一步保障生产过程中的水果品质，佳沃培养专门的农事技术人员，为农户提供专业的技术培训和种植指导，制定与推广生产标准和技术范式。

11.3.3　"示范园＋托管"的农业合作模式

佳沃致力于将"互联网＋"与传统农业相结合，破除小农经济下生产分散化、管理碎片化的弊端，打造现代化农业。因此，佳沃在整合生鲜供应链上游资源的过程中，探索了以下三种农业合作模式。

第一种是示范园模式。佳沃通过租用农户手中的土地，集中流转土地资源建设标准化种植基地，投入技术、人员进行专业化管理，形成一体化的示范园。土地租期一般为 30 年，农户能够直接获得租金收益。同时，佳沃雇佣当地农户成为示范园的种植人员，农户可以由此获得固定收入。然而，雇佣农户在示范园进行种植的效果远远不如预期。由于土地已经出租给佳沃，种苗也由佳沃提供，只领取固定工资的农户缺乏种植积极性，甚至出现倒掉农药、拿走化肥的情况。农户和佳沃没有形成利益共同体，导致佳沃标准化的生产作业流程难以施行，规模化的示范园建设艰难。

第二种是托管模式，形成连锁种植。为了提升农户的参与感，降低示范园的建设难度，佳沃推出托管模式。佳沃没有将承租土地全部用于自建示范园，而是选择与专业大户、家庭农场或农民专业合作社建立合作。对于这些规模农户，佳沃不再租用他们的土地，而是与他们签订托管协议，佳沃拥有对他们土地的管理权，并提供优质果树、技术指导与必要的生产基础设施，实行品质监控，制定"六个统一"的种植标准，待果实成熟后统一进行收购包销；规模农户则需要按照佳沃的种植标准自行组织生产种植活动。对于已经承租的土地，佳沃仅自留 2000 亩左右用于建设种植基地，打造自主示范园，剩余土地划分为 500 亩左右的土地单元由农户承包，使其成为规模农户，承包农户只需付出租金即可与佳沃建立起托管关系，享受与规模农户同等的管理模式。在托管模式下，一方面，农户可以省去标准化种植的前期投入，只需付出种植阶段的水肥、人工等可变成本，提高农户的接受度；另一方面，农户能够赚取水果种植的主体利润，愿意规范种植行为，种植积极性和标准化程度得到显著提升。同时，佳沃省去自行管理的高昂成本，通过建立果实验收标准，对于连续多年无法达标的规模农户，佳沃也可及时终止托管合作，保障托管模式下的水果品质。此外，佳沃主要赚取鲜果加工和销售的利润，能够有效带动加工厂、冷链物流、销售的发展，促进产业链建设。

第三种是"示范园+托管"模式。相较于规模农户，散而小的传统农户数量更多，如何有效带动小农户一起进行标准化种植，是佳沃发展现代化农业需要解决的问题。同时，托管模式下规模农户自行安排种植活动，佳沃监控品质的程度有限，仍存在食品安全风险。借鉴互联网行业中的原始设计制造商（original design manufacturer，ODM）生产模式（即一个公司按照另一个公司提供的设计进行产品制造），佳沃创新"示范园+托管"模式。在这种模式下，佳沃只与家庭农场或者农民专业合作社建立合作关系，小农户必须注册加入农民专业合作社，才能与佳沃建立联系。佳沃将选派示范园中的技术专家和管理人员进驻，对种植规划、水肥方案、农资采购、采摘作业等生产作业流程制定详细的管理标准，进行全程质量标准监督。农户接受佳沃统一提供的化肥、农药等农资，在佳沃的专业指导下开展种植活动，促进传统农业生产转型。与托管模式一样，成熟果实由佳沃收购包销。"示范园+托管"模式进一步增强了佳沃对生鲜农产品品质的监控力度。

11.4 佳沃的全程可视化物流管理

11.4.1 全面整合冷链物流资源

佳沃与菜鸟网络、顺丰速运等第三方冷链物流企业合作，整合外部专业的冷链物流资源，构建生鲜供应链中的冷链运输通道，为消费者提供新鲜、安全、高品质的生鲜农产品。

1. 与菜鸟网络共建专业生鲜冷链

经过在生鲜供应链上游的长期深度耕耘，佳沃对生鲜农产品的保鲜条件和品质维持形成了专业认知。以从新西兰进口的一款苹果为例，该苹果甜度高、口感好，深受国内消费者的喜爱，但是这种苹果的甜度会受到周围环境温度的影响，温度的小幅变化都会改变苹果的甜度，使其丧失品质优势。

高效可靠的冷链物流是保持生鲜农产品优良品质的关键环节。菜鸟网络成立于 2013 年,已经建立起以科技创新为核心竞争力的全球化物流网络,在生鲜冷链物流领域拥有专业的冷链设施设备、数字化的冷链运输管理系统与丰富的生鲜冷链运输经验,能够帮助佳沃打通生鲜冷链运输渠道。

佳沃和菜鸟网络的合作促成了生鲜供应链企业专业性与冷链物流企业专业性的双向结合。佳沃与菜鸟网络共享水果在冷链运输过程中的保鲜条件,协助菜鸟网络通过冷链物流管理系统及时调整运输规划、控制运输环境等,提升菜鸟网络在水果冷链运输过程中的专业性。菜鸟网络作出针对性调整之后,能够智能控制佳沃水果在运输过程中的温度变化幅度,最大程度保持佳沃水果在运输过程中的品质,提升生鲜冷链物流的效率,实现佳沃水果在 24 小时内送达线下零售门店。

2. 与顺丰速运首创产地直供模式

佳沃蓝莓皮薄肉嫩、营养价值高、新鲜度弹性大,与同类高附加值产品存在相似的运输难题,对冷链物流的要求比一般水果更高。受限于当前城市冷链基础设施和专业设备尚未普及,专业的冷藏车、冷库较少,佳沃蓝莓在运输过程中难以实现全程低温保鲜。现代化物流管理系统与冷链运输相结合,通过缩短冷链运输时间、提升冷链运输效率,弥补冷链基础设施不足造成的蓝莓新鲜度损失,既符合我国冷链物流状况,又能最大程度地满足佳沃对冷链运输的需求。

基于成熟快捷的冷链物流体系,顺丰速运成功与佳沃达成战略合作,为佳沃蓝莓提供从种植基地到消费者手中的全套冷链物流解决方案。同时,佳沃蓝莓上线顺丰速运旗下的生鲜电商平台顺丰优选,形成冷链运输与线上销售的协同效应。佳沃与顺丰速运创新推出产地直供模式,实现佳沃蓝莓的农宅对接,消费者在顺丰优选上下单佳沃蓝莓之后,佳沃的种植基地即可按照订单信息组织蓝莓采摘、包装,然后直接交由顺丰速运进行冷链运输,根据消费者的收货地址,实现 48 小时内送达。产地直供模式省去了采摘之后的冷库储存,最大程度地保持新鲜蓝莓的品质。

在整个过程中,佳沃和顺丰速运形成蓝莓保鲜接力,联合减少蓝莓的新鲜度损耗,最大程度地保障蓝莓的口感。在包装环节,佳沃采用可降解聚对苯二甲酸乙二酯(polyethyleneterephthalate,PET)盒、泡沫隔热箱、纸箱、高储能冰袋相结合的模式,其中,冰袋恒定释放的温度经过反复试验最终确定为 -2℃,持续将蓝莓锁定在低温环境中。在冷链运输环节,顺丰速运为佳沃蓝莓提供全程保鲜的航空运输,结合地面集散中心开设的蓝莓运输绿色通道,实现佳沃蓝莓的快速送达。不同运输工具之间的衔接距离被缩短,冷藏车直接进出机场,大大提升了冷链覆盖率。

11.4.2　同步打造冷链配送网络

佳沃在与鑫荣懋合并之后，以其冷链物流体系为基础，整合既有的零散冷链物流资源，逐步构建起自有化的冷链运输网络，实现佳沃水果在全国商超门店的同步配送。

鑫荣懋作为行业领先的水果企业，形成了产业化经营模式，业务模块涉及水果种植、仓储保鲜、冷链物流、进出口贸易等多个环节，与佳沃合并之后，有效弥补了佳沃在冷链物流环节上的不足。

首先，佳沃在全国主要种植基地建设智能恒温仓库，对水果进行保鲜储存。一方面，智能恒温仓库能够实现对储存温度的精确控制，将仓库内部的上下温度差值的波动范围控在 ±5℃ 之内；另一方面，利用智能恒温仓库对采摘下来的水果进行及时预冷，做到在 13～15℃ 的温度下对水果进行分拣、包装，以减少水果的新鲜度损耗。其次，佳沃建立配套的质检室，第一时间对水果的农药残留、品质指标等项目进行源头检测，确保水果的质量安全。此外，佳沃引进企业资源计划（enterprise resource planning，ERP）管理系统对水果的冷链物流过程进行数字化管理。所有水果被采摘下来之后的仓储位置、所处温度、运输路线等冷链物流信息都能被管理人员快速查询，实现冷链运输的全程追踪和精准定位。最后，佳沃在全国 80 个主要城市建立了 40 多个水果配送中心，完善从种植基地到零售门店的冷链配送网络布局，最大程度实现水果末端配送的冷链覆盖和同步性。

11.4.3　精准提供可视化物流服务

包装好的水果从生产到销售会经历多个环节，包括 158 个标准作业步骤，被上百人接触，质量安全难以得到全方位的监控。尤其是冷链物流环节，距离远、耗时长，最容易发生水果腐烂变质、品质污染等情况。为确保新鲜水果的质量安全和品质最优，佳沃对水果实施全链路的品质监控和质量溯源，为消费者提供便捷、精准的可视化物流服务。

佳沃为每一盒种植基地的蓝莓生成专属的溯源码，对蓝莓进行个体化全生命周期信息管理，除了常规的产地信息、质检报告、物流路径、销售等通过定点收集和检测得到的信息，溯源码中还记录了供应链各环节的负责人、具体作业人员和作业时间等流通过程中的动态信息，以增强生鲜供应链的可视化水平。

在冷链物流运输过程中，第三方冷链物流企业会对物流过程进行全程记录。

以顺丰速运为佳沃蓝莓提供的冷链物流实践为例，顺丰速运在接收到包装好的蓝莓时，需要对蓝莓的外观进行拍照记录，并加封一次性运输封条。在蓝莓进行"最后一公里"的末端配送时，顺丰速运才能够去除一次性运输封条，再次拍照记录蓝莓的外观，并与初始运输的蓝莓外观进行对照，确保蓝莓在冷链运输过程中处于稳定的保鲜状态。为进一步降低蓝莓在冷链物流过程中受污染的概率，顺丰速运在接管蓝莓之后，会在蓝莓外包装上加盖冷链运输专用条码，便于记录运输流程、调取商品信息，不必开箱检查即可形成物流信息闭环。

消费者通过智能手机扫描溯源码，就可以根据系统提示，对自己关注的信息进行专项查询。清晰的冷链物流信息可以帮助消费者更加直观地判断水果的新鲜程度，增强消费者的购买体验。

11.5 佳沃的全渠道营销管理

11.5.1 线上线下融合布局

在下游营销环节，佳沃采用合作为主、自营为辅，线下先行、线上补充的布局方式。佳沃主要通过第三方渠道合作的方式建设分销网络，先后入驻沃尔玛、家乐福等 5000 家大型商超销售生鲜农产品，在天猫、京东、苏宁等生鲜电商平台开设旗舰店，逐步形成全渠道覆盖的营销网络布局。一方面，佳沃开设自营生鲜电商平台，减轻对分销渠道的依赖；另一方面，加深已有合作，通过双品牌驱动扩大营销范围，加速线上线下的渠道融合。

1. 自营高品控生鲜电商平台

佳沃的 CEO 陈绍鹏曾说过，尽管佳沃为保障生鲜农产品品质最优，精耕于水果栽培与品种引进，重点建设生鲜供应链的上游产业，但是生鲜企业在下游营销环节仅仅依靠渠道分销，这将会严重限制生鲜农产品的销售份额。始终追求生鲜农产品品质的佳沃，开始着手自建生鲜电商平台。2015 年 8 月，佳沃上线自营生鲜电商平台"佳沃市集"，正式开启高品控的线上销售渠道。

仅在测试阶段，佳沃尚未对"佳沃市集"进行市场推广，就已经取得出色的销售成绩，日均订单量 5000 单，日最高订单量超过 12 000 单，近 30 万名用户注册购买，客单价达到 55 元。

"佳沃市集"与其他生鲜电商平台相比，建立了严格的产品品质审核标准，获得"佳沃市集"在线销售资格的生鲜农产品必须满足以下四个方面的要求。

第一，生产和销售资质审核。在守法经营的前提下，生产商需要提供有效期内的食品生产许可证明，零售商需要提供有效期内的食品流通许可证明，以证明生产和销售资质。对于进口生鲜农产品，生产商和零售商都需要补充提供产品的商检报告，便于佳沃根据 ISO22000 认证（食品安全管理体系认证）等相关标准条款进行审核，证明产品的源头品质。

第二，产品安全检测标准。佳沃联合第三方科研机构建立农产品年审制度，在线销售的各类农产品以生产批次为单位，进行高于国家标准的多方面检测，如包装、农药残留、甜度、水分、营养价值等品质安全检测。

第三，产品基础环境检测标准。佳沃始终秉持"环境友好"的生产原则，对农产品生产环境中的水质与土壤成分进行高于国家标准的检测。重点检测农产品在种植或者养殖过程中的药物使用情况，如农药、化肥、兽药等，不允许药物滥用造成环境污染，同时，反向促进农产品生产环节的作业规范，形成标准化生产作业程序。

第四，可追溯认证标准。佳沃基于资质审核与产品安全检测形成可追溯标准，对农产品形成源头产地可追溯、生产批次可追溯的追溯系统。为了能让用户有效追踪所有农产品的信息，这套系统就必须用互联网技术进行全链路的信息收集、上传、验证与自我迭代，从而加速农业的转型升级。

2. 与实体零售建立双品牌合作

佳沃与各大商超建立了合作关系，形成了线下分销网络。在布局销售渠道初期，佳沃选择由商超提出的代理模式，进驻卖场内进行生鲜农产品销售。佳沃蓝莓、佳沃猕猴桃等商品陆续在沃尔玛、家乐福、大润发、麦德龙、山姆会员店等大型连锁超市上架销售，每天分销 2000 吨新鲜水果。佳沃的一系列高端水果凭借其新鲜度高、品质上乘等优势，逐渐吸引了生鲜消费市场上的一批忠实消费者，形成较为稳定的销售渠道。

随着佳沃的品牌效应扩大，佳沃与线下零售商的合作关系更进一步。佳沃先后与物美、盒马鲜生建立深度合作关系，形成双品牌驱动的营销模式。佳沃蓝莓与物美的自有生鲜品牌"缤纷田园"组成联合品牌，为消费者提供优质优价的蓝莓。物美建设自有生鲜品牌的目的在于增强对生鲜农产品从田间到餐桌的全流程把控力度，满足消费者对安全、高品质生鲜农产品的需求。佳沃"三全"战略下的生鲜供应链运营方式正好与物美自有生鲜品牌的理念相匹配，打造联合优质生鲜的联合品牌，是对佳沃蓝莓品质的双重背书。

作为新零售的代表，盒马鲜生拥有巨大的消费者流量，品牌认可度较高。佳沃加入盒马鲜生的"2448"生鲜项目，这意味着佳沃蓝莓从生产基地采摘到上架盒马鲜生门店进行销售需要控制在 24 小时或者 48 小时以内。基于与第三方冷链物流企业的战略合作，佳沃蓝莓确保从基地采摘、全程冷链运输到盒马鲜生门店只需要 48 小时。盒马鲜生实行的新零售模式致力于为消费者提供全品类、高品质的新鲜农产品,佳沃蓝莓的加入不仅丰富了盒马鲜生的生鲜品类,还开拓了稳定的销售渠道。同时,盒马鲜生免去佳沃蓝莓的进场费用,既让利于消费者,又激励佳沃提升蓝莓品质。佳沃与盒马鲜生的深度合作实现了品牌双方和消费者之间的共赢。

11.5.2 价值共创式社交营销

佳沃深入贯彻合作共赢的理念,联合互联网、金融等领域进行跨界营销,以种植基地为基础引导消费者进行多元化消费。通过联合有影响力的微博认证用户、当地政府等多方力量开展社交营销,实现价值共创。

1. 激励线上用户参与式品牌传播

佳沃是互联网跨界生鲜领域的典型代表,在生鲜营销环节也通过多样化的跨界活动增加消费体验,在用户参与过程中实现品牌传播。

互联网成为佳沃首选的营销领域,佳沃基于互联网的传播特性开展了一系列的品牌营销活动。在佳沃蓝莓发布会的前夕,佳沃提前向拥有一定粉丝基数的微博认证用户寄送蓝莓礼盒,开启"蓝莓公关"活动。根据惯例,这些微博认证用户会录制并在微博上发布开箱测评的视频,向微博网友展示并介绍佳沃蓝莓。部分微博认证用户甚至被佳沃邀请到品牌发布会现场,有效吸引了大批消费者的目光,大大提升了佳沃蓝莓的知名度。2014 年 10 月,联想控股的董事长柳传志为推广佳沃猕猴桃,在"罗辑思维"脱口秀节目上发布 60 秒语音向网友征集佳沃猕猴桃的营销方案,并点名希望几位营销专业人士能够给出回答。最终,佳沃共收集到 3000 余份方案,经过此次"罗辑思维"上巧妙的推广活动,佳沃猕猴桃在百度上的搜索指数从 361 飙升至 1743。

微信的社交属性也被佳沃应用于营销活动中。佳沃在微信商城上线第一家使用微信支付的水果网店"佳沃鲜生活",发起"蓝莓红包""众筹请我吃蓝莓"等 O2O 互动式营销活动,在用户参与的过程中实现品牌推广。与普通微信红包类似,消费者通过在"佳沃鲜生活"上购买蓝莓红包获取发红包的权利,微信支付完成之后,就可以将蓝莓红包链接发送给自己的朋友,收到蓝莓红包链接的人只需填写收货地址,即可在线下收到佳沃蓝莓礼盒。蓝莓红包将现实生活中的礼物馈赠与微信红包的形式结合起来,成功吸引了一批喜欢尝试新鲜事物的消费者。"众筹请我吃蓝莓"的活动则是佳沃将金融众筹模式与生鲜营销有机结合的产物。佳沃的用户只需在其朋友圈中转发一条官方发布的"众筹请我吃蓝莓"的微信链接,通过朋友圈好友自主决定是否出资、出资多少,为转发者凑钱购买佳沃蓝莓。由于参与方式简单、有趣，消费者都能参与其中，无形中为消费者增加社交话题和场景，促进佳沃的品牌认知。

　　2. 创设线下多元化消费场景

　　佳沃在开展线下的营销活动时，更注重通过设计创造多元化的消费场景，提升消费者的感知价值和综合效用。

　　位于青岛西海岸的蓝莓示范园是佳沃重点打造的产学研一体化种植基地，为消费者提供采摘旅游、开放参观、农业知识传播等多项服务，使蓝莓融入消费者生活，拉近蓝莓与消费者的距离。一句"用眼过多，吃佳沃蓝莓"的广告语，将佳沃蓝莓与当代年轻人健康、养生的消费理念联系起来，让熬夜人群也成为潜在消费群体。

　　青岛西海岸也成为国内重要的蓝莓产区，被誉为"中国蓝莓之乡"，佳沃联合青岛市政府举办中国国际蓝莓大会，促进蓝莓产业的发展。大会期间，正值青岛蓝莓采摘季，青岛市主要交通干道均展示蓝莓大会的相关信息，写字楼、商场广告牌、电视广播都对蓝莓大会进行全方位宣传，吸引消费者前往蓝莓种植基地体验蓝莓主题的观光旅游项目、品尝优质蓝莓。蓝莓大会不仅将佳沃蓝莓打造成青岛新的城市名片，还让佳沃借助政府的力量扩大营销范围、促进蓝莓产业的高质量发展。

　　在形成区域性产业群之后，佳沃以种植基地为核心，打造"一镇一品"的差异化蓝莓品牌，提升品牌价值。青岛市张家楼示范园已经形成了集种植基地、工程技术中心、蓝莓加工中心等于一体的综合产业园，除了产出高品质的新鲜蓝莓、各色蓝莓深加工产品之外，将蓝莓产业发展成第一、第二、第三产业融合的全产业链运营模式，推出乡镇休闲农业，引导消费者进行深度体验。

11.6　案例启示

11.6.1　构建农业服务平台，促进农业信息共享

　　随着国内生鲜消费升级，如何满足消费者对安全、优质、多样化生鲜农产品的需求，成为生鲜供应链企业急需解决的问题。这需要生鲜供应链企业打通从田间到餐桌的供应链信息渠道，利用消费者需求拉动生鲜农产品生产。

　　重组内部组织结构，形成管理闭环。收购供应链上的成熟企业是生鲜供应链企业在发展初期快速建立供应链的有效方式之一，但也容易导致生产、销售等环节存在多个子公司的情况。为了打通供应链各个环节组织结构设置上的障碍，需

要进行内部组织重组，这有利于生鲜供应链企业的长远发展。生鲜供应链企业将所有业务模块按照领域进行划分，设置对各领域内的供应链进行统一管理的独立部门，如佳沃将蓝莓、猕猴桃等水果产业的相关业务划分到水果事业部，对水果供应链从种植、包装、运输到销售的所有环节进行统一管理，形成完整的水果产业运作管理闭环。

启用企业内部信息系统，形成信息闭环。生鲜供应链环节多、链条长，充分利用企业内部信息系统实现各个环节负责人、操作人员的在线交流，能够有效加强供应链信息共享，打通"端到端"的信息流。生产负责人会与销售人员实时沟通水果的生长情况、天气原因造成的产量变化等信息，确保末端销售人员能够实时掌握水果的最新情况。同时，销售人员会同步向生产环节报送销售情况，共享消费者需求信息的变化情况，保证生产环节始终为消费者提供需要的水果。在形成供应链信息闭环的基础上，生鲜供应链企业能够通过构建农业服务平台，进一步扩大信息共享范围，加强供应链信息的溢出效应，为上游生鲜农产品生产者与下游零售商提供技术指导和销售渠道。

11.6.2　注入互联网思维，加速农业数字化转型

从结果导向来看，将互联网思维注入生鲜供应链中，生鲜供应链企业能够有机会改变传统农业分散化种植、碎片化管理等弊端，为消费者提供更优质的生鲜农产品。

在注入互联网思维之前，生鲜供应链企业需要在供应链上游率先引入数字化基础农业设施与大数据、物联网等互联网技术，以科学的监测数据指导生产取代传统生产过程中的经验主义，为互联网思维与生鲜供应链的结合奠定信息化、智能化的供应链基础。

在注入互联网思维的过程中，生鲜供应链始终朝着专业化、规模化、标准化的方向发展，供应链效率得到有效提升。生鲜供应链企业通过整合、梳理供应链主要环节的功能职责，培养符合生鲜供应链要求的战略合作伙伴，在一定程度上对供应链实施专业化分工。同时，生鲜供应链企业可以通过土地"承租再倒包"与公司化农业生产组织合作等方式，培养规模农户，引导农户进行规模化种植。此外，生鲜供应链企业需要发挥核心领导作用，形成涵盖种植、采摘、包装等一系列操作规范和技术范式的标准化体系，并与信息化、智能化的供应链基础设施相互配合，实现对水果全生命周期的数据采集与管理，逐渐形成标准化的供应链上游模式，加速传统农业的数字化转型。

11.6.3　促进农产品品牌化，实现农业可持续发展

农产品品牌化既能增加生鲜供应链企业的产品附加值，又能提升农业的产业价值，推动农业的可持续发展，逐渐成为生鲜供应链的发展目标之一。结合佳沃的发展过程发现，明确品牌定位、打造生鲜农产品的品质优势、形成多方参与式营销对农产品品牌化起着积极的促进作用。

首先，明确品牌定位是农产品品牌化过程中的第一步。一方面，准确、清晰的品牌定位有助于生鲜供应链企业制定供应链发展战略。另一方面，生鲜供应链企业围绕发展战略，促进生鲜供应链的各个环节落实品牌定位要求，树立良好的品牌形象，不断加深农产品品牌在消费者心目中的印象。

其次，打造生鲜农产品的品质优势是农产品品牌化的核心。生鲜供应链企业既要在生产环节形成生鲜农产品的优势品质，又要在物流环节保持生鲜农产品的优势品质。这意味着在生产环节，生鲜供应链企业需要选择具有市场竞争力的生鲜品种，通过科学规范的种植管理，形成具有优势品质的生鲜农产品。同时，在物流环节，生鲜供应链企业联合第三方冷链物流企业共同投入保鲜努力，建设专业的冷链物流通道，实现生鲜农产品的又好又快送达，从而提升消费者的品牌忠诚度。

最后，形成多方参与式营销是促进农产品品牌化的关键。吸引和激励消费者、零售商、政府等多方主体参与，结合跨领域优势，在一定程度上能够推动农产品品牌化进程。与消费者形成营销互动，既能提升消费者的购物体验，又能凝聚起品牌的目标消费群体。为进一步扩大消费群体，生鲜供应链企业选择与品牌定位、品质特征相匹配的代言人、广告商建立合作，引导消费者构建与品牌的正面情感连接。此外，生鲜供应链企业积极与当地政府进行合作，开展休闲农业、品鉴大会等产业相关活动，将农产品品牌与城市形象绑定在一起，进一步扩大品牌效应，推动农业的可持续发展。

参 考 文 献

艾瑞咨询. 2021. 2021 年中国生鲜电商行业研究报告[EB/OL]. http://report.iresearch.cn/report/202105/
　　3776.shtml[2021-05-15].

陈红杏. 2015. 百果园：利润全在"标准"里[J]. 中国连锁，（7）：27-28.

陈伊凡，高若瀛. 2020. 对话佳沃集团陈绍鹏：一个 IT 人的农业之旅[EB/OL]. http://www.eeo.com.cn/
　　2020/0828/405473.shtml[2020-08-28].

但斌，刘墨林，邵兵家，等. 2017. "互联网＋"生鲜农产品供应链的产品服务融合商业模式[J].
　　商业经济与管理，（9）：5-14.

但斌，吴胜男，王磊. 2021. 生鲜农产品供应链"互联网＋"农消对接实现路径：基于信任共同
　　体构建视角的多案例研究[J]. 南开管理评论，24（3）：81-91.

但斌，郑开维，刘墨林，等. 2016. 基于社群经济的"互联网＋"生鲜农产品供应链 C2B 商业模
　　式研究[J]. 商业经济与管理，（8）：16-23.

但斌，郑开维，邵兵家. 2017. 基于消费众筹的"互联网＋"生鲜农产品供应链预售模式研究[J].
　　农村经济，（2）：83-88.

但斌，郑开维，吴胜男，等. 2018. "互联网＋"生鲜农产品供应链 C2B 商业模式的实现路径：基
　　于拼好货的案例研究[J]. 经济与管理研究，39（2）：65-78.

江小玲，但斌，吴胜男，等. 2023. 生鲜电商如何突破物流"成本-时效-体验"困局：基于盒马
　　鲜生的案例研究[J]. 管理工程学报，37（2）：222-239.

金频生，沈进城，韦亚洲. 2020. 浅探新零售背景下生鲜电商前置仓的设置[J]. 现代营销（下旬
　　刊），（6）：193-195.

靳博睿. 2016. 生鲜电商的品牌营销策略分析[J]. 中国市场，（27）：39-40.

李春. 2019. 蒲江县农产品电商发展问题及对策研究[J]. 科技资讯，17（10）：188，190.

李薇. 2016. 本来生活小升初[J]. IT 经理世界，（16）：30，32.

梁莹. 2017. 百果园加速产业互联网布局 用物联网进行标准化种植[EB/OL]. http://www.zh-hz.com/
　　dz/html/2017-07-28/content_135611.htm[2017-07-28].

林笑. 2014. 联想佳沃：将 IT 基因植入农业[J]. 农经，（S2）：64-67.

刘沐昀. 2019. 新零售背景下的生鲜电商的发展方向：以盒马鲜生为例[J]. 营销界，（35）：154，
　　171.

刘艳. 2017. 盒马鲜生：引领新零售落地[J]. 科学之友（上半月），（11）：33-35.

宁浮洁，丁浙川，李秀敏，等. 2020. 履约重构提效率，仓储物流迎变局：社区团购系列报告四
　　[EB/OL]. https://www.sohu.com/a/436717044_735923[2020-12-07].

曲越川. 2017. 智慧物流直通最后一公里[J]. 中国公路，（21）：60-61.

施鸿斌. 2015. 我厨公司的营销战略研究[D]. 上海：上海交通大学.

孙冰. 2020. 阿里、腾讯、美团、拼多多、京东 互联网巨头全员下场"卖菜"[J]. 中国经济周刊，（23）：74-76.

汪蕙. 2013. 联想佳沃：树立一个能主导供应链的品牌[J]. 农经，（6）：58-61.

王磊，但斌. 2015. 考虑消费者效用的生鲜农产品供应链保鲜激励机制研究[J]. 管理工程学报，29（1）：200-206.

王磊，但斌，王钊. 2017. "互联网＋"环境下生鲜超市创新销售模式研究[J]. 农业经济问题，38（9）：100-109，112.

王磊，但斌，王钊. 2018. 基于功能拓展的生鲜农产品供应商"互联网＋"转型策略[J]. 商业经济与管理，（12）：5-17.

夏宏伟. 2018. 生鲜农产品电子商务企业竞争战略研究：以"京东生鲜"为例[D]. 北京：中国地质大学（北京）.

辛晓海. 2020. 社区团购运营模式及优化策略研究[J]. 全国流通经济，（7）：15-16.

徐翔. 2019. 不再只卖生鲜的每日优鲜[J]. 中国储运，（7）：40-41.

颜兰一. 2020. 2019 年生鲜电商伤亡惨重[J]. 商业观察，（1）：80-81.

杨丽华，刘明. 2014. 褚橙成功路[J]. 企业管理，（4）：58-59.

杨倩，王攀. 2017. [每日优鲜]我们盯着用户，对手盯着我[J]. 中国企业家，（12）：62-65.

张旭梅，邓振华，陈旭，等. 2019. "互联网＋"生鲜电商跨界合作商业模式创新：基于易果生鲜和海尔合作的案例研究[J]. 重庆大学学报（社会科学版），25（6）：50-60.

张旭梅，李家俊，陈旭，等. 2021. "互联网＋"环境下生鲜电商动态营销能力形成机理研究：以本来生活为例[J]. 重庆大学学报（社会科学版），27（4）：245-258.

张旭梅，梁晓云，陈旭，等. 2019. 生鲜电商 O2O 商业模式实现路径[J]. 西北农林科技大学学报（社会科学版），19（2）：99-108，115.

张旭梅，梁晓云，但斌. 2018. 考虑消费者便利性的"互联网＋"生鲜农产品供应链 O2O 商业模式[J]. 当代经济管理，40（1）：21-27.

张旭梅，吴雨禾，吴胜男. 2022. 基于优势资源的生鲜零售商供应链"互联网＋"升级路径研究：百果园和每日优鲜的双案例分析[J]. 重庆大学学报（社会科学版），28（4）：106-119.

张旭梅，吴雨禾，吴胜男，等. 2020. 互联网环境下生鲜实体店全渠道转型路径及机理研究：基于百果园 2008—2018 年纵向案例研究[J]. 软科学，34（3）：129-136.

赵嘉怡. 2015. 本来生活：转型正当时，未来我们是产品经理[J]. 中外管理，（7）：60-61.

赵正. 2019. 每日优鲜：如何打通前置仓？[J]. 商学院，（Z1）：72-73.

周淼葭，潘兴扬. 2018. 绿色化＋有机特色农业县域经济高质量发展的蒲江实践[J]. 当代县域经济，（9）：26-29.